近代西北地区
社会经济变迁研究

李晓英　著

人民出版社

前　言

　　西北师范大学是甘肃省人民政府和教育部共同建设的重点大学、国家重点支持的西部地区十四所大学之一，也是甘肃省人民政府统筹推进高水平大学和一流学科建设工程重点支持的高校。学校有着悠久的办学历史和深厚的人文底蕴，自20世纪30年代以来，人文社会科学领域荟萃了一批著名学者，如教育学家李蒸、李建勋、李秉德、南国农等，中国语言文学专家赵荫棠、徐褐夫、尤炳圻、郭晋稀、彭铎等，历史学家黄文弼、顾颉刚、阎文儒、金宝祥、金少英等，心理学家胡国钰、章仲子、郭士豪、沈庆华等，法学家萨师炯、吴文瀚等，外国语言文学专家李庭芗、黄席群、刘维周等，著名艺术家吕斯百、常书鸿、洪毅然、黄胄等，著名体育教育理论家袁敦礼、董守义、徐英超等，都曾在西北师范大学任教讲学，辛勤耕耘，为各学科建设和人才培养做出了卓越贡献。他们厚植西部人文传统，传承华夏历史文脉，把人文社科研究的真学问、大文章写在了祖国西北的大地上，也激励时贤后学秉承他们高尚的人格精神，不忘初心，砥砺奋进，践行"知术欲圆，行旨须直"的校训。

　　甘肃是华夏文明的发祥地之一，同时又是"丝绸之路"的黄金通道和重要节点。作为甘肃历史悠久的大学之一，西北师范大学所处地理位置的特殊性和重要性，决定了其哲学社会科学发展定位与目标的独特性，那就是根植西北，立足传统，站在学科前沿，围绕国家文化发展战略需要，大力提高理论研究水平和实践创新能力，进一步发挥西部哲学社会科学研究高地、人才培养重镇、政策咨询决策智库的重大作用，培育一批特色鲜明、国内一流、国际知名的高水平哲学社会科学学科。

　　《西北师范大学人文社科文库》的编辑与出版，就是希望在人文社会科学的建设中，以西北师大声音，展西部文化气派！这既是对西北师大百年人文传统的承继与发扬，也是对学校新时期人文社会科学研究成果的集中展示。

作为实施一流学科建设、哲学社会科学创新工程、中华优秀传统文化传承发展工程等国家与省域文化战略的重要举措和标志性成果，本文库的编辑原则主要体现在以下三个方面：

一是立足基础性与前沿性。选题围绕研究中国特色社会主义理论体系、传承弘扬中华优秀传统文化、促进哲学社会科学大发展大繁荣的需要，侧重学科基础研究，引领学术前沿探索。

二是彰显地域性与民族性。选题突出甘肃与西北地区的地域特色，突出多民族融合的民族特色。我们希望通过这套文库的出版，不仅要让世界知道"丝绸之路上的中国西部"，还要让世界知道"学术中的中国西部""理论中的中国西部""哲学社会科学中的中国西部"。

三是秉持创新性与时代性。文库涵盖人文社科多个学术领域与研究方向，不拘泥体例的统一，但均以时代为底色、创新为基准，或能"揭示一条规律"，或能"提出一种学说"，或能"阐明一个道理"，或能"创造一种解决问题的办法"，并在创新过程中，致力国际视野和本土智慧水乳交融，追求学术研究与社会服务紧密结合。

明道尚德，推崇新声；崇尚学术，追求卓越！我们希望本文库能够真正发挥"名片"效应和"引领"作用，在集中展示西北师范大学人文社科研究整体水平的同时，引领助推学校学科建设与学术研究迈向新台阶、产出新成果、形成新影响。

《西北师范大学人文社科文库》编纂委员会
2017 年 9 月 10 日

目　录

第一章　近代西北畜牧业出口概况 ……………………………… 1

第一节　近代甘宁青地区的羊毛产业 …………………………… 1

第二节　近代天津洋行在西北地区的运行机制

　　　　——以羊毛贸易为中心的考察 ………………………… 13

第三节　天津洋行、货栈与近代西北羊毛贸易 ………………… 24

第四节　双重因素制约下甘宁青地区的羊毛贸易 ……………… 35

第二章　区域市场的建构 ………………………………………… 52

第一节　近代甘宁青地区的羊毛市场 …………………………… 52

第二节　近代西北羊毛市场的交易方式 ………………………… 70

第三节　近代甘宁青地区的皮筏运输

　　　　——以羊毛贸易为中心的考察 ………………………… 79

第四节　近代甘宁青地区羊毛贸易的运输网络 ………………… 87

第三章　商人群体及商业网络 …………………………………… 101

第一节　近代西北羊毛贸易中的歇家 …………………………… 101

第二节　近代包头商业城市的兴起及回族商人的作用 ………… 112

第三节　近代甘宁青地区回族商人关系网络探析 ……………… 123

第四章　区域经济发展及社会变迁 ……………………………… 133

第一节　对外贸易在近代西北中心城市兴起中的作用

　　　　——以兰州、西宁为例 ………………………………… 133

　第二节　对外贸易与区域经济发展

　　　　——以近代甘肃河西的羊毛出口为例 ………………… 144

　第三节　强制性变迁主导下的兰州近代金融业：

　　　　1906—1945 年 …………………………………………… 155

第五章　抗日战争时期西北社会概况 ……………………………… 170

　第一节　抗战时期兰州的粮食市场 ……………………………… 170

　第二节　抗战时期陕甘宁边区的过载栈 ………………………… 180

第六章　历史的借鉴 ………………………………………………… 191

　第一节　尊重与互惠：道德共同体的建构

　　　　——伊斯兰教西道堂处理社会关系的实践与启示 ……… 191

　第二节　民国时期甘青地区蒙藏民族的现代教育 ……………… 201

　第三节　西北军政委员会与中华人民共和国成立初期的西北农林

　　　　建设 ………………………………………………………… 210

第一章　近代西北畜牧业出口概况

第一节　近代甘宁青地区的羊毛业

在中国传统的出口贸易中，生丝、茶叶长期以来一直是最大宗商品，这种情况一直延续到鸦片战争之后。鸦片战争之后，随着中国对外贸易口岸的增加，以及世界资本主义生产的进一步发展，中国出口商品结构越来越多地呈现出多样化的发展趋势，皮毛等畜牧业产品在出口类商品中所占的比重有了显著提高。从1881年羊毛开始少量出口到1894年青海羊毛大量输出，羊毛在中国出口商品额中快速跃居第六位，此后数量持续增加，到1928年已居第五位，[①] 成为中国对外贸易的重要商品，并在对外贸易中占有越来越重要地位。

近代中国出口的羊毛有一半以上是来自西北甘宁青地区的。土地广袤的西北甘宁青地区，自古以来就是我国重要的畜牧业生产基地，牧养着大量的羊，出产着大量的羊毛。由于自然条件的差异，各地羊毛的产量、质量、种类有所不同。近代以来，在国际市场特别是美国毛毯业对羊毛的大量需求、而国内毛纺企业对羊毛的加工和利用能力十分有限双重因素的推动下，甘宁青地区羊毛开始大量出口。由于甘宁青地区地处偏远，因此围绕近代羊毛出口的地方市场依然是"以物易物"的交换方式，不便的交通，又使甘宁青的羊毛运输独具特色。

---

① 汪敬虞：《中国近代经济史（1895—1927）》（上），人民出版社2000年版，第198页。

一、甘宁青地区羊毛产量及种类

中国所产羊毛虽然没有澳洲羊毛那样闻名于世，但也是世界最重要的羊毛出产国之一。1931 年中国羊毛总产量为 64 百万磅，居世界第十一位①。这些羊毛，多数是来自西北的甘宁青地区。甘宁青地区，总体上属于高原地区，地域辽阔，水草丰美。并且由于其深居内陆，远离海洋，气候干燥，适于畜牧，因此饲养着大量的牛、马、羊等牲畜，其中以羊的饲养为最多，"因养羊利益最大，特别着重在羊，故甘肃、青海一带之农民，多以牧羊为主要副业，其余蒙藏人民，则纯以牧羊为生活，故羊之出产，在西北的畜牧业中占第一位。"②

1934，国民政府国防设计委员会（次年改为资源委员会）调查，甘宁青"农村区域畜羊数，甘肃计 3075507 只，青海计 379089 只，宁夏计 157116 只，合计 361171 只。游牧区根本无农耕之存在，牧民系蒙藏两族。蒙族分布于柴达牧区，藏族（或称番族）则分布于环海区，南番区及祁连山北麓。全区共畜羊五 5000000 只，蒙区约占百分之十，藏区则占百分之九十。"③ 因为畜羊数数目较大，因此甘宁青地区出产着大量的羊毛，同年，全国羊毛产量大约为 548800 担，其中青海省羊毛产量最多，大约是 166000 担。其次为甘肃省，大约是 80000 担。宁夏省 30000 担。④ 甘宁青三省合计所产羊毛为 276000 担，约占全国羊毛总产量的一半以上。

在甘宁青地区，主要饲养的是绵羊。具体而言，又可"分为藏羊、蒙羊、哈萨羊及杂种羊四种。藏羊又名小尾羊，原产于西藏，后传入青海，现藏民游牧区域所畜之羊，概属此羊。藏羊之特征，尾小而大，体高七四至七五公分，体长七〇至七三公分，毛重二斤至三斤。蒙羊又名大尾羊，原产于蒙古，西北蒙民区域均畜之，其特征尾大而圆，头小而狭，体高六五至七〇公分；哈萨羊系哈萨克族由新疆移来，甘宁青各省畜养无多，其

① Chin Chien Yin：*Wool Industry and Trade in China*，见金建寅《中国羊毛业》（英），天津工商学院经济论文，1937 年第 6 期，第 41 页。
② 丁逢白：《西北的畜牧业》，《蒙藏月报》1936 年第 5 卷第 4 期，第 24 页。
③ 张之毅：《西北羊毛调查》，《中农月刊》1942 年第 3 卷第 9 期，第 45 页。
④ 魏英邦：《中国羊毛事业之概况》，《实业统计》1934 年第 2 卷第 2 期，第 34 页。

特征尾短而宽呈 W 形，耳大稍下垂，体高七五公分，体长七一公分，毛重二至三斤。杂种羊系蒙羊与藏羊之杂交种，产于蒙藏两族杂居区域，如都兰、祁连山北麓等处，其尾形或圆或尖或三角形，极不规律，毛重则与蒙羊相仿”。不同种类的绵羊因地理环境不同，剪毛次数与剪毛季节是不同的，“大抵蒙羊春秋各剪一次，藏羊仅春季剪一次”。在三省中，“青海省因气候较寒，每年例于夏历三月间剪毛一次，甘宁二省则以春秋两季各剪一次情景较为普遍。一省之内，各县剪毛次数及季节亦互不相同”①。以甘肃省为例，各县剪毛季节也不尽相同。

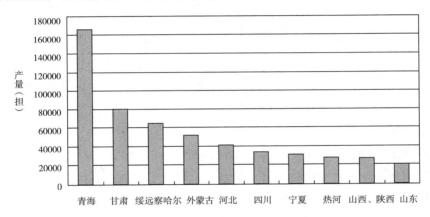

中国各省羊毛额比较

甘肃各县剪毛季节及次数②

剪毛一次之县份 { 春季　夏河
　　　　　　　　 { 夏季　天水、鼎新

剪毛两次之县份 { 春秋两季　皋兰、临洮、洮沙、临夏、宁定、会宁、
　　　　　　　　{ 　　　　　崇信、镇原、秦安、两当、临潭、岷县、
　　　　　　　　{ 　　　　　临泽、酒泉
　　　　　　　　{ 夏秋两季　徽县、安西

剪毛二次或一次之县份 { 春秋两季或春季　靖边、平凉、隆德、泾川、甘谷
　　　　　　　　　　　 { 春秋两季或秋季　清水

① 张之毅：《西北羊毛调查》，《中农月刊》1942 年第 3 卷第 9 期，第 45 页。
② 张之毅：《西北羊毛调查》，《中农月刊》1942 年第 3 卷第 9 期，第 46 页。

| 剪毛三次之县份 | 春夏秋三季 | 灵台、漳县 |
| 剪毛三次或一次之县份 | 春夏秋三季或春季 | 武山 |

羊的种类及剪毛季节不同，加之剪毛方法不同，每只羊的剪毛量也就有所不同。民国年间张之毅先生调查认为，"每只羊之剪毛量，青海剪毛稍高，约在二斤至三斤之间。甘肃各地大都剪毛两次，每次剪量常不及一斤。扯平计算西北羊只每羊仅能产毛二斤"。[1]

甘宁青三省羊毛产量大，数量多，但由于生产技术的落后，近代甘宁青地区所产羊毛并没有严格等级区分[2]，"仅较大的羊毛市场有近似分级之分等。分等方法至为简陋，通常采用看成色之法。分等标准并不一致，有以采毛季节为标准的，有以除垢与否为标准的，亦有以来源地或集中地为标准者"。甘宁青的羊毛按剪毛季节分为："春毛、夏毛、秋毛三种。春毛又称套毛，在清明前后采取，因羊只经过冬季，其毛底绒颇厚，纤维亦细，惟稍短小。秋毛在中秋前后采取，因经过夏季，所含油质颇大，弹力亦强，纤维粗而较长。夏毛又称火毛，其品质介于春毛秋毛之间，惟剪者甚少"[3]。实际上，近代甘宁青羊毛以来源地或集中地分等的情况最为普遍。近代青海羊毛出口前，羊毛主要集中地是西宁，因此在近代天津羊毛市场上就把所有来自青海地区的羊毛统称为"西宁毛"。"西宁毛"是近代天津羊毛市场上质量最好的。实际而言，"西宁毛"是来自青海不同地区的，具体可化分为东、南、西、北以及柴达木河流域的中区等五个地区。

青海羊毛主要产区表

区别	主要产地
东区	贵德循化化隆
西区	玉树综举族娘磋族玉树鸦拉族
中区	柴达木河流域（香日德达巴苏图诸地）
南区	札武族 囊谦族 苏尔奔族 猓罗族 及雅奢 澜沧江上游一带
北区	都兰来布哈河沿青海卓一带

资料来源：周振鹤：《青海》，南天书局有限公司 1987 年影印，第199—200 页。

---

① 张之毅：《西北羊毛调查》，《中农月刊》1942 年第 3 卷第 9 期，第 46 页。

② 当时世界羊毛已经开始按羊毛含棉绒量来划分等级，羊毛等级不同，价格也不同，由于甘宁青羊毛没有严格的等级划分，这也影响了当时甘宁青羊毛出口价格。

③ 张之毅：《西北羊毛调查》，《中农月刊》1942 年第 3 卷第 9 期，第 46 页。

虽然青海绵羊产自不同地区，但主要品种有两种，即大尾羊和小尾羊。"大尾羊为柴达木诸族之特产，与内地者同，肉肥毛短，以可鲁贝勒台其乃产为纯种，尾部脂肪特别发达。此外各蒙、藏族居地所产之羊，皆为小尾羊。其中环海及黄河两岸诸族所产之羊，以体大毛长见称。玉树二十五族及果洛族之羊，以毛细著名。青海毛商，以购收小尾羊之毛为准价，以玉树、果洛诸族小尾羊之细毛稍抬高价值，以大尾羊毛之短毛稍压低其价。将羊毛收集后，混合包扎运至天津，名曰西宁毛，其价值仅次于美利奴种羊毛。如将佳者分别装包，则可与美利奴毛可并驾齐驱。可知青海毛为吾国羊毛第一也"①。

青海羊毛质量优，在近代天津羊毛市场上颇受好评。其优点主要有：（1）柔韧卷曲，富于弹性，以显微镜观察之，毛之组织，成波状锯齿形，富于鳞片；（2）毛业密生；（3）羊体健壮，粗毛死毛较少、染制不成困难，可为制造上等呢绒之需；（4）色泽透明，洗刷染色甚易；（5）纤维细柔，长度适宜，机械纺织，甚为便利。所以"统观以上数条，可知青海羊毛之品质，虽不及美国及澳大利亚等处美利奴羊之质，然在国内羊毛中，实首屈一指"②。

在质量上和数量上，仅次于青海"西宁毛"的，是甘肃所产羊毛。甘肃所产羊毛，按地区又可分为：肃字套毛、甘字套毛、平番套毛、镇番套毛、凉州套毛、永昌套毛等。其中，"肃字套毛主要的产地在甘肃的肃州（今酒泉），它的纤维比较长而且颜色是雪白的，肃字套毛的质量仅次于西宁毛。平番毛主要产于甘肃的平番（今永登），这种羊毛的纤维不是很长，而且它还有一个较大的缺点：这种羊毛经常混合有大量的死毛。此外，镇番套毛、凉州套毛、永昌套毛、山丹套毛、高台毛，这五种羊毛都出产于甘肃的北部地区，它们也都是以它们的产地命名的。这几种羊毛的质量很相似，总称为甘字套毛。"③

甘宁青三省所产羊毛质量较差的是宁夏地区所产羊毛。具体而言，宁

---

①　马鹤天：《甘青藏边区考察记》，甘肃人民出版社 2003 年版，第 215—216 页。

②　业：《青海羊毛事业之现在及将来》，《新青海》1933 年第 1 卷第 4 期，第 58 页。

③　Chin Chien Yin：*Wool Industry and Trade in China*，见金建寅，见《中国羊毛业》（英文），天津工商学院经济论文，1937 年第 6 期，第 71 页。

夏地区羊毛又可以分为宁夏套毛（其中又分为王府套毛，西湖套毛）、磴口套毛、中卫套毛等，其中宁夏套毛的质量较好①。

二、羊毛出口原因及数量

民国时期，有学者将皮毛用途做了较为详尽的划分："第一，在游牧时期，人类的生存完全靠着他，茹毛饮血，以为衣食，骑乘以代步，在这个时期，畜牧业对于人生是最重要的时期，也可也说是二者关系最重要的时期，现今西北游牧人民属之。第二，在农耕时期，畜牧是居于次要的地位，肉乳与蔬菜米麦间食，皮毛兼着，骑乘与扛舆并用，所以在这个时期，可以说是畜牧居次要的地位，同时也可以说是畜牧与耕种并行不悖的时期，现今中国本部人民属之。第三，在工业发达时期，毛织品之轻暖耐用而争相购服，以求舒适；鉴于皮革之柔软经久，而争相练制以求应用各种新式机器滑车之调带，毛革工业在工商先进国已占一重要地位了"②。可见，工业的发展，可以带动畜牧业生产结构的变化。然而，当西方资本主义国家工业水平已经发展到一个较高水平之上时，古老的清帝国还处闭关锁国之中。"资本主义愈发达，原料愈缺乏"③。为了推销其工业品并掠夺原材料，西方资本主义国家开始把他们侵略的魔爪伸向世界各地，地处中国西北内陆的甘宁青地区的羊毛也被作为现代资本主义国家毛纺织原料开始大量出口。

近代西方资本主义国家对生产原料的需求，特别是美国地毯业的需求，直接推动了甘宁青地区羊毛出口。④ 其次，近代中国工业化水平不高也是甘宁青地区羊毛出口的重要的原因。中国第一家毛纺织厂，也是近代西北地区最大的毛纺织工厂，是左宗棠于光绪二年（1876 年）在兰州创办的甘肃织呢局。虽然该厂创办之初，一切机械都由德国购入，在制造方面

---

① Chin Chien Yin：*Wool Industry and Trade in China*，见金建寅《中国羊毛业》（英文），天津工商学院经济论文，1937 年第 6 期，第 72 页。
② 彭文和：《开发西北应以畜牧事业为先驱》，载戴季陶等：《西北》，新亚细亚学会 1933 年版，第 110—111 页。
③ 《列宁选集》（第 2 卷），人民出版社 1961 年版，第 802 页。
④ 刘鸿声：《西北羊毛与我国毛纺织业》，《西南实业通讯》1943 年第 7 卷第 1 期，第 3 页。

聘用的也是外国技师，但仅仅开业一年有余，就被迫停工。后来陕甘总督升允上书说："甘肃错处蒙、番，民间多事畜牧，故所产土货羊毛为大宗。近由西人设行，购运出洋，制成熟货，灌输我国，实为利源外溢一端，亟需设法自行制造，借图挽救"①，希望重振织呢局。直到 1908 年，兰州道彭英甲和比利时使馆参赞阿德林才签订了修复合同，1929 年才正式投产。显然，从甘肃织呢局创办之日起，就一直处于时停时办的状态，其生产情形可见一斑。官营毛纺织企业如此，"至于私人所经营的羊毛纺织业，均以资力有限，出品不良，且无大规模组织。所以尽管羊毛的品质良好，而毛纺织业在西北终不能发展起来"②。西北地区的毛纺企业对羊毛加工和利用十分有限。那么中国东部沿海城市的毛纺织厂又是否能有效加工利用甘宁青地区所产的羊毛呢？

1929 年前后我国主要的毛织品厂③

工厂名称	所在地	设立	资本（千元）	织机数（架）	制品
甘肃织呢局	甘肃	1876 年	200	平织机 20、纹织机 3	呢及绒毡
中国第一毛绒织厂	上海	1906 年	300	平织机 40、原织机 4	纺线及呢
陆军织呢厂	北平	1907 年	200	平织机 23、原织机 23	呢毡及绒毯
湖北毡呢厂	武昌	1908 年	500	织机 14	—
开源呢绒毛工厂	北平	—	80	织机 14	毯
裕庆厂	哈尔滨	1924 年	2000	织机 25	毯
华北第一毛织公司	大同	1922 年	100	织机 14	绒线
安裕大磨公司	哈尔滨	1924 年	700	美国机器	俄国式毯子
中国机器拉绒厂	上海	1923 年	—	—	—
中国人民毛织公司	吉林	1925 年	400	—	—
均安绒线厂	上海	—	—	—	绒线
伟一绒线厂	上海	—	—	—	绒线
华大	烟台	—	—	—	绒线日产六七十斤

---

① 《陇右纪实录》（第 13 卷），甘肃官书局石印本。
② 丁逢白：《西北的畜牧业》，《蒙藏月报》1936 年第 5 卷第 4 期，第 29 页。
③ 《中国毛织业之供求关系》，《工商半月刊》1929 年第 1 卷第 2 期，第 30 页。

1929 年前后，中国的北平、上海较大毛纺织厂有十数家，此外"上海又有纶华公司、精益毛织公司、裕源毛织厂、德永毛织公司等；南京有协大线厂；南昌有晋信工厂；奉天有中华毛织厂"等中小毛纺织工厂的存在。[①] 1930 年以后，在"呢涨毛跌"的刺激下，中国毛纺织业出现了获利的机会，大量的毛纺织厂纷纷建立起来，当时复工和新开的毛纺织工厂，"上海有章华、明和、元益、安乐、振兴、鸿发、维一、均安等厂，北京有清河厂，天津有仁立和五三厂，共计有粗纺锭一万六千余枚。可是明和、元益两厂长期难产，安乐、鸿发、维一等厂纺驼绒毛纱，振兴、均安两厂纺国毛绒线，清河厂专制军呢，五三工厂开工不久即停顿，实际上织制粗纺呢绒的只有章华厂一家"[②]。有学者根据近代国内毛纺织工业的水平，认为中国毛纺织企业对国产羊毛的需求量，即使在抗日战争全面爆发前，也不会超过国内供给量的三分之一。[③] 国内毛纺织企业不能充分利用国内所产羊毛，而国际市场对价格低廉的中国羊毛又大量需求，内外因的双重因素直接推动了甘宁青地区羊毛的大量出口。

众所周知，英国既是工业革命的开创者，也是经济全球化的始作俑者。1840 年，鸦片战争一声炮响，古老的大清帝国在西方资本主义国家坚船利炮的打击下被迫打开了闭关锁国的大门。随着五口通商，中国开始成为西方资本主义国家的原料出口地和工业品倾销地。但是五口通商并没有满足西方资本主义国家对中国原料的需求及工业制成品的倾销，于是，他们又一次次地发动对华战争，进而把侵略的魔爪伸向中国西北的内陆地区。随着西方资本主义国家向中国内陆的拓展，因"我国羊毛仍属亚洲土种，均为双层毛被，内层纤维细短，互相绞缠而紊乱，外层纤维粗长，尖端纽绞……性直硬，富弹力，实为优良之地毯原料，故历年国产羊毛，除少数供给国内制作毛毯及粗衣原料外"，大部分输往国外。[④]

① 《中国毛织业之供求关系》，《工商半月刊》1929 年第 1 卷第 2 期，第 30 页。
② 上海市工商行政管理局毛纺史料组、上海市毛麻纺织工业公司毛纺中料组编：《上海民族毛纺织工业》，中华书局 1963 年版，第 81 页。
③ Chin Chien Yin: *Wool Industry and Trade in China*，见金建寅《中国羊毛业》（英文），天津工商学院经济论文，1937 年第 6 期，第 98 页。
④ 张桂海：《最近我国羊毛对外贸易分析》，《贸易月刊》1941 年第 2 卷第 8 期，第 43 页。

中国羊毛贸易开始于光绪七年（1881 年）。[1] 但在最初的十年多时间里，中国出口羊毛的主要地区是内外蒙古地区，并不包括西北内陆的甘宁青地区。此后，随着西方资本主义国家对羊毛需求量的增加，到1894 年，英国开始通过甘肃的驼帮大量采购青海的羊毛。于是，国际市场上出现了"西宁毛"（包括和青海接界的一部分西藏地区的羊毛——引者注）的名称。[2] 近代甘宁青地区所产羊毛主要是通过天津口岸出口到海外的，但是由于天津海关和其他一些统计资料并未将每年出口的羊毛做出来源地的统计，所以，只能根据其他方面的有关资料，来推测甘宁青地区羊毛出口数量。1918 年编纂的《支那省别全志》中认为：甘肃各地的羊毛通过石嘴子运到天津，其数量占天津港出口额的一半，即占中国羊毛总出口额的40%。[3]

三、羊毛交易及运输

甘宁青地区羊毛出口肇始于外国洋行的收购。甘宁青地区土地广袤，羊毛又主要产自地广人稀的游牧地区，所以直到抗日战争全面爆发前该地的羊毛交易仍盛行的是"物物交换制度。羊毛最普通之交换物，为砖茶、布匹、烟草、面粉、油、酒等类"[4]。与"以物易物"同时存在的是青海、宁夏、甘肃地区一些固定的交易市场，在这些市场中，既有外国洋行活动的身影，也有当地的中介组织及运输商，在承担各自不同角色的同时，他们之间形成了一条特殊而不间断的交易链。

青海羊毛以湟水之滨的西宁为最重要的集散地。近代以来，在西宁进行羊毛收购的主要有新泰兴洋行、仁记洋行、瑞记洋行等多家外国洋行，这些洋行的代理人主要来自天津，他们与当地从事游牧经济的蒙、藏人民存在着诸如语言、文化、地理环境等方面的诸多隔膜，以致他们必然需要中间组织——歇家接洽。歇家者，"其初不过通番语之牙侩而已，自近年洋商以重金购毛，而不能直接与番人交易，又番人之所信者，亦唯歇家，

---

① 陈重民：《今日中国贸易通志》，商务印书馆1924 年版，第167 页。
② 青海省志编纂委员会：《青海历史纪要》，青海人民出版社1980 年版，第89 页。
③ 东亚同文馆编纂：《中国省别全志》（第6 卷，甘肃省附新疆省），南天书局有限公司1988 年影印，第566 页。
④ 《我国羊毛之交易及集散地》，《国际贸易情报》1936 年第1 卷第8 期，第7 页。

于是歇家得以居间为利，变牙侩而为栈商"①。近代以后，洋行来青海收购羊毛，"在羊毛尚未到达时，先付定洋，并将毛价决定，待货到交付银两，给歇家及小贩子手续费几分之几，以为酬劳，否则无毛可买，因此歇家得以操纵毛价"②。

甘肃羊毛交易地中心市场为兰州。此外还有南部之临夏（即导河）、北部之永登（即平番）、东部之平凉等较重要的地区市场。"导河距兰州二百里，为一商业市场，其西循化、保安、拉卜楞等地羊毛，均经此地，东南洮州、泯州等产毛亦由导河运至兰州。"③ 每年交易额万担左右，有新泰兴及茂记两洋行在此贸易。永登羊毛之来源，"有西宁、镇羌营、镇番、凉州等地。每年交易额万余担。当地有新泰兴、兴隆洋行两家。永登、临夏羊毛皆向宁夏输出。平凉为陕甘交通要道，其羊毛除本地出产外，多来自海原、固原等地，每年交易额自六千至一万担不等"。新泰兴、仁记、平和等家洋行在此交易。④

宁夏羊毛交易较大市场有宁夏府城（今银川）、中卫等。"中卫位黄河西岸，北可通宁夏，洋行亦设庄于此。宁夏为宁夏省羊毛运销省外之主要市场，四通八达"，向东北可通绥远包头，西北阿拉善旗，东渡黄河可与陕北交通，南可通固原、平凉及甘肃之兰州，其本地之羊毛来自甘肃之盐地、平远、惠安堡、灵武、金积，陕西之定边，本省阿拉善蒙古一带。"兰州集中之西宁套毛亦由此转运包头。绥远宁夏交界之石嘴子与磴口亦为羊毛运输之转口地点"⑤。

甘宁青地区羊毛在不同的地点被收购聚集后，下一步就是羊毛运输了。

近代甘宁青地区运输羊毛的路线主要有两条：（1）青海海南—西宁—兰州，或沿黄河运往包头，或由陆路运往包头。（2）甘南和循化—临夏—兰州，或沿黄河到包头，或陆路到包头。这里还应说明的是，1911 年京张

① 周希武：《宁海纪行》，甘肃人民出版社 2002 年版，第 20 页。
② 吴雄飞：《中国之羊毛业》，《工商半月刊》1935 年第 7 卷第 3 期，第 59—60 页。
③ 梁桢：《近年我国之羊毛贸易》，《贸易半月刊》1939 年第 1 卷 6—7 期合刊，第 286 页。
④ 《我国羊毛之交易及集散地》，《国际贸易情报》1936 年第 1 卷第 8 期，第 7 页。
⑤ 梁桢：《近年我国之羊毛贸易》，《贸易半月刊》1939 年第 1 卷 6—7 期合刊，第 287 页。

铁路没有通到包头前，甘宁青地区的羊毛到包头后，"用骆驼运到张家口或丰镇再由铁路转运天津"①。包头是近代西北地区最为重要的贸易中心和集散市场之一，而羊毛是它输出的最大宗商品，1923年京张铁路延伸到包头后，从甘宁青地区运送到包头的羊毛就可以直接通过铁路运往京津地区了。

甘宁青地区的羊毛是如何运往包头的？因为就当时的情况而言，"甘肃（指甘宁青——引者注）偏于我国之西北边，山岳重叠，荒芜不毛之地所在皆是，其地离海岸甚远，交通不便"②。然而，甘宁青地区的皮毛运输商们通过对地理资源和动物资源的有效开发，独具特色的皮筏及骆驼运输便在羊毛运输中大行其道。

皮筏运输货物是黄河上游地区古老的一种运输方式。黄河上游水流湍急，滩石较多，自古以来木船难以行走，而汽船则由于吃水较深，更难于航运，西北各族居民便因地制宜创造了皮筏运输这种特殊的方式。皮筏有牛、羊皮筏两种，牛与羊皮筏虽然制作工艺大体相同，但是牛皮筏在运送羊毛时，皮胎不用充气，而是直接把羊毛塞进皮胎中，时人也把这些皮囊内装有羊毛的皮筏叫作"毛筏"。大的牛皮筏可以载重二三万斤。③当时来自西宁的皮筏，由于从黄河支流湟水顺流而下，河面较窄，所以皮筏较小。到了兰州，"河面渐宽，始合数筏，成一大筏"④。

皮筏最大的优点是无须任何动力装置，全凭水力推进漂浮前进，缺点是只能顺流而下，不能逆水而上，所以甘宁青的筏户一般把羊毛等物品运到包头后，只能雇佣驼队把放气后的皮胎运回。

除了水路运输，就是陆路骆驼运输了。在近代甘宁青地区的羊毛运输中，被喻为"沙漠之舟"的骆驼起着不可或缺的作用，以宁夏及石嘴子为中心，甘宁青地区骆驼商队的道路大致有两条：一是由青海经西宁、兰州至宁夏，再到包头；二是由平凉、固原经花马池至宁夏，再到包头。虽然利用骆驼运输有许多的优点，但在实际运输过程中，它"并不如理想之坚

---

① 孙德常：《天津近代经济史》，天津社会科学院出版社，1986年版，第160页。
② 《我国羊毛及牧羊业》，《银行周报》1919年第1卷第5期，第44页。
③ ［日］几志直方：《西北羊毛贸易と回教徒の役割》，东亚研究所1940年版，第84页。
④ 陈赓雅：《西北视察记》，甘肃人民出版社2000年版，第92页。

强耐苦。只要行经一千公里之后，在同季中即难再向前近"。而且"骆驼脚掌感觉甚为灵敏，只要行三百至四百公里，脚掌往往发痛出血，有时且拒绝不再前进"①。因此骆驼行走的速度并不快。不仅如此，骆驼的行进速度还有很大的季节性，它依寒暑季节的变化而变化。气候转冷，其行进速度加快，夏季天气转热，骆驼就进入了脱毛季节，所以骆驼商队"一年只秋冬为强壮之时，春夏全身脱毛，疲敝无力，不能运货，故春夏必须休息，谓之下厂；秋冬起运，谓之起厂"②。对骆驼商队而言，他们在冬季是比较繁忙的。一般白天行进速度慢，夜间行进速度快、里程多。所以，驼队多半在夜间行进，商队每天大约走 50—70 华里。骆驼一般的载重量是300 斤左右，其载重量也是随季节的不同而不同，这与行进能力是一个道理。③

在甘宁青地区的羊毛运输中，虽然有水运和陆运两种方式，但是人们通常采用的运输方式是水运。因为水运无论是费用还是速度，水运相比驮运都占有较大的优势。以西宁至包头为例，用骆驼每运送 1 担羊毛的费用多则 15 元，最少也要 10 元，而水路运输同等数量的羊毛最多不过 9 元。而且同一运送路线，在运输时间上，水路也比陆路节省 20 余天。虽然，水运较陆运有许多优势，但由于客观条件的限制，有时商人们不得不采取陆路运输。首先由于甘宁青地区的有些羊毛产地或集散地并没有黄河流经。其次，水路运输有很强的季节性，黄河每年仅有一百五十天到两百天的不冻期，满载羊毛的牛皮筏子仅仅可以在这一时期运行，每年的十一月份到第二年的三月份，黄河结冰，皮筏就不能从事运输了，这一时期就只能依靠骆驼运输了。在每年的九月至来年四月这一寒冷的季节，当黄河冰封的时候，骆驼恰如其分地取代皮筏，成为甘宁青地区羊毛冬季运输的重要工具。换言之，皮筏和骆驼交互使用，从而使近代甘宁青地区的羊毛源源不断从区域内部运输出去，进而走出国门。

---

① ［俄］克拉米息夫（W. Karamisheff）著：《中国西北部之经济状况》，王正旺译，商务印书馆 1933 年版，第 39 页。

② 林竞：《西北丛编》，神州国光社 1931 年版，第 405 页。

③ 和龑、任德山等译：《〈新修支那省别全志〉宁夏史料辑译》，燕山出版社 1995 年版，第187 页。

四、结论

甘宁青地区地处西北内陆，远离海洋，气候干燥，畜牧业生产旺盛，因而畜养着大量的羊，出产着大量的羊毛。近代以来，随着西方国家原料需求，甘宁青地区也逐渐被纳入了资本主义的经济循环系统之中。在羊毛外运中，甘宁青地区传统的交易方式和明清以来就已形成的一些交易市场在近代羊毛输出中发挥了积极的作用，并且在羊毛等商品流通量和流通空间的扩大的基础上，在进一步发挥其集散和转输功能中它们也逐渐发育完善和成熟。

在羊毛大量输出的背景下，甘宁青地区原本只是从事区域内部运输的驼运和筏运也开始在长途货运中得到了进一步的发展，这种发展虽然相对于以铁路、轮船为标志的中国近代化交通运输业而言，毫无疑问是极其落后的，但是对于甘宁青区域本身而言，这种特殊的运输工具，却又无可置疑地带动了当地资源的开发，在以羊毛为主体的畜牧业产品出口中发挥出巨大作用的同时，对甘宁青地区羊毛市场渐趋成熟也起了重要的推动作用。

第二节　近代天津洋行在西北地区的运行机制
——以羊毛贸易为中心的考察

第二次鸦片战争后，天津开埠通商，深处中国内陆的广大西北地区渐次成为天津口岸的经济腹地，以羊毛为主体的畜牧业产品开始大量出口。近代西北地区的皮毛出口，给西北社会带来的影响是巨大的。在西北羊毛出口中，天津洋行无疑是肇始者，而天津洋行具体运行机制则是通过买办和内地洋行先导作用来完成的，由于天津洋行控制了子口税单的发放，内地洋行要利用子口税单运销货物，享受优惠条件，就必须通过各洋行的买办。这样内地洋行不得不愈加依附于天津总行，从而形成了洋行、买办与内地洋行之间利益相辅相成的商业网络。

一、天津洋行与内地分行

中国羊毛贸易开始于光绪七年（1881），"香港的汇丰银行设支行于奉天，开始从事绵羊毛之输出业务。次年，外国商人遂往来于蒙古各地，收买羊毛，营业颇称繁盛，乃设洋行于张家口。光绪九年，更设商行于包头，我国商人，亦渐经营是业。光绪十一年，包头洋商更移至宁远。当时汇丰银行①实执斯业之牛耳。其后洋行赴包头者渐众，德国商人亦联袂而起"②。此后由于羊毛贸易获利较丰，英、美、德等国洋行纷至沓来，到西北的甘、宁、青、绥地区收购羊毛等畜牧业产品。

天津港是近代中国羊毛最大的出口港，由于交通条件的限制，西北地区的羊毛几乎全部是通过天津出口的③。20 世纪 30 年代我国著名的经济地理学家张其昀先生认为："天津当河北五大河会流之点，贸易区域北至内外蒙古，西连山西、陕西、甘肃、新疆，南及河南、山东之北部，范围之大，除上海外，殆无其匹。人口七十五万，与武汉等。天津为北方棉花集散地，加以接近开滦，煤炭丰富，纺织业极有希望。中国羊毛十分之九，由天津出口。"④ 总之，天津开埠后外贸腹地的扩大，是在以水系为纽带的商业腹地的基础上、不断向广大的北方地区扩展的结果。天津，这一区域性的商品集散中心，也就成为连接中国西北地区与国际市场的桥梁，从而把甘宁青地区的皮毛等畜牧业产品的生产纳入了国际市场的轨道。近代以来到西北地区进行羊毛收购的各国洋行也是来自天津洋行。

近代在天津羊毛市场上从事羊毛出口业务的洋行主要有仁记、新泰兴、平和、高林、隆茂、怡和、美丰、慎昌、聚立、隆昌等十几家⑤。这些从事羊毛业务的外商由于对中国语言、风俗、市场行情、金融状态、商业习惯、交易方信任程度等诸多方面的不了解，而且"了解中国多得异乎

---

① 汇丰银行作为一种金融机构，它本身并不经营商业，只是给经营商业的商人提供资金而已。
② 陈重民编：《今日中国贸易通志》，商务印书馆 1924 年版，第 167 页。
③ Chin Chien Yin：*Wool Industry and Trade in China*，见金建寅《中国羊毛业》（英文），天津工商学院经济论文，1937 年第 6 期，第 105 页。
④ 张其昀：《中国地理大纲》，商务印书馆 1930 年版，第 52 页。
⑤ 田中时雄：《支那羊毛》（日文），南满铁路株式会社 1930 年 6 月发行，第 130 页。

寻常的商业惯例和社会习俗似乎也是不可能的"①，特别是羊毛收购属于专门行当，收购羊毛的人没有多年的经验是无法识别羊毛质量的，于是在天津从事羊毛收购业务的洋行便培养、利用了一批为其进行羊毛收购并推销外货的买办商人。

对于天津洋行的外商来说，他们为了更好地利用买办进行购销活动，以得到更多的利益，他们每月都要给买办支付一定的佣金，允许他们使用自己的仓库，交易成功时要给买办百分之二的分成。② 于是，一些买办利用自己的资金，也有的是从知己、朋友处借款，或者根据洋行对自己的信任程度要求洋行投资，并得到可以袭用总店（天津洋行）字号的许可，在西北地区的羊毛集散市场或生产地市场开设和总店同一字号的个人洋行，这些洋行就是天津洋行在西北地区的洋行，一般称它们为内地洋行③。

近代在西北地区从事羊毛经营的内地洋行主要有：仁记（天津仁记洋行买办经营）、新泰兴（天津新泰兴洋行买办经营）、聚立（天津聚立洋行经营）、福兴公（天津高林洋行买办经营）等等。④ 这些内地洋行设有天津买办雇佣的经理（也称大老板）。经理之下，设"银柜、外帐。银柜专司会计、出纳，外帐专司庶务、接待等杂项工作。再下即为司职人员，如学徒、厨师、勤杂等人。大行约有四五十人，小行二三十人不等"⑤。

近代西北羊毛主要集散地洋行

石嘴子	新泰兴洋行（英商）	仁记洋行（英商）	高林洋行（英商）
	天长仁洋行（英商）	平和洋行（英商）	聚立洋行（英商）
	隆茂洋行 （英商）	明义洋行（英商）	兴隆洋行（德商）
	瑞记洋行 （德商，一战后英商接收）		

资料来源：刘廷栋：《掠夺西北皮毛的天罗地网——记宁夏石嘴山帝国主义洋行》，载《文史集萃》第 2 辑，文史资料出版社 1983 年版，第 165 页。

---

① ［美］郝延平：《十九世纪的中国买办——东西间桥梁》，上海社科院出版社 1988 年版，第 27 页。

② ［日］田中时雄：《支那羊毛》，南满铁路株式会社 1930 年 6 月发行，第 129 页。

③ 和龑、任德山等译：《〈新修支那省别全志〉宁夏史料辑译》，燕山出版社 1995 年版，第 192 页。

④ ［日］田中时雄：《支那羊毛》，南满铁路株式会社 1930 年 6 月发行，第 131 页。

⑤ 刘廷栋：《掠夺西北皮毛的天罗地网——记宁夏石嘴山帝国主义洋行》，载《文史集萃》第 2 辑，文史资料出版社 1983 年版，第 164 页。

包头　新泰兴洋行（英商）　仁记洋行（英商）　平和洋行（英商）

隆昌洋行　（俄商）　德记洋行（英商）　瑞记洋行（德商）

资料来源：东亚同文馆《中国省别全志》（第6册，甘肃省附新疆省）（日文），台北：南天书局1988年版，第801页。

兰州　新泰兴洋行（英商）　聚利洋行（英商）　瑞记洋行（德商）

高林洋行　（英商）　兴隆洋行（德商）

资料来源：东亚同文馆：《中国省别全志》（第6册，甘肃省附新疆省）（日文），台北：南天书局1988年版，第726页。

河州　新泰兴洋行（英商）　聚利洋行（英商）　仁记洋行（英商）

高林洋行（英商）　瑞记洋行（德商）　世昌洋行（德商）

兴隆洋行（德商）　天长仁洋行（英商）平和洋行（英商）

资料来源：秦宪周：《从外国洋行在河州收购羊毛看帝国主义的经济掠夺》，《临夏市文史》（第2辑），临夏市政协1986年编，第54页。

西宁　新泰兴洋行（英商）　仁记洋行（英商）　瑞记洋行（英商）

聚利洋行　（英商）　平和洋行（英商）　礼和洋行（英商）

资料来源：刘景华《清代青海的商业》，《青海社会科学》1995年第3期。

　　实际上，天津总店和内地洋行之间无直接的关系，两者之间的联系实际上是由天津洋行里的买办负责的。"这样总店不能直接向内地的洋行订货，中间必须经过买办之手，即总店以指定的价格委托买办购入羊毛时，买办再转而令自己经营的内地洋行收购货物。俟货物到达时，买办再卖给总店，除获取2%的佣金外，在内地洋行买入羊毛时，还可获得总店指定价格和收购价格的差额之利。"在这场交易过程中，买办获利是极大的。当然，"如果买办与总店间的买卖价格差异很大，不能成交时，买办可经总店的允许后卖给他人"①。这样一来，我们就可以看到天津洋行、内地洋行之间的关系。

天津洋行与内地洋行关系示意图

　　虽然天津洋行与内地洋行之间虽无直接联系，但是内地洋行在进行羊

---

　　①　和龑、任德山等译：《〈新修支那省别全志〉宁夏史料辑译》，燕山出版社1995年版，第192页。

毛收购时，要通过买办"先向天津洋行接洽，订定羊毛价格、数量、交货地点、交货时间等，洋行即将全部或大部款项"，交付给买办。① 因此，西北的内地洋行其职能实为天津洋行到羊毛产地的集货，最后的主顾也多为天津洋行。显然，内地洋行的商业活动是直接受制于天津洋行的。

由于天津总店或总店的买办要给内地洋行提供资金的支持，因此这里还应该说明天津总店向内地分行的资金的调拨情况。由天津总行向内地分行的资金调拨，称为"发标"，内地各行互相调拨资金，称为"调标"。天津总行在西北各地设分行之初，由于交通不便，道路不靖，而且与各地银号、商店未发生联系，所以当时天津总行一般是将现银直接发送到内地各行。在当时的情况下，由于押送几千几万两银子到西北各地是相当危险的，所以在"起标"时，天津的洋行一般都要和可靠的镖局订立合同，由镖局选择可靠的镖客护送。后来随着洋行资金的扩大，他们就由行内自己组织武装力量，押送标银。到 1914 年左右，因为西北地区邮电业的发展，洋行此时也与地方官府及本地的公私商号发生了密切关系，遂改"发标"为"调标"。改为调标后，洋行不但省去了过去"保标"或"送标"的损失与麻烦，而且"调标"一封电、信就可取款。② 这样就给内地洋行提供很大的便利。

二、内地洋行与羊毛收购

西北地区由于土地广袤，羊毛又主要产自地广人稀的游牧地区，商业运行机制因而也有别于其他地区。对于初次到达西北的内地洋行的代理人（主要为天津汉族人）来说，他们与当地从事游牧经济的蒙、藏人民间势必存在着诸如语言、文化、地理环境等方面的诸多隔膜，以致他们必然需要一些中间人帮助他们与西北地区从事收购、批发羊毛的贸易组织如毛栈、歇家等接洽，在此背景下，一批中间人应运而生，这些中间人就是经纪人。通过经纪人，内地洋行开始以歇家、毛栈、大毛贩子为依托大规模

---

① 顾少白：《甘肃陇东羊毛皮货初步调查报告》，《西北经济》1941 年第 1 卷第 5、6、7 期合刊，第 60 页。

② 刘廷栋：《掠夺西北皮毛的天罗地网——记宁夏石嘴山帝国主义洋行》，载《文史集萃》第 2 辑，文史资料出版社 1983 年版，第 165 页。

进入西北地区进行羊毛收购。

在西北的羊毛市场中，经纪人又称跑合儿，他们并没有自己的店铺，作为一种中间人，他们只收买卖双方的手续费。① 一般而言，跑合儿对于货物的来源、品质、价格都是知之甚详，他们无须任何资本，全凭与买卖双方的关系与信用，因此，充当"跑合"者大都要以某货栈、商号或内地洋行为"靠家"，与他们建立一种可靠的信用关系，只有这样，才能在市场上赢得信任。由于跑合儿大都与买方（洋行）关系接近，常常受买方之托洽购货物，遂使其与卖方的代理人——毛栈、歇家、毛贩子等成为交易的伙伴。在西北羊毛市场上，一个"跑合"大都至少同时为两三家商行或货栈接洽生意，由于这些人的收入皆视成交生意的多少而定，因此他们往往使出各种手段往来"说合"。"倘在价格上或货物的买卖两方成僵局时，则当经纪者能设法解释，以此成交易。当经纪者实店内之重要人物，成事之多寡，与店内之营业有关；而各买主卖主之去留，亦以经纪能否使双方满意为定。若常故意袒护一方，他方必不满意。日久恶名四溢，必影响全店之大局"②。

在青海地区，洋行是通过青海本地的歇家来收购羊毛的。在甘肃的河州、拉卜楞等地，洋行是通过与藏民有联系的一些回族皮毛商或精通藏语的毛贩子来进行羊毛的收购。③ 在包括宁夏在内的广大蒙古草原地区，洋行是通过毛栈及毛贩子来进行羊毛收购。

在 20 世纪 20 年代前，歇家、毛贩子、毛栈便成为蒙、藏牧民与洋行交易的中间商。一方面，洋行若离开他们难以直接收购到大宗的皮毛；另一方面，牧民若离开他们更无法与外商直接成交。于是，这些中间商人的身价也得以随之提高。以青海的歇家为例，随着羊毛贸易的发展，羊毛价格的提升，"歇家"作为一种蒙藏民族和洋行之间的中间人"乃得居间取利，遂多因此而致富，往往拥资巨万，交结官府，齿于缙绅，有左右金融

---

① 和龑、任德山等译：《〈新修支那省别全志〉宁夏史料辑译》，燕山出版社 1995 年版，第 190 页。

② 李锐才：《包头之羊毛》，《国货研究月刊》1932 年第 1 卷第 1 期，第 56—57 页。

③ 陈琦：《黄河上游航运史》，北京人民交通出版社 1999 年版，第 146 页。

之势力"①。

内地洋行与歇家、毛栈等通过经纪人与当地的羊毛商取得联系后，除委托他们代理羊毛收购外，在很多时候，也让他们承担本地区羊毛的运输业务。需要说明的是，由于内地洋行代理人是汉族，而当时在西北从事羊毛收购业务的又主要是回族人，基于饮食习惯诸方面的影响，通常他们并不住在回族的皮毛店里，而是住在皮毛店的附近。②

无论是毛栈、歇家还是毛贩子，他们起到的作用是一样的，也就是说他们具备的功能是相同的，只是各种商人的名称因地而异③。

毛栈是搞羊毛批发、兼营仓库的货栈和旅店，资金一般比较大。他们留宿单个的商贩，为其保管羊毛，并担当买卖的中间人，以收取手续费。为了收取手续费，他们会给商贩提供比较便宜的住宿费。④ 同时，也会派店员做小毛贩子，出外购买羊毛，还为羊毛交易提供资金或预付资金等。这样，他们就很容易地从各种卖出人手里得到羊毛，尽管不少的毛栈皆兼营批发，但就其职能而言，仍然是市场上不可或缺的"媒介"。

歇家者，"其初不过通番语之牙侩而已，自近年洋商以重金购毛，而不能直接与番人交易，又番人之所信者，亦唯歇家，于是歇家得以居间为利，变牙侩而为栈商"⑤。歇家在他们最初产生之时，只是作为蒙藏民族和汉民族的中间商而存在。近代以后，随着西北地区羊毛贸易的发展，歇家的性质逐渐发生了改变，即变为一种具有皮毛店性质的毛栈。最初，由于"歇家"资金少，他们便因陋就简地搭上一些帐篷，招待牧民。此后，随着他们资金的扩大，同时也为了争夺市场，扩大贸易，他们便各尽所能，占用广阔的地皮，修成很大的院落和能容纳牦牛的牲畜圈，以备牧民居住和堆积羊毛以及牦牛、马匹的饲养。并且为了便于就近管理，"歇家"也及时修建自己的住宅，在大院落内设有大厨房，以备茶饭，开饭时间无规

---

① 马鹤天：《西北考察记·青海篇》，南天书局有限公司 1987 年影印，第 214 页。
② 当然也有例外，比如当时甘肃河州的新泰兴老板，就住在回族王圭璋的羊毛店里。
③ 和龑、任德山等译：《〈新修支那省别全志〉宁夏史料辑译》，燕山出版社 1995 年版，第190 页。
④ ［日］小林元：《回回》，东京株式会社博文馆 1940 年印，第 310 页。
⑤ 周希武：《宁海纪行》，甘肃人民出版社 2002 年版，第 20 页。

定的时间,凡前来交易居住的牧民,随时吃喝,而且不论居住时间多久,一律不收取食宿费用。当然,只靠这些还不足以开展业务,他们还必须精通蒙、藏牧民的语言,取得其信任,只有这样才能在交易中得心应手。由此可见,歇家的性质和毛栈基本相似,只是在青海和甘肃的河西地区,这种机构可能更普遍地存在①。

无论是毛栈还是歇家,都常常有固定蒙、藏部落与他们交易。以青海的歇家来说,在每年羊毛收获的季节,蒙、藏民族就来歇家换取他们的日常生活所需,歇家虽然没有设立商号,但是他们各有熟悉的蒙、藏部落为其固定的顾客。如湟源著名的四大马家,即城关的马明瑜,接待的是柴旦蒙古族及海西的汪什代海藏族客商;西关马鹤亭,精于藏语,接待刚察客商;东关马升柏,接待果洛、玉树地区的客商;城台马明五系刚察千户之至交,接待刚察地区的客商。② 通过这些固定与他们交易的部落群体,毛栈、歇家就可以较好地完成洋行规定的羊毛收购数额。

内地洋行羊毛收购示意图

西北内地洋行和歇家、毛栈、大毛贩子等连接起来后,他们一般采取较为灵活的市场交易机制。近代时期的西北牧民,大多比较贫困,当内地洋行拿到天津洋行的羊毛定单后,为了能顺利地从毛栈、歇家手里拿到羊毛,他们一般采取预买方式:每届新年,内地洋行就预买羊毛,与毛栈、歇家等签订合同,预付他们20%—60%的定金,并订定羊毛的品质、价格、交货地点、交货时间等。"预买之价格,大约照市价十分之七至十分之八之间"③。在羊毛收获的季节,当毛贩子、毛栈、歇家把羊毛收购回内地洋行所在地时,内地洋行就会把羊毛称重验货后,付下剩余的费用给这些歇家、毛贩子、毛栈。

---

① 参见许道夫:《中国近代农业生产及贸易统计资料》,上海人民出版社1988年版,第316页。

② 林生福:《回忆解放前湟源的民族贸易》,载青海省政协学习和文史委员会编:《青海文史资料集萃(工商经济卷)》(内部资料)2001年,第336页。

③ 顾少白:《甘肃陇东羊毛皮货初步调查报告》,《西北经济》1941年第1卷第5、6、7期合刊,第60页。

　　综上所述，由于西北地区独特的地理与人文环境，西北内地洋行所采取的商业运行机制也有其独特的一面：首先，他们必须先认识熟悉当地的一些贸易组织，"以为保证，否则将受大小贩子之欺骗也"。其次，必须采取预买的方式，"外商在此（指青海，引者注）设立洋行，或派人来此收买羊毛，在羊毛尚未到达时，必先预付定钱，且将羊毛价钱定好，待货至时，即检定羊毛，收货交付银两……否则无毛可买"①。

　　正如我们前文中所提到的，西北的内地洋行和天津洋行之间并不存在直接的关系，天津洋行外国商人除了会根据自己对买办的信任程度给予买办在内地的洋行部分投资等外，还会以自己的名义开出三联单供给内地洋行使用。② 这也是西北羊毛运输环节中极为重要的一环。

　　三联单是缴纳子口税的凭证，也是沿途关卡不得重复征税的通行证。因为内地洋行在把羊毛、羊皮等畜产品运往天津途中，沿途要经过各地的许多关卡和厘金局，为了避免这些厘金税和众多关卡的检查，这些内地的洋行就会拿出以总店名义开出的三联单，避免以上的麻烦。

　　当时天津外商直接从天津海关要来三联单发给西北内地各分行，单上印有各种皮毛的名称，如老羊皮、山羊板皮、羊绒、羊毛、驼毛等。使用时，内地洋行将起运皮毛开列清单，派学徒持制钱五百文送至关卡，有关卡文书照清单数字一一添入三联单上，加盖"验讫"公章，一联存当地主管税卡，一联报省，一联由洋行随货持送海关。有了三联单，货物即可通行无阻，直运天津，税务人员不敢留难。如果货物出口再按章纳税，不出口则不纳税。五百文制钱（铜钱）算是洋行赏给文书的"润笔费"。③

　　在近代西北地区，三联单涉及经营的畜牧产品种类繁多。据光绪三十一年（1905 年）10 月的《甘肃官报》的记载："英商平和洋行赴甘肃宁夏府买羊毛、驼毛、羔皮、狐皮、生山羊皮、熟山羊皮张，请自八千三百六十五号至七十号三联单五张。英商仁记洋行赴甘肃海城买驼绒、羊绒、牦牛皮、羊皮褥、生羊皮、马尾棕、生熟皮张，请自八千三百四十一号至四

　　①　自强：《中国羊毛之探讨（续）》，《新青海》1934 年第 2 卷第 11 期，第 11 页。
　　②　［日］田中时雄：《支那羊毛》，南满铁路株式会 1930 年 6 月发行，第 128—129 页。
　　③　刘廷栋：《掠夺西北皮毛的天罗地网——记宁夏石嘴山帝国主义洋行》，文史资料出版社载《文史集萃》第 2 辑，文史出版社 1983 年版，第 168 页。

十五号三联单五张。英商仁记洋行赴甘肃平远县买驼绒、羊绒、牦牛皮、生羊皮、马尾棕、羊皮褥、生熟皮张，请自八千三百四十六号至五十号三联单五张。德商瑞记洋行赴甘肃巩昌府买羊绒毛、驼绒毛、生熟皮张、马尾棕、犀牛尾、生山羊皮、生绵羊皮，请自八千二百九十六号至八千三百号三联单五张。德商瑞记洋行赴河州买羊毛、驼毛、生熟皮张、马尾、犀牛尾，请自八千二百八十一号至八十五号三联单五张。"① 由此，大致可知西北内地洋行的活动范围及经营产品的种类，在畜牧产品的出口中，最重要的产品是羊毛。

由于天津洋行控制着三联单的发放，内地商人要利用三联单运销货物，享受优惠条件，就必须通过各洋行的买办。这样内地洋行不得不愈加依附于洋行，从而形成了洋行、买办与内地洋行之间利益相辅相成的商业网络。

在羊毛收购业务中，内地洋行之间虽然并没有特别的契约，但各洋行有意购买不同产地的羊毛。跟他们交易的中间商，如毛栈、歇家、毛贩子等也都专属于一个洋行，所以各个洋行之间并不存在相互竞争、倾轧的现象。有时当羊毛价格上涨时，各洋行间更是努力避免竞争，一致协同防止价格上涨。②

近代在西北地区从事羊毛收购业务的主要是天津的英商洋行，其中规模最大的新泰兴洋行。据有关资料统计，新泰兴洋行在西北地区收购羊毛的数量，大约要占到所有洋行收购数量的一半③。

内地洋行在进行以羊毛为主体的畜牧业产品收购过程中，各洋行的经理人不仅有帝国主义分子做靠山，而且往往与西北地方官吏勾结甚密。如光绪末年洋行买办来到甘肃各地后，纷纷纳资捐官，个个顶翎辉煌，"新泰兴洋行驻兰州的老板王三爷（名不详），交结兰州的各级官僚，门前常有绿呢大轿停留，每日宴会必有名妓佐酒，打麻将，吸大烟。""新

---

① 《甘肃官报》第50册，第5—6页。
② 和龑、任德山等译：《〈新修支那省别全志〉宁夏史料辑译》，燕山出版社1995年版，第193页。
③ 秦宪周：《从外国洋行在河州收购羊毛看帝国主义的经济掠夺》，载《临夏市文史》（第2辑），临夏市政协1986年编，第56页。

泰兴洋行驻河州的老板张华农，天津人，交结地方官绅，宴会享乐，备极豪华"，地方官僚与之结交，唯恐落后。① 此外，内地洋行还通过欺骗、讹诈、掠夺等多种方式为他们在羊毛市场交易中赚取更大利润。如高林洋行宁夏石嘴山分行代理人葛秃子，就是突出一例。葛秃子到石嘴山后，"利用西北人民朴素老实的特点，指空买空，施展欺骗的手段，使存毛户'上洋当'，而他自己'发洋财'"。1900 年，内地洋行更是借口闹义和团，停止收毛。结果造成西北地区羊毛市场的有行无市，洋行趁机杀价，"指使下面的人，酌给米、面、布、茶、糖等物换毛，毛户无法，只好忍痛接受"。②

从 19 世纪晚期到 1920 年③洋行的陆续撤离，西北内地洋行收购羊毛的数量已无据可考。这样我们只能通过天津海关的资料做一个大致的推算，因为西北羊毛几乎全部是通过天津海关出口的，而通过天津海关出口的羊毛有一半以上是来自西北地区的，通过这一结果就可以推算出内地洋行在西北收购的羊毛大约在 4000 千担以上。④ 大量羊毛外运，给洋行带来了相当可观的利润。以著名的"西宁毛"为例，因为这种羊毛纤维较长，故而价格较高，"平均每百斤十五至二十两，洋行运至天津为三十至四十两，最高达到五十两以上"。⑤ 可见，洋行从中获利达百分之五十以上。正是由于羊毛外运利润之大，以至于石嘴山"新泰兴的大老板宁星普，在洋行撤回天津后，拥资累万，富甲津门，被天津的商人选为商会会长"⑥。

---

① 王致中、魏丽英：《中国西北社会经济史研究（1840—1949 年）》（下册），三秦出版社 1992 年版，第 207 页。

② 刘廷栋：《掠夺西北皮毛的天罗地网——记宁夏石嘴山帝国主义洋行》，载《文史集萃》第 2 辑，文史资料出版社 1983 年版，第 166 页。

③ 洋行在各地撤走的时间是不一样的，1920 年内地洋行的代理商离开了河州，1921—1926 年间离开了石嘴山，1926—1927 年间离开了张家川。但到 1935 年，由于羊毛价格上涨，德商美最时、俄商波隆两家洋行及天津的一些毛栈又纷纷来到甘青等地收买羊毛。

④ Hsiao Liang-lin：China's Foreign Trade Statistics, 1864 – 1949, East Asian Research Center Havard University, 1974, pp. 77 – 78.

⑤ 刘廷栋：《掠夺西北皮毛的天罗地网——记宁夏石嘴山帝国主义洋行》，载《文史集萃》第 2 辑，文史资料出版社 1983 年版，第 169 页。

⑥ 刘廷栋：《掠夺西北皮毛的天罗地网——记宁夏石嘴山帝国主义洋行》，载《文史集萃》第 2 辑，文史资料出版社 1983 年版，第 170 页。

三、结语

在近代中国遭受外国资本主义势力入侵的大背景下，地处中国内陆的广大西北地区，也沦为西方资本主义国家原料产地和商品销售地。从 19 世纪晚期开始，西北地区的畜牧业生产就开始处于商业化过程中，而这其中天津洋行及其代理人起了先导性的作用。洋行及其代理人一系列的商业活动，使西北地区以羊毛为主体的畜牧业产品大量出口。

在羊毛等畜牧业产品出口的带动下，西北地区被动地卷入了国际市场，这一方面使中国广大的西北地区与国际市场产生了联系；另一方面也在一定程度增强了西北地区经济发展的现代化因素。然而，天津洋行及其代理人的商业活动，始终是以不平等条约为基础，以经济掠夺为目的的，因此在此基础上的交换必然是不等价交换，这种交换并没有给广大的西北地区民众带来生活上的改善，他们仍旧持续着贫困的状态，被掠夺的局面，与中国近代相始终。

第三节　天津洋行、货栈与近代西北羊毛贸易

鸦片战争之后，随着中国对外贸易口岸的增加，以及世界资本主义生产的进一步发展，中国出口商品结构越来越多地呈现出多元化发展的趋势，皮毛等畜牧业产品在出口类商品中所占的比重有了显著提高。从 1881 年羊毛开始少量出口到 1894 年青海羊毛大量输出，羊毛在中国出口商品额中快速跃居第六位，此后数量持续增加，到 1928 年已位居第五①，成为中国对外贸易的重要商品，并在对外贸易中占有越来越重要地位。故时人调查称："中国每年土产之销售海外者，其中以茶、丝、及羊毛为最，此三者，乃中华民族经济之命脉"②。由于中国羊毛出产主要在北方地区，出于

---

①　汪敬虞：《中国近代经济史（1895—1927）》（上），人民出版社 2000 年版，第 198 页。

②　魏英邦：《中国羊毛事业之概况》，《实业统计》1934 年第 2 卷第 2 期，第 33 页。

运输距离上的考虑，到抗战爆发前，经天津口岸出口的羊毛数额一直占中国羊毛总出口额的 80% 以上。① 在近代西北皮毛输出中，天津洋行、货栈等贸易组织起到了重要作用。

一、洋行直接左右下的西北羊毛出口

1860 年天津开埠的当年，便有四个英国洋行的老板②来到了天津。一个光辉灿烂的前景展现在他们面前，这些远见卓识的商人便利用天津开埠的优势赚了很多钱。③ 根据中英《天津条约》第二十八款的规定："英商已在内地买货，欲运赴口下载……在路上首经之子口输交……给票为他子口毫不另征之据。……每百两征银二两五钱"④。这样，洋商们从内地购得大宗产品，仅在首经之子口交纳 2.5% 的税银便可运抵口岸出口。1870 年（同治九年）海关又开始推行内地子口税三联单制度，即出口货在运经该口岸之前，可先向海关领取三联单，持单赴内地运货，沿途即可放行。天津的洋行正是凭借这些特权，获得了巨额的利润。⑤

从 1875 年以后，随着外商大量涌入天津，洋行也开始飞速发展起来。洋行的发展不仅表现为洋行数量的增加，而且表现为经营种类的扩大，在经营货品种类扩大过程中，洋行发现，用低廉的价格从中国内地购买农畜产品，然后用高价卖到国外是有巨额利润可图的。

1880 年前后，一名叫高林的英国船员（后来成为大沽领航员）在天津建立了高林货栈（以后的高林洋行）后，派货栈中比利时人格拉梭（Grassel，被称为葛秃子——引者注）和斯波林格德（Splingaard）深入中国内地采购羊毛和皮货，并于 1881 年（光绪七年）设立了天津第一家羊毛打

①　和龑、任德山等译：《〈新修支那省别全志〉宁夏史料辑译》，燕山出版社 1995 年版，第 146 页。

②　广隆洋行的韩德森，密妥士洋行的密妥士，菲力普·摩尔洋行的瓦勒以及伯和洋行的麦克利恩。

③　庞玉洁：《开埠通商与近代天津商人》，天津古籍出版社 2004 年版，第 64 页。

④　王铁崖：《中外旧约章汇编》（第 1 册），三联书店 1957 年版，第 100 页。

⑤　罗澍伟：《近代天津城市史》，中国社会科学出版社 1993 年版，第 197 页。

包厂，经营出口羊毛业务①，从中大发洋财。

1964年，一位中国老者是这样描述格拉梭和斯波林格德具体收购羊毛过程的。他叫葛秃子（一说葛鬼子，原名未悉），约在1879年，受天津洋商的雇佣，只身潜入中国的西北地区试探，他抵石嘴山后，住许存荣旅店，因为看见当地居民将羊毛与土和在一起，甚为惊奇，就问："你们将羊毛和土弄在一起干啥？"居民说："沤粪上庄稼。"他们的回答使葛惊呆了，葛又问："为什么不卖钱？"回答是："此物除了做毛毡，别无他用，亦无销路，只有沤粪。"葛回到旅店，为羊毛利润而大绞脑汁，终于想出一条妙策：利用店掌柜许存荣作桥梁，做一次无本的生意，以优厚的报酬为条件，由许出面作保，进行佘账，明年付价。不到一个月的时间，收羊毛四万斤，作价每百斤银二两。葛秃子雇了两只船，由黄河顺流而下，到包头由陆路运到天津，据说每百斤售银二十两。葛获得了巨大的利润。②这个故事的细节也许是不足信的，但是，中国羊毛肇始于西方洋行的收购是毋庸置疑的。由于羊毛贸易有利可图，以至于有越来越多的洋行加入到西北羊毛出口业务中。

近代以来在天津从事羊毛出口业务的洋行主要有仁记、新泰兴、平和、高林、隆茂、怡和、美丰、慎昌、聚立、隆昌等十几家。其中，英商开设的主要有仁记、新泰兴、平和、高林、隆茂、怡和、聚立及信记等八家；德商有德义、禅臣、顺发、兴隆四家；美商开设的有美丰、华泰、慎昌三家；法商开设的有永兴、立兴两家；俄商开设的仅有隆昌一家。其中新泰兴、仁记、隆茂和高林洋行是规模较大的几家，这几家洋行都附设有洗毛厂和打包厂。③显然，在近代天津羊毛出口业务中，英国商人占据着绝对优势。

但是，由于从事羊毛购销业务的外商对中国语言、风俗、市场行情、金融状态、商业习惯、交易方信任程度等诸多方面的不了解，而且"了解

---

① 罗澍伟：《近代天津城市史》，中国社会科学出版社1993年版，第200页。

② 刘廷栋：《掠夺西北皮毛罗地网——记宁夏石嘴山帝国主义洋行》，载《文史集萃》（第二辑），文史资料出版社1983年版；[美]詹姆斯·艾·米尔沃德著、李占魁译：《1880—1909年回族商人与中国边境地区的羊毛贸易》，《甘肃民族研究》1989年第4期。

③ [日]田中时雄：《支那羊毛》，南满铁路株式会社1930年6月发行，第130页。

中国多得异乎寻常的商业惯例和社会习俗似乎也是不可能的"①。特别是羊毛收购属于专门行当，收购羊毛的人没有多年的经验是无法识别羊毛质量的，于是洋行便培养、利用了一批为其进行羊毛收购并推销外货的买办商人。对于外商来说，"没有中国的助手是永远做不成生意的"②。所以尽管洋行有时会受到买办的挟制，但他们还是离不开买办，而且为了更好地利用买办进行购销活动，以便得到更多的经济利益，他们会同买办达成如下协议：（一）洋行每月给买办支付一定的佣金。（二）允许买办使用自己的仓库。（三）外商以自己名义为买办办理三联单，买办拥有自由使用权，在交易纠纷时可依据外商名号保护自己。（四）在必要时，外商可以给买办以一定的投资。（五）经买办之手达成交易时，洋行需付给买办百分之二的分成。（六）买办在持所属洋行三联单在内地独立进行羊毛收购活动时，应与所属洋行相商，经允许后方可卖给他人。（七）买办受雇于洋行之前，须付给洋行一定的现金作为保证金。（八）买办须对自己的一切商业行为负责。③ 于是，达成上述关系的一些买办便利用自己的资金，也有的是从知己、朋友处借款或者根据洋行对自己的信任程度要求洋行投资，并得到可以袭用总店（天津洋行）字号的许可，在中国西北内地的羊毛集散市场或产地市场开设和总店同一字号的个人洋行，这类性质的洋行一般称为内地洋行或外庄。

在近代天津市场上，为从事羊毛购销业洋行服务的买办一半以上是天津本地人，其次为宁波人，再次为广东人，极个别的是山西人。

---

① ［美］郝延平：《十九世纪的中国买办——东西间桥梁》，上海社科院出版社 1988 年版，第 27 页。

② ［美］郝延平：《十九世纪的中国买办——东西间桥梁》，上海社科院出版社 1988 年版，第 136 页。

③ ［日］田中时雄：《支那羊毛》，南满铁路株式会社 1930 年 6 月发行，第 129 页。

近代天津从事羊毛出口的主要洋行及买办

资产：万元

洋行名	买办名	家乡	资产	洋行名	买办名	家乡	资产
仁记洋行	季吉祥	天津		禅臣洋行	周伯英	宁波	
新泰兴洋行	靳少卿	天津	200	顺发洋行	陈鹤州	天津	
平和洋行	杜克臣	天津		德义洋行	章以吴	广东	
高林洋行	赵仲三	天津	200	华泰洋行	余桂生	宁波	5
隆茂洋行	杨小泉	山西	10	隆昌洋行	刘品卿	天津	30
怡和洋行	陈祝龄	广东	40	聚立洋行	刘彩干	天津	
美丰洋行	李正卿	宁波	5	隆兴洋行	高少洲	天津	
慎昌洋行	陈怡庭	广东	10	信记洋行	李组才	宁波	30
立兴洋行	高星桥	天津		永兴洋行	业兴海	天津	

资料来源：〔日〕田中时雄：《支那羊毛》，南满铁路株式会社1930年6月发行，第130页。

实际上，天津总店和内地洋行之间表面上并无直接的关系，两者之间是由天津洋行里的买办负责的，"这样总店不能直接向内地的洋行订货，中间必须经过买办之手，即总店以指定的价格委托买办购入羊毛时，买办再转而令自己经营的内地洋行收购货物。俟货物到达时，买办再卖给总店，除获取2%的佣金外，在内地洋行买入羊毛时，还可获得总店指定价格和收购价格的差额之利"[1]。在这场交易过程中，买办获利是最大的，因为他们"不仅是洋行的雇佣者，同时又是有自营生意的商人；不仅是货物的经济人，同时又是货主；不仅赚取佣金，同时又赚取远远超过工资和佣金的商业利润"[2]。此外，由于买办对国内外市场行情消息灵通，所以他们所经营的商业活动一般不会亏损，当然有时由于过分的贪婪，也会出现一些意外的状况。如平和洋行买办杜克臣囤积的羊毛达到左右市面的地步，他在天津盖了很高大的楼房，被称为"羊毛大王"，不料1931年国际羊毛市价突变，杜所囤积的羊毛按市价算，要亏损五百余万元，由于资金无法

---

[1] 和龚、任德山等译：《〈新修支那省别全志〉宁夏史料辑译》，燕山出版社1995年版，第192页。

[2] 汪敬虞：《唐廷枢研究》，中国社会科学出版社1983年版，第116页。

周转，杜服毒自杀。①

　　尽管天津洋行与西北内地洋行之间并无直接联系，但是内地洋行在进行羊毛收购时，要通过买办"先向天津洋行接洽，订定羊毛价格、数量、交货地点、交货时间等，洋行即将全部或大部款项"，交付给买办。② 因此，西北的内地洋行的职能实为天津洋行到羊毛产地的集货，最后的主顾也多为天津洋行。天津洋行"因由特殊地位及雄厚资本可以利用，更加上不平等条约之保护，在出口贸易上任意操纵"，买办及内地洋行"不能不唯命是从，否则货物一经排挤，则有不能出洋的危险"。③ 显然，内地洋行的商业活动是直接受制于天津洋行的，也就是说，天津洋行左右着内地洋行收购羊毛的数量、价格等。从 19 世纪末到 20 世纪 20 年代的一段时期里，西北地区所产的羊毛几乎全被洋行收买，其中一部分洋行在石嘴子、宁夏、西宁、兰州、花马池等地全年开设分店，以安排下年度的羊毛买卖。此外，还有一些洋行也会在羊毛生产旺季的 8、9 月份，到产地从事羊毛买卖，并预约收购下年度的羊毛。④

　　虽然西北地区的羊毛收购肇始于高林洋行，但是随着收购羊毛的洋行数量的增加，洋行之间竞争的加剧，仁记洋行的地位反而越来越突出。1906 年，仁记洋行所收羊毛数量已达 60000 担，排位第一。紧随其后的是平和洋行为 20000 担，排位第三的是新泰兴洋行为 15000 担。此外，怡和、世昌、聚立、高林等洋行所收购的羊毛也多在 10000 担以上。这些规模较大的洋行在天津不仅拥有自己的储毛仓库、捆包工场，在工场里还配备有去尘机、洗涤机等，无论是捆包还是去尘、洗涤都已经有了严格的程序和规定。⑤

　　虽然在近代天津羊毛市场上，从事洋毛出口业务的洋行主要是"以有

---

① 毕鸣岐：《天津的洋行与买办》，载天津市政协文史资料研究委员会编：《天津洋行与买办》，天津人民出版社 1986 年版，第 17 页。
② 顾少白：《甘肃陇东羊毛皮货初步调查》，《西北经济》1941 年第 1 卷第 5、6、7 期合刊，第 60 页。
③ 尚际运：《西北羊毛与出口贸易》，《西北资源》1941 年第 1 卷第 5 期，第 50 页。
④ ［日］东亚同文馆：《中国省别全志》（第 6 册，甘肃省附新疆省），南天书局 1988 年影印，第 567—568 页。
⑤ ［日］田中时雄：《支那羊毛》，南满铁路株式会社 1930 年 6 月发行，第 147—155 页。

三联单之别，雇用熟习内地商业情形华人设庄收买"。不过，在有些时候，由于"各地出品不同，货色亦异，一一设庄收买，为势所不许，仍须仰赖于各地客商及津市商号"①，因此洋行为了能从西北内地客商及津市商人手中收购羊毛，他们便依靠在天津市场上被称为"跑合"的经纪人来完成交易。跑合于是也就成为近代天津洋行在做羊毛生意时不可或缺的一分子。

近代天津羊毛市场上的著名跑合及所"靠"洋行

跑合	所属洋行
何尽臣、何云舫	新泰兴、利济、平和、高林、聚立　隆昌
刘同甫	美丰、新泰兴、仁记、平和、永兴
袁炳乾	顺发、新泰兴、美聚时、隆昌、隆茂
刘绍曾	平和、新泰兴、仁记、隆昌、益昌
邵品三	新泰兴、隆昌、益昌
公鼎臣	高林、隆昌、仁记、聚立、隆茂、新泰兴
王乃臣　褚少林	协隆
杨贵一	仁记、宝兴
陈阴堂	顺发、平和、隆昌、仁记
梁少峰	三井、仁记、怡和、平和、新泰兴、聚立、隆茂
贾云桥	永兴、新泰兴
李少波	仁记、怡和
张润田	仁记

资料来源：[日]田中时雄：《支那羊毛》，南满铁路株式会社1930年6月发行，第132—133页。

跑合并没有自己的店铺，作为一种中间人，他们靠收取买卖双方2%的手续费而生存。② 一个"跑合"大都至少同时为两三家洋行接洽生意，由于他们的收入皆视成交生意的多少而定，因此他们往往使出各种手段往来"说合"。跑合无须任何资本，全凭与买卖双方的关系和信用，在近代天津羊毛市场上，从事羊毛业务的跑合主要是以洋行为"靠家"，受洋行

① 天津市地方志编修委员会办公室、天津图书馆：《〈益世报〉天津资料点校汇编》（二），天津社会科学院出版社1999年版，第703页。
② [日]田中时雄：《支那羊毛》，南满铁路株式会社1930年6月发行，第125页。

之托洽购羊毛，遂使其与卖方代理人——货栈也成为交易市场上的伙伴。

二、货栈在羊毛收购中的地位

19 世纪末 20 世纪初，在进出口贸易的带动下，货栈业在天津兴起，并以专门代客办理托运和代接货物运输为主营业务。此后，尤其是第一次世界大战结束后，随着天津与腹地物资流动的愈加频繁，货栈业也得以迅速地发展起来，其业务范围也得到了进一步的拓展，转变为集住宿、仓库、金融等业务于一身的商业组织，并开始不断地向专业化水平发展，有些货栈甚至开始了"自己开辟货源，直接到产地采购"①的业务。于是近代天津羊毛市场上，一些经营皮毛为主的货栈，如美丰厚、鲁麟东栈、晋丰货栈等开始深入到西北皮毛产地进行羊毛收购。尽管这些货栈名义上是出口商，实际上"他们收买的羊毛并不直接出口，仍转售给洋行，因此等于洋行包办"②。当然，每一家货栈所收购来的皮毛，都是出售给各自固定的洋行，如美丰厚行栈的羊毛只卖给聚立、美丰、隆茂、新泰兴等洋行。

在近代天津羊毛市场上，经营羊毛的货栈最初和其他货栈一样，主要功能是为来天津出售羊毛的外地客商免费提供住宿，因此货栈里"一般都依墙并列设数张床位，每位客商拥有一张床，同一房间往往同住数人，房屋中央设有桌椅并供应茶水。货栈提供伙食，每月收取十二元的伙食费。除此以外，货栈还要为外地客商提供羊毛储备的仓库，并从中收取一定的租金。租金并无定制，完全视双方具体情况而定，大体上是一袋羊毛月租金多为一两二分五到三分五之间，最多不超过四分"。③ 有时货栈应客商的要求，还要对储存在自己仓库的羊毛提供一定的资金担保，并代客办理报关完税保险及起卸货物等事务，在他们资金困难的情况下，"遇外客需款，亦可垫借"。④ 在自己资金不足时，货栈甚至会与钱庄、外国银行、买办等

---

① 刘续亨：《天津货栈业发展沿革概述》，载中国人民政治协商会议天津市委员会文史资料研究委员会编：《天津文史资料选辑》第 20 辑，天津人民出版社 1982 年版，第 172 页。

② 上海市工商行政管理局毛纺史料组、上海市毛麻纺织工业公司毛纺中料组编：《上海民族毛纺织工业》，中华书局 1963 年版，第 73 页。

③ ［日］田中时雄：《支那羊毛》，南满铁路株式会社 1930 年 6 月发行，第 134 页。

④ 天津中国银行：《天津商业调查》，《银行周报》1930 年第 14 卷 26 号。

联系，给客商借贷一定的资金，"借贷的利息视当时的市况而定，一般从钱庄借款的利息约为四钱，而从外国银行借款的年息则是8%至10%"。①显然，货栈也承担着部分融资功能。此外，为了与客商保持长久的业务往来，他们还要做到：（1）对客户以诚相待；（2）客货卸栈，分门别类码放好，按客货所值，保足火险。（3）防火防盗；（4）春秋雨季要晾晒倒腾绒毛，然后下足樟脑。保证不因保管的疏忽，使客货受损失。在客货的处理上做到三个一样：人在与不在一样，货多与货少一样，成色高低一样。②这些措施的有效实施，保证了与天津货栈交往的客商遍及西北皮毛收购的各集散地。

货栈的资金主要来源于钱股和身股。一般设有"经理一人，副经理一人，掌柜的二人，嚷客的四人，正账的一人，贴账的五人，交货的四人，茶房四人，学徒五人，管院子的五人，苦力指挥一人，大师傅一人，二师傅一人，内地出差员十人"③。这些人员各司其职，如"嚷客的"就是具体负责把外地客商招呼到自己货栈中的招待员；"正账的"就是会计；而贴账的就是会计的助手；"内地出差人员"，就是指直接深入产区拓展货源货的人员。

随着货栈的发展，内地出差人员在货栈的发展中发挥出越来越大的作用。20世纪20年代初期，随着内地洋行从西北地区的陆续撤出，各货栈开始不断地深入产地市场直接进行羊毛收购。

以美丰厚行栈为例，可以清晰地看到货栈在西北羊毛收购中的作用。美丰厚最初的业务分为东西两路，此后随着西北羊毛在天津市场上价格的上涨，加之1931年九一八事变后，伪满当局限制皮毛外运，东路客商受阻，美丰厚货栈的皮毛就主要来源于西路了。

西路羊毛即指甘肃、宁夏、青海三省所产羊毛，主要是青海所产的西宁羊毛、甘肃的肃州套毛、宁夏吴忠堡羊毛等。为了收购西路羊毛，美丰厚派出的内地出差员可谓是步履维艰。近代西路羊毛的主要集散地为青海

① ［日］田中时雄：《支那羊毛》，南满铁路株式会社1930年6月发行，第135页。
② 贺荫亭：《美丰厚行栈的兴衰记》，载中国人民政治协商会议天津市委员会文史资料研究委员会编：《天津文史资料选辑》第20辑，天津人民出版社1982年版，第172页。
③ ［日］田中时雄：《支那羊毛》，南满铁路株式会社1930年6月发行，第136—137页。

的西宁、甘肃的兰州、宁夏的银川、内蒙古的包头等地，但是由于近代以来西北地区交通不畅，"由包头南下，没有铁路。人们（指内地出差人员）起早而行，村镇稀疏，有时赶了一天的路，到黄昏前不着村，后不着店，只得风餐露宿"①。在专业技术上，他们"对于产区与天津度量衡及货币之差率及其核算方法，沿途交通状况，均须一一明了"。在西北内地收买货物，"其斤量银两之标准，与津市磅秤行平孰大、孰小，沿途伤耗，所费用度，俱应完全核算，而津市时价若何，亦须留意及之，方不致徒劳无益有所亏折，因此津市商号或洋商派员在内地收集货物，日有信件往还，报告双方行情，倘价格涨落过巨，则用电话或电报报告，再定交易，有时津市价格激涨，产区仍在平稳时期，尽量吸收运津，原有厚利可图，但路途遥远，交通不便。虽有机会亦有鞭长莫及之叹，此则全视买货人之经验与手腕如何耳，内地买货员之一职，关系于全商店之命脉，商号或洋商派出收集货物，极为谨慎，而买货员自身尤应时刻研讨交易方法，斯项职务，诚不易为也"②。虽然内地出差人员业务娴熟，但由于西北地区独特的自然地理环境、落后的交通运输状况、特殊的政治背景，使美丰厚西路毛的来源仍不时发生变故。1933年，一批西宁羊毛在兰州失踪，致使美丰厚一时陷入困境。1936年12月西安事变爆发，一时火车不通，美丰厚的一批西宁羊毛无法运津，只好辗转运到陕北榆林，然后改由邮包陆续运到天津。而此时天津市面上因西北来不了货，西宁羊毛行市大涨，美丰厚行栈这批西宁羊毛，奇货可居，获利两万余元。③

虽然天津货栈常常直接派内地出差人员到西北羊毛市场集货，但是他们主要还是依靠替来天津出售羊毛的西北客商出售羊毛给洋行，从中收取10%的手续费而生存。在近代天津羊毛市场上，货栈和西北羊毛客商、洋行间的交易主要通过以下手续来完成。

---

① 贺荫亭：《美丰厚行栈的兴衰记》，载中国人民政治协商会议天津市委员会文史资料研究委员会编：《天津文史资料选辑》，第20辑，天津人民出版社1982年版，第138页。
② 天津市地方志编修委员会办公室、天津图书馆编：《〈益世报〉天津资料点校汇编》（二），天津社会科学院出版社1999年版，第703—704页。
③ 刘绥亭：《天津货栈业发展沿革概述》，载中国人民政治协商会议天津市委员会文史资料研究委员会编：《天津文史资料选辑》第20辑，天津人民出版社1982年版，第178—180页。

首先，货栈通过跑合与从事羊毛出口的洋行取得联系。在近代天津羊毛市场上，从事羊毛出口的洋行一般是根据国外的订货多少先向跑合提出所需羊毛种类等各项要求，跑合便跟自己所熟悉的货栈联系，提供给洋行羊毛的货样。洋行初步检查货样并商定价格后，货栈通过跑合给洋行提供更大的样本再行检查，这时的货样如果不同于最初的货样，不合格的货物就会被剔除。如果买卖达成，货栈就把囤积在自己货栈中西北客商的羊毛运到洋行指定的仓库。

其次，是羊毛的交接。羊毛运到洋行的仓库，要在洋行的计量器上称定重量后才能进行交接，其中羊毛从货栈运来的一切费用由洋行承担。当然，如果羊毛运到洋行指定的地点，洋行在验货时如果发现羊毛有质量问题，就会取消与货栈的一切交易。

最后，是货款的支付。由于货栈和洋行之间的交易通常是跑合来联系的，彼此间不一定了解对方的商业信誉，因此当交易成功时，一般洋行直接把现款支付给货栈。①

三、结语

1860 年随着天津开埠，地处内陆的广大西北地区也成为其经济腹地，皮毛等畜牧业产品开始大量出口。在近代西北羊毛出口贸易中，天津洋行、买办及其代理人起了先导作用，其中天津洋行控制着海外市场和天津口岸之间的贸易，而买办及其代理人则控制着天津口岸与西北内地之间的贸易。他们之间互相依存，又互相利用，从而构建了一个比较完善的羊毛购销体系。在这一体系的带动下，20 世纪 20 年代后，天津货栈业也开始加入到西北羊毛出口贸易中，他们或派人直接到西北地区进行羊毛收购，或在天津接待西北来的羊毛客商。

无论是天津洋行、还是货栈，他们的商业活动虽然始终是以增加自身积累财富为目的，但是，与此同时，不可否认的是，他们在使天津成为世界市场体系中一个更大区域性集散中心中、在把西北皮毛生产纳入资本主义的经济循环系统之中、在一定程度带动西北地区经济发展的现代化因素

---

① ［日］田中时雄:《支那羊毛》，南满铁路株式会社 1930 年 6 月发行，第 144—145 页。

中，都起了积极的助推作用。

第四节 双重因素制约下甘宁青地区羊毛贸易

近代中国羊毛出口，虽然在整体上一直呈现出平稳上升的趋势，然而通过具体观察又可以发现中国的羊毛出口量在不同年份多次呈现出起伏不定的特点。在传统"帝国主义"等模式研究近代中国对外贸易时，中外学者往往侧重于外部力量的影响，以外来影响作为着眼点来探讨近代中国对外贸易的发展问题。在柯文的中国中心观提出之后，"内部取向"又成为新的史学视野。通过对近代甘宁青羊毛贸易的考察，我们发现区域经济发展是"内外力"诸多综合因素的影响下的产物。

一、甘宁青地区的羊毛出产及近代出口

中国西北的甘宁青地区，总体上属于高原地区，地域辽阔，水草丰美。并且由于其深居内陆，远离海洋，气候干燥，所以特别适于畜牧。自古以来，聚居在这里的各族先民，均以畜牧业为主要或重要的衣食之源。同时，自汉代以来的历代中原王朝或地方割据政权，也在以甘肃为中心的陇右河西一带设官苑畜牧，繁殖国家所需要的马匹等，致使这一地区长久以来就成为我国十分重要牧业区。这种状况一直延伸到近代。

甘宁青地区的牧地面积占其土地总面积的65%，一般人说甘宁青是畜牧业区域，应该是受之而无愧。分布在甘宁青牧业区的①，"可以说全是蒙藏民族，青海的北部以及柴达木，宁夏的阿拉善旗、额济纳旗，以及甘肃祁连山与夏河一带的小部分（黄河南的亲王属地），都是蒙古民族的区域。青海的沿海，黄河上游，玉树二十五族，果洛三族，以及甘肃的夏河等，都是藏族的区域"②。

---

① 甘宁青羊毛生产区域当然不仅限于牧业区，在农业区域中因为也有羊只的饲养，所以也会有一定的羊毛生产，但是产量很少，尚不足自用（参见顾少白：《甘宁青三省羊毛之生产》，《中农月刊》1943 年第 4 卷第 4 期）。

② 顾少白：《甘宁青三省羊毛之生产》，《中农月刊》1943 年第 4 卷第 4 期，第 83 页。

由于甘宁青地区牧地面积广大，所以饲养着大量的牛、马、羊等牲畜，其中以羊的饲养为最多。①。

因为饲养着大量的羊，所以甘宁青地区的羊毛出产数量也较多，并在全国占有重要地位。1934年甘宁青地区羊毛产量占全国羊毛总产量的一半以上，由此可见三省羊毛产量之丰富。②甘宁青地区羊毛产量虽大，但在中国东南沿海地区已经步入近代社会的一段时期里，甘宁青地区所产羊毛仍然是作为游牧民族一种原始的衣食用品而存在的，"仅供蒙藏人衣住之原料，余则弃诸原野，忍其腐灭而已"③。此时的西方资本主义国家，工业化已经发展到了一定的先进水平，工业水平的提高导致了工业制成品的增多和原料的缺乏，"资本主义愈发达，原料愈缺乏"。④ 为了倾销其工业制成品和进行原料的掠夺，西方资本主义国家开始纷纷在海外拓展殖民地和势力范围。

1840年，鸦片战争一声炮响，古老的大清帝国在西方资本主义国家坚船利炮的打击下被迫打开了闭关锁国的大门。随着五口通商，中国开始成为西方资本主义国家的原料出口地和工业品倾销地。但是五口通商并没有满足西方资本主义国家对中国原料的需求及工业制成品的倾销，于是，他们又一次次地发动对华战争，进而把侵略的魔爪深向中国的内陆地区。随着西方资本主义国家向中国内陆的拓展，羊毛也成为西方资本主义国家掠夺的毛纺织工业原料，开始大量出口。

中国羊毛出口开始于1881年，但在这一时期中国羊毛的出口地主要是内外蒙古和河北地区，并不包括西北内陆的甘宁青地区。此后，随着西方资本主义国家对羊毛需求数量的增加及其侵略势力进一步向中国西北内陆的拓展，"到1895年前后⑤，英国更是开始通过甘肃的驼帮大量的采购青海的羊毛。于是，国际市场上出现了'西宁毛'（包括和青海接界的一部

---

① 丁逢白：《西北畜牧业》，《蒙藏月报》1936年第5卷第4期，第24页。
② 魏英邦：《中国羊毛事业之概况》，《实业统计》1934年第2卷第2号，第34页。
③ 业：《青海羊毛事业之现在及将来》，《新青海》1933年第1卷第4期，第57页。
④ 《列宁选集》第2卷，人民出版社1961年版，第802页。
⑤ 本文根据羊毛出口数量推测，青海羊毛大量出口在1894年，因为青海羊毛输出占全国羊毛输出量的比例很大。

分西藏地区的羊毛——引者注）的名称"①。

近代甘宁青地区"羊毛甚多，品质坚韧，净良有光泽，毛长在聚集于天津的羊毛中占第一位"②。近代中国出口的质量最好的羊毛都来自甘宁青地区。"中国之最良羊毛皆出自此省，市场上有二种最良羊毛，特别适合于欧美之出口。第一种曰西宁毛，以其纤维之长及线细显著；第二种曰甘州羊毛，质较粗，但特别适合于世界市场。除此以外，尚有平番毛及武威羊毛，为织地毯之特品，输出为织地毯之用。"③

近代甘宁青地区所产羊毛主要是通过天津口岸出口到海外的，但是由于天津海关和其他的一些统计资料并未将每年出口的羊毛做出地区来源上的统计，所以，只能根据其他方面的有关资料，来推测甘宁青地区羊毛出口数量。据1924年天津《公闻报》（China Advertiser）报道，由天津出口的羊毛，产自甘肃、宁夏、青海的占50%，陕西的占15%，蒙古地区的占25%，直隶和山东的占10%，也就是说，天津出口的羊毛有一半左右是来自西北的甘宁青地区。④关于这个统计结果，也可以从日本东亚同文馆调查资料得到佐证。1918年编纂的《支那省别全志》中认为：甘肃各地的羊毛通过石嘴子运到天津，其数量占天津港出口额的一半，即占中国羊毛总出口额的40%。⑤这样一来，我们就可以根据海关贸易报告中羊毛出口量的有关数据按40%折算后，推算出甘宁青地区羊毛出口量的情况。

① 青海省志编纂委员会：《青海历史纪要》，青海人民出版社1980年版，第89页。
② ［日］中国驻屯军司令部编、侯振彤译：《二十世纪初的天津概况》（原名《天津志》），天津市地方史志编修委员会总编辑室1986年（内部发行），第291页。
③ ［俄］克拉米息夫（W. Karamisheff）著、王正旺译：《中国西北部之经济状况》，商务印书馆1933年版，第32页。
④ 孟锡珏：《北京地毯业调查记》，转引自梁占辉：《近代中国西北地区的羊毛出口贸易》，《南开学报》2004年第3期。
⑤ 东亚同文馆编纂：《中国省别全志》第六卷甘肃省附新疆省（日文），南天书局有限公司1988年影印，第566页。

1894—1937 年中国羊毛出口数量及价格

（数量：1000 担；价格：1894—1932 年为 1000 海关两，1933—1937 年为 1000 国币元）

年份	数量	价值	年份	数量	价值
1894	226	2089	1916	335	10699
1895	217	1904	1917	339	10533
1896	152	1214	1918	318	10277
1897	208	2089	1919	366	11610
1898	146	1189	1920	104	3091
1899	242	3591	1921	463	11317
1900	121	1616	1922	508	12893
1901	134	1609	1923	352	10079
1902	193	2367	1924	485	14041
1903	193	2475	1925	426	14077
1904	261	4602	1926	208	6943
1905	348	6070	1927	360	12161
1906	317	4847	1928	486	15813
1907	267	3719	1929	377	10320
1908	222	3632	1930	195	5332
1909	339	6733	1931	240	7570
1910	198	4130	1932	34	1210
1911	318	6590	1933	225	11523
1912	265	5663	1934	241	12264
1913	280	5488	1935	330	14246
1914	303	6715	1936	266	15444
1915	378	11129	1937	205	19427

Hsiao Liang-lin: china's foreign Trade Sratlstics, 1864 – 1949, East Asian Research Center Havard University, 1974, pp. 77 – 78

1933 年国民政府废两改元，海关计值改用国币，1 海关两等于 1.558 国币元。为了更清晰地看出折算后的甘宁青羊毛出口价格，现把 1933—1937 年甘宁青羊毛价格统一计量单位为海关两。

1894—1937 年甘宁青地区羊毛出口量及价格

（数量：1000 担；价格：1000 海关两）

年份	数量	价值	年份	数量	价值
1894	90.4	834.6	1916	134.0	4297.6
1895	86.8	761.6	1917	135.6	1213.2
1896	60.8	485.6	1918	157.2	4110.8
1897	83.2	834.4	1919	134.4	4644.0
1898	58.4	475.6	1920	41.6	1236.4
1899	96.8	1436.4	1921	185.2	4526.8
1900	48.4	646.4	1922	203.2	5167.2
1901	53.6	643.6	1923	140.8	4013.6
1902	77.2	946.8	1924	194.0	5616.4
1903	77.2	970.0	1925	170.4	5630.8
1904	104.4	1840.8	1926	83.2	2777.2
1905	139.2	2428.0	1927	144.0	4864.4
1906	126.8	1738.8	1928	194.4	6325.2
1907	106.8	1487.6	1929	150.8	4128.0
1908	88.8	1452.8	1930	78.0	2132.8
1909	135.6	2693.2	1931	96.0	3028.0
1910	79.2	1652.0	1932	13.6	484.0
1911	127.2	2636.0	1933	90.0	3949.9
1912	106.0	2265.2	1934	96.4	3138.9
1913	112.0	2195.2	1935	132.0	3697.0
1914	121.2	2686.0	1936	106.4	3953.7
1915	151.2	4451.6	1937	80.0	4973.3

（甘宁青地区所产羊毛品质较好，所以这一地区的毛价应该超过上述价格——引者注。）

尽管上述数据并不一定完全准确，但是仍可以看出近代甘宁青羊毛出口数量以及出口数量变化的大致情况。

二、羊毛出口的外部制约因素

通过对 1894—1837 年甘宁青地区羊毛出口数量考察，可以清晰地看到，从 1894—1937 年甘宁青地区羊毛出口数量基本上一直保持稳定上升的趋势。然而，具体观察，在不同年份，甘宁青地区羊毛出口数量又是不同的，也就是说，在近代甘宁青地区羊毛出口贸易中，羊毛出口又多次出现了起伏不定的特点。从总体上"民国八年到十五年，为青海羊毛之最盛时期，每百斤毛价银八两至十两，运费亦廉，运达天津每百斤仅十三四两，再加上每百斤纳税四两五钱，合计成本不过十四五两，而当时天津之毛价，竟涨至四十余两以上，故毛商获利甚盛。十五年以后，毛价跌落，自十八年至二十三年为青海之衰弱时期，一是由于纳税过重，羊毛至津，每百斤纳税达二十元以上；一是由于世界市场之不景气，欧美各国购买力锐减，天津毛价跌落，不足其成本。二十三年六月天津毛价，每百斤仅售三十三、四元，而成本竟达四十元之巨，因之商人所有羊毛，积存不能畅销。自二十四年以来，青海羊毛逐渐恢复，由于国外之需要，羊毛出口日增之故也"①。具体而言，不同的年份，甘宁青羊毛出口量和价格是不同的。

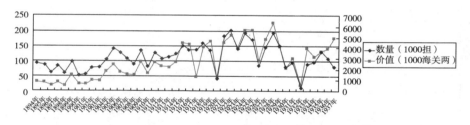

1894—1937 年甘宁青羊毛出口趋势

本图根据表 1894—1937 年甘宁青羊毛出口量及价格绘制而成。

1894 年，甘宁青地区的羊毛出口为 90400 担，此后有所下降，到 1900 年仅为 48400 担，到 1905 年，已达 139200 担。1910 年，甘宁青地区羊毛出口量又一次大为减少，但 1911 年又很快回升到 127200 担，在 1912—1919 年的近十年间，甘宁青地区羊毛出口量一直稳定维持在 10000 担以上，但 1920 年甘宁青地区羊毛出口量急剧下降，这一年，甘宁青地区羊毛出口仅有 41600 担，还不到 1894 年羊毛输出数量的一半。到 1928 年，甘宁青羊毛出口数量达到历史最高纪录。1932 年，甘宁青地区羊毛出口量又

---

① 南子：《青海畜牧业随谈》，《新西北》（甲刊）1942 年第 6 卷第 1、2、3 期合刊，第 124 页。

一次跌落低谷。1933 年，羊毛出口数量又开始缓慢回升。羊毛输出数量的这种变化，到底是什么原因造成的？下面我们通过中国羊毛输出国家的情况，也许能找到其中的一些原因。

"我国羊毛之主要贸易国为美、英、日、俄、德、丹麦等国。尤其以美国数值最巨，约占我国羊毛出口百分之八十以上。"[1] 显然，近代中国羊毛最主要的输出国是美国，中国羊毛是美国海外羊毛重要的来源。

1931 年美国羊毛输入国家及数量

羊毛输出国家	数量（千磅）	所占百分比（%）
中国	33338	21.05
阿根廷	32243	20.36
澳大利亚	22980	14.51
英国	18163	11.47
印度	8737	5.52
叙利亚	5433	3.43
其他国家	37491	23.66
总计	158385	100.00

资料来源：**Chin Chien Yin**：*Wool Industry and Trade in China*（金建寅《中国羊毛业》）（英文），天津工商学院经济论文，1937 年第 6 册，第 102 页。

早在 1911 年的时候，中国出口到美国的羊毛就已经高达 270000 担，占到中国羊毛输出总量的 87%。到 1915 年，中国出口到美国羊毛的百分比虽然有所下降，但输出总量仍然保持上升的趋势。1920 年，是中国羊毛出口贸易最灰暗的一年，这一年，中国羊毛输出的总量还不到 1915 年羊毛输出总量的三分之一，而作为中国羊毛主要输出国的美国，这一年从中国输入羊毛的量也仅仅为 1915 年输入量的五分之一[2]。然而"到 1928 年又增至三十九万二千担，价值一千二百余万海关两。1931 年数量虽减至二十二万担，但是百分比则增至九十五。1932 年我国羊毛出口锐减，总数不过三万四千余担，但美国占输出总额百分之八十八。1933 年羊毛输美数量又

---

① 尚际运：《西北羊毛与出口贸易》，《西北资源》1941 年第 1 卷第 5 期，第 52 页。

② Chin Chien Yin：*Wool Industry and Trade in China*，见金建寅《中国羊毛业》，天津工商学院经济论文，1937 年第 6 册，第 101 页。

见增加，计二十余万担，占中国羊毛出口数量的百分之九十七，1934 年仍达二十一万担，占百分之九十。由此可见我国绵羊毛的出口国，是以美国为第一位的"[1]。

从 1894 年到 1937 年 40 多年的时间里，美国对中国羊毛的需求量发生过一系列变化，对羊毛输入的政策也发生了一些改变，由此导致的结果便是：要么是在甘宁青地区从事羊毛业的商人能在羊毛出口的中赚取高额利润；要么卖不出去的羊毛被堆积在甘宁青地区的货栈里。

历年来中国绵羊毛输入美国统计表

年份	出口总数（千担）	出口美国数（千担）	百分比（%）
1911	317	278	87.70
1915	377	286	75.86
1920	103	54	52.42
1925	426	370	86.71
1926	208	177	85.09
1927	360	294	81.66
1928	486	392	80.66
1929	376	321	85.37
1930	194	159	81.96
1931	240	228	95.00
1932	34	31	91.18
1933	225	219	97.33
1934	240	218	90.83

资料来源：Chin Chien Yin：*Wool Industry and Trade in China*（金建寅《中国羊毛业》）（英文），天津工商学院经济论文，1937 年第六册，第 102 页。

甘宁青地区羊毛出口数量占中国羊毛总出口数量的百分之五十以上，而中国羊毛的主要输出国家是美国。这就表明近代甘宁青出口羊毛也主要是销往美国的，当时"来自中国西宁的羊毛更受美国人的喜爱，因为在西

---

[1] 何炳贤：《中国的国际贸易》，商务印书馆 1936 年版，第 102 页。

宁毛的纤维较长，所以在美国有一个较好的销售渠道"①。1924 年《钱业月报》转引当年美国国家商业银行的报告说：

> 据美国国家商业银行报告，美国目下进口织毡毯用之羊毛，中国出口品占全部百分之四十，其余从苏格兰、意大利、阿根廷、印度及小亚细亚输入。前二十年间，美国进口羊毛之至要来源，厥为中国。盖中国北部及蒙古之高原，均产宽尾绵羊，其毛极合制毡之用。大战前，俄国羊毛输出不少，美国为一大主顾，战后，此项贸易逐渐跌落。今日美俄间实际已不复有此项直接交易。1914 年之前，英国为印度及近东羊毛分配之中心，故美国从英伦购入羊毛甚多。战后情形一变，英伦三岛、欧洲大陆及小亚细亚三方面之羊毛供给均大为浓缩，美国制造家及进口商遂转而求诸中国及他国，……1919 年之后，美国制毡工业所需原料，大半由中国及英伦三岛供给，之前两年来，中国羊毛对美国输出之额，日见增加，乃国际羊毛贸易上一新发展云。②

因为甘宁青地区羊毛的主要输出国是美国，所以就国际变化来说，美国对甘宁青地区羊毛输出贸易所起影响是最大的。

自 1894 年到 1919 年二十多年里，甘宁青地区的羊毛输出基本上处于平稳上升的态势。但到 1920 年，甘宁青地区羊毛出口一下子跌入低谷。这种变化是和当时的国际局势紧密相连的。1914 年，欧洲形势风云突变，第一次世界大战爆发。在第一次世界大战期间，由于战争的需求，全世界的织造原料如棉花、羊毛、丝绵等都被规定为军需用品。国际市场需求的刺激，直接导致中国甘宁青地区羊毛输出仍然保持着战前的数量，并且呈平稳发展的态势。美国虽然没有直接参与欧洲战事，但仍然大量囤积物资以备战争的需要，从而大量从中国进口羊毛等战略物资。但由于其储备数量过大，所以随着第一次世界大战的结束，1920 年美国政府开始大量拍卖战时储备的羊毛，不再从国外购进。中国羊毛此前主要出口国美国，由于美国进口羊毛数量的减少，就直接导致了中国羊毛出口数量的降低。然而，

---

① Chin Chien Yin：*Wool Industry and Trade in China*，见金建寅《中国羊毛业》，天津工商学院经济论文，1937 年第 6 册，第 102 页。

② 《中国羊毛畅销美国》，《钱业月报》1924 年第 4 卷第 8 号，第 171 页。

这种局面并没有持续很长时间。一战后不久，美国很快进行了生产领域管理上的革命，整个国家在经历了短暂的战后危机后，从 1921 年起社会经济又进入了一个高速发展的时期。① 在此背景下，美国对中国羊毛的需求量也随之增加，于是甘宁青羊毛出口也重新出现了繁荣的局面。这种繁荣的局面在持续了 8 年之久后，又被 1929 年 10 月全球范围爆发的经济危机所打断。

1929 年 10 月，一场世界性的经济危机从美国纽约爆发，在极短的时间内席卷了几乎西方资本主义的整个世界。这场危机规模大，破坏力强，持续时间长，它使大批的工厂倒闭，银行歇业，大量工人失业，人民的购买力急剧下降，从而导致各种消费市场大大萎缩，到处一片萧条的景象。在这种国际经济背景下，美国对包括中国在内的羊毛需求量就可想而知了。由于美国羊毛需求量的减少，甘宁青地区的羊毛市场再度萧条，时人评论说："世界经济惨败，欧美羊毛制品山积，久苦滞销，即向销欧西之澳洲羊毛产品，亦感原料甚少出路，而有转向远东倾售之势"②。1932 年，中国羊毛出口数量降低到自中国羊毛出口以来的历史最低纪录，同年的海关贸易报告有如下记载：

> 本年绵羊毛出口数量，为光绪九年（西历 1883 年）以来，仅见之最低纪录，历年平均出口数量，约为二十以至五十万担之谱，即就最近十年平均计之，每年亦不下三十六万担，此项羊毛向为天津为最大之集中地，本年年终天津羊毛囤积货栈与抵押银行者，估计约达十万担之巨，纯因商家购进之时，每担尚需银五十两，而年内市价，每担不过二十二两，故不得不善价而沽耳……美国素为中国羊毛最大顾客，乃本年该国行市，则为数年以来最低之价格，销胃不佳，兹为可睹。③

1929—1932 年世界范围经济危机给中国羊毛出口造成巨大的影响，但

---

① 刘绪贻、杨生茂：《美国通史：崛起和扩张的年代（1898 年—1929 年）》（第 4 卷），人民出版社 2001 年版，第 461 页。

② 张元彬：《一蹶不振的青海羊毛事业》，《新青海》1933 年第 1 卷第 9 期，第 9 页。

③ 中国第二历史档案管、中国海关总署办公厅：《中国旧海关史料（1859—1948）》，108 册（民国十九年贸易总册）京华出版社 2001 年版，第 123 页。

由于美国政府通过罗斯福的"新政",很快得以摆脱经济危机的困扰,1933 年中国羊毛又开始大量出口到美国。这一年,出口美国羊毛的总数占中国全部羊毛出口总数的 97%。[1] 可以说,1933 年中国羊毛几乎全部出口到了美国,甘宁青地区羊毛输出价格同年也达到了自 1920 年以来的历史最高纪录。

综上所述,美国市场对羊毛需求量的变化,在一定程度上影响着甘宁青地区羊毛的对外输出。

此外,1931 年日本侵略中国的东北三省,进而染指华北地区,也在一定程度上给甘宁青三省区羊毛输出带来了不利的影响,如素称丰饶之区的青海湟源,由于东北事变,"皮毛受阻,因之金融拮据,市面停顿,商号相继歇业了"[2]。

三、区域内部因素的影响

国际市场需求量的变化,特别是美国市场需求量的变化,给甘宁青地区羊毛输出带来了一定影响。但是我们知道从中国西北的甘宁青地区输出羊毛到达天津,中间还有很长的一段路要走,特别是 1923 年京包铁路没开通前,在依靠比较原始的交通运输工具[3]进行羊毛运输的情况下,从甘宁青地区运输羊毛到天津,需要的时间往往会很长。所以,有时国际市场的变化,对甘宁青的羊毛出口的影响并不是很大。甘宁青地区社会内部的社会结构变动则对羊毛出口贸易的影响会更大一些,因为甘宁青地区羊毛出口最低年份,也恰恰是这一地区社会内部事故多发的年份。

首先,近代以来发生在西北地区的政治、军事变乱对甘宁青地区的羊毛出口产生了极大的影响。特别在 1911 年以后,随着中国政治环境的变化,作为西北内陆的甘宁青地区也多次出现了动荡不安的局面。1920 年北洋军阀直皖派系间的混战导致的甘肃争督风波;1928—1933 年的河湟事变;1933 年的孙马大战以及战争所带来的副产品,即散兵游勇及游民纠合

---

① Chin Chien Yin:*Wool Industry and Trade in China*,见金建寅《中国羊毛业》,天津工商学院经济论文,1937 年第六册,第 102 页。

② 顾执中、陆诒:《到青海去》,商务印书馆 1933 年版,第 386 页。

③ 主要依靠骆驼和皮筏运输。

成"拉竿子"或"独立队"在河套等地飘忽作乱的出现，都成为社会不安定的因素，这在很大程度上影响了甘宁青地区羊毛的出口。

1920年直皖战争后，国内出现了"联省自治"的动向，在各省地方军阀纷纷驱逐皖系督军的同时，也出现了"湘人治湘""川人治川"和"甘人治甘"的运动。当然这里既有各地方军阀力图割据的因素，也有地方民众反对军阀纷争，主张民主自治的内容。"然而在西北地区，'甘人治甘'这一口号的内容，则直接表现为汉族与回族地方军阀各自起来驱逐皖系的甘肃督军张广建和推举自己的政治代表以争夺甘肃督军宝座的斗争。在这场斗争形成了自辛亥革命后，西北诸马回族军阀的第一次大联合，也是西北回族军阀在全国政治舞台上的第一次大联合。"① 当时甘肃共有八镇，在各镇守使中，汉回军人各占一半。属于回族军事集团的是：宁夏（即青海）镇守使马麒、宁夏护军使马福祥、甘州镇守使马麟（东乡族）、凉州镇守使马廷勷；属于汉族军使集团的是：肃州镇守使吴桐仁、河州镇守使裴建准、陇南镇守使孔繁锦、陇东镇守使陆洪涛。由于历史上遗留下来的民族隔阂，双方互不相容。回族军阀集团以马福祥为首，汉军集团以陆洪涛为主，双方在1920年展开了一场争夺甘肃督军的斗争。在这场斗争中，甘宁青地区因军阀混战，关卡林立，致使各洋行纷纷撤庄回津，从而影响了羊毛的销量。

始于1928年河湟事变，更使河州、湟源、洮州等羊毛市场受到巨大影响。1927年5月徐州会议后，冯玉祥联蒋反共的立场日益明显，国民军中的刘郁芬等高级将领的军阀作风肆无忌惮地膨胀起来。国民军统治的西北地区，这些汉族军阀在大汉族主义思想的指导下，粗暴地对待回族等少数民族，并把庞大的军费和兵源负担强加于西北各族人民身上，连年的征兵、征粮、筹款，导致了城乡经济的破产。国民军的倒行逆施和横征暴敛，终于引起了1928年5月马仲英领导的震动西北、闻名全国的"河湟事变"。领导这场斗争的回族青年马仲英，当时年仅17岁，人称"尕司

---

① 陈育宁：《宁夏通史》（近现代卷），宁夏人民出版社1993年版，第86页。

令"①。马仲英起事之初还颇讲纪律，后来则大肆屠戮。特别是"民国十八年农历正月初六，黑虎吸冯军司令马仲英勾结湟源驻军首领马步元攻陷湟源县城（城由汉民绅商组织的民团防守），屠杀居民 2000 多人，商民财产被抢劫一空，并烧毁了部分商店，湟源商业受到严重破坏，后虽有所恢复，但规模不如从前"②。洮州旧城农牧贸易的中心，其中牲畜及畜牧业产品贸易最为引人瞩目，"十七年乱事之前，居民二千五百户，回族占一千七百户，今则一片焦土，满目萧条，户口仅占从前之十分之一，商业遂移于夏河"③。河湟事变对西北地区，特别是对甘肃、青海地区社会经济造成了十分严重破坏。

　　1933 年爆发于宁夏境内的孙马大战④，大战不仅使宁夏各族人民饱受兵灾之苦，而且导致宁夏各地城门久闭，交通断绝。"战后，庐舍田园，半为废墟，形成严重的兵灾区。"⑤

　　其次，近代以来，甘宁青地区灾荒频仍，给当地的社会经济造成了很大的破坏，这也在一定程度上影响甘宁青地区的羊毛产量及输出量。

　　甘宁青地区深处内陆腹地，自然环境比较脆弱，加之清前期的人口增长，使"西北的生态环境在人口达到有史以来发展最高峰的背景下遭到前所未有的破坏，本来就稀疏的山林被砍伐殆尽，随着农业经济主导地位在人口猛增的有力推动下终于确立，草山植被的破坏也就为风沙干旱的肆虐铺平了道路。近代以来，西北甘旱、风沙、雹、洪等灾害奇重"。而且，西北地区又正处在强地震区，自天山、昆仑山麓始，东入河西走廊的祁连山，经六盘山延伸至渭河河谷至山西的汾河谷地一线，是我国北方重要的地震带。"近代又恰值该地震带活跃时期，震灾与风、雹、水、旱交替相

　　① 马仲英，回族，字子才，经名索非由。祖父马海渊，与马步芳祖父马海宴为胞兄弟。父名马宝，任宁海军第 11 营营长，马仲英任副营长，代理营长职务。
　　② 杨景福：《青海商业志》，青海人民出版社 1989 年版，第 101 页。
　　③ 张其昀：《洮西区域调查简报》，《地理学报》1935 年第 2 卷第 1 期，第 71 页。
　　④ 1932 年，马福祥病逝于赴京就医途中的涿州火车站，马福祥病故后，蒋介石以顾念西北宿将为名，任命马福祥的儿子马鸿逵为宁夏省主席。马鸿逵在宁夏还立足未稳，1933 年 6 月，为节制宁夏马氏家族的势力，蒋介石又以国民政府的名义，任命孙殿英为"青海西区屯垦督办"，令其率部队西移。孙殿英的任命发表后，立即遭到宁夏、青海的马鸿逵、马步芳等的强烈反对。在蒋介石的导演下，一场恶战在宁夏境内爆发。
　　⑤ 陈育宁：《宁夏通史》（近现代卷），宁夏人民出版社 1993 年版，第 122 页。

继，社会抗灾能力又极弱，于是人畜死亡，赤地千里的记载，几乎无年无之。"① 1920 年，甘肃的海原、固原等 58 县发生了 8.5 级的强烈地震，海原 100 万只羊损失了 65 万只，靖远县 40 万只羊损失了 13.5 万只。隆德县，牲畜损失数万。1927 年，凉州地震，波及全省 50 多县，武威县损失大小牲畜 20 多万只。古浪县牲畜死亡 2.8 万只。②

1928—1930 年，西北地区更是出现了一场毁灭性的大旱灾，这次大灾持续时间之长，波及影响范围之广，实属罕见。其中旱灾最严重的甘肃、陕西等省，终岁不雨，赤地千里，"甘肃遍地皆旱，因历次歉收，饥馑死亡甚众，即以灾情较轻之兰州而论，每日饿死达三百人"③。1929 年，青海海东等地受旱灾影响也是出现了"春不能种，寸草不生……人饥，草根树皮食之殆尽"④。整个社会正常运行系统在大灾中完全紊乱，"陇东十七县之繁盛区"的平凉商业"渐见衰颓"，昔日商业繁盛的酒泉也是"商旅裹足，负担增重，于是商业衰微，势成一落千丈"。⑤ 作为甘宁青地区皮毛贸易最重要转运市场的包头，出现了一片萧条的景象，皮毛业大受影响⑥。因此，1928 年，天津出口商人也以皮货商亏累最巨。⑦ 1929 年，羊毛减少 20 万担，估值 500 万两。⑧

自然灾害给甘宁青地区经济发展造成的巨大伤害，也在很大程度上影响了近代甘宁青的羊毛出口。

第三，近代中国政局不稳而导致的甘宁青区域贸易政策的多变，也是影响甘宁青地区羊毛出口量的一个重要因素。

外国洋行最初从甘宁青地区收购、运输羊毛，只交子口半税，凭借海

---

① 王致中、魏丽英：《中国西北社会经济史研究》，三秦出版社 1992 年版，第 26 页。
② 丁焕章：《甘肃近现代史》，兰州大学出版社 1989 版，第 265、323 页。
③ 《上海华羊义赈会披露豫陕甘大旱之奇缘》，《申报》1929 年 4 月 28 日。
④ 《青海自然灾害》编纂委员会：《青海自然灾害》，青海人民出版社 2002 年版，第 162 页。
⑤ 陈庚雅：《西北视察记》，甘肃人民出版社 2002 年版，第 283、174 页。
⑥ 吴荣生：《西北皮毛集散重镇包头的皮毛行业》，载《中华文史资料文库·经济工商编》第 13 卷，中国文史出版社 1996 年版，第 464 页。
⑦ 《1928 年津海关贸易报告》，载吴弘明编译：《津海关贸易年报（1865—1946）》天津社会科学院出版社 2006 年版，第 470 页。
⑧ 《1929 年津海关贸易报告》，载吴弘明编译：《津海关贸易年报（1865—1946）》天津社会科学院出版社 2006 年版，第 486 页。

关三联单到各地是一概免税的。所以在 1920 年之前，洋行到甘宁青地区收购羊毛后到天津转卖，获利极大。但这种局面到 1920 年却发生了改变。这一时期，军阀张广建主甘，将本省皮毛税定为专税，由百货征收内划出，另立总局于兰州，在各县委局长专办。"税费加大，商旅萎缩。""计彼时课税之皮毛货分为七等：以翎线为一等，羽缨为二等，狐皮、滩羊皮为三等、紫毛、白羊毛为四等，狼皮、牛角货等为五等，马、牛皮、毡、褐等货为六等，毡衣、牛毛等为七等。税则为一等每斤 40 元，二等每斤 20 元，三等每斤 20 元，四等每担八十元，五等每担 30 元，六等每担 18 元，七等每担 10 元。上列为各省章所地订定，而在各局卡临时所定，则加至三四倍不等。病民误工，莫此为甚。行至五六年之久，以本省为羊毛繁盛区，因是反陷停顿，民怨沸腾。"①

　　除上述皮毛税外，甘宁青地区的皮毛出口之各种名目的税收，也是层出不穷。民国以前，甘肃各地牧区的藏族蒙古族群众来农业区销售货物和"驮载内地之货出口，税厘均免"。② 民国以后，对于输入蒙藏牧地之布匹，粮茶征收所谓之"入山税"，对于输入内地之皮毛牲畜课以所谓之"出山税"，③ 在农区、牧区间遍设"出入山货稽征处"，征收"逢十抽一"的实物税。④ 与此同时，甘宁青各地商税更是名目百出，且税率也是直线上升。据有关资料统计，1936 年甘宁青地区捐赋名目分别达到 33 种、41 种、53 种。⑤ 三省之中，又以青海省捐赋最多，其中与商业有关的经常征收的税捐名目达 25 项，还不包括一些附加税，"如营业税下，征收出入山税、羊毛担捐及经征临时维持费等"⑥，此外，在皮毛运输沿途中，各地都设有名目繁多的收税关卡，在陆路设有驼捐局，水路设有船筏捐局。例如，在宁夏，从中卫、青铜峡、仁存渡、横城到石嘴山等都有船筏捐局，仅从中卫到石嘴山之间收税就达七八次。不仅税收种类繁多，而且这些捐税的税率

---

① 宁夏史料丛刊：《民国固原县志》，宁夏人民出版社 1992 年版，第 594—595 页。
② 张庭武：《丹噶尔厅志》，甘肃官报书局铅印本，清宣统二年。
③ 李自发：《青海之蒙藏问题及其补救方针》，《新青海》1933 年第 1 卷第 12 期，第 10 页。
④ 青海省志编纂委员会编：《青海历史纪要》，青海人民出版社 1987 年版，第 120 页。
⑤ 安汉：《西北农业考察》，载杨建新主编：《中国西北文献丛书续编·西北史地文献卷》卷 8，甘肃文化出版社 1990 年版，第 225—256 页。
⑥ 《申报年鉴》，载《青海省财政概况》，1936 年。

也一直是连年增加，仅 1934 年毛筏捐比上年就增加了 4 倍。①

就毛业而论，1934 年"仅在青海省境当地商人，由牧地抵集聚地贵德、湟源、鲁沙尔等处时，即向当地商人每担（百斤）征纳出山羊毛税五角，当地商人将羊毛转售于客商时，又征羊毛临时维持税三元五角，羊毛公卖维持税十元，三成教育捐一元零五分，二成义务捐二元，客商将羊毛起运时须纳担头税三分，运毛抵甘肃境内经征四元；抵宁夏境经征二元；抵包头经征一元二角，合计青海羊毛运抵天津，每担（百斤）共征捐税二十四元二角八分之巨"②。对羊毛商人而言，如此繁多的捐税壁垒，贩卖羊毛几乎无利可图，因为在这一时期天津羊毛"每百斤平均不过十四五元"，所以，在这种"子大于母"③ 的情况下，"商人裹足不前，蒙藏各地，货物囤积，无法销售，年积月累，多被腐化。虽蒙藏人极廉价出售，而商人咸曰捐税繁苛，无力收买"④。

除上述原因外，近代甘宁青地区出产的羊毛"纤维粗劣，弹力薄弱，品质之次亦属不可讳言"⑤，而"西北牧民及收毛商人，对于产销羊毛，皆不经心，牧民剪毛后，常混合羊粪砂土于毛内，甚至灌水，增加羊毛重量，伪骗商人，以图厚利。商人按情以贱价购收，然后晒干水渗，革除粪土，成为净毛。但羊毛已因水渗粪土之浸伤"，羊毛质量更是受到了极大影响。⑥ 加之交通不便，消息闭塞，这些因素都给羊毛的出口带来了极为不利的影响。

四、结语

综上所述，我们认为近代甘宁青地区羊毛贸易的兴衰是内外双重因素

---

① 宁夏回族自治区交通厅编写组：《宁夏交通史》，宁夏人民出版社 1988 年版，第 320 页。
② 顾谦吉：《西北羊毛调查报告》，《资源委员会季刊》1942 年第 2 卷第 1 期（西北专号），第 347 页。
③ 张其昀、任美锷：《甘肃省人文地理志》，《资源委员会季刊》1942 年第 2 卷第 1 期（西北专号），第 128 页。
④ 李自发：《青海之蒙藏问题及其补救方针》，《新青海》1933 年第 1 卷第 12 期，第 10 页。
⑤ 张其昀、任美锷：《甘肃省人文地理志》，《资源委员会季刊》1942 年第 2 卷第 1 期（西北专号），第 128 页。
⑥ 顾谦吉：《西北羊毛业调查报告》，《资源委员会季刊》1942 年第 2 卷第 1 期（西北专号），第 346 页。

交替制约下的产物，既可以看到以美国为主体的海外需求对甘宁青地区羊毛出口的影响，又可以看到甘宁青地方战乱频繁、税收混乱、自然生态环境脆弱对羊毛贸易的阻碍。长期以来，关于对外贸易与区域经济的发展，学术界习惯"帝国主义的原料供应地和商品倾销地"来强调帝国主义对区域对外贸易影响的重大作用，虽然我们不能否认帝国主义国家在近代中国（特别是西北内陆地区）对外贸易中的推动作用及它所带来的一系列负面影响，本书仅通过分析甘宁青近代羊毛贸易的发展过程中的制约因素，可知这种影响虽然较大，但并不是影响地区对外贸易发展的全部，地区内部的诸多因素也对地区贸易发展产生着重要影响。考虑区域经济发展过程中多方面因素的影响，或许才能更加客观公正解读历史、认识历史。

第二章　区域市场的建构

第一节　近代甘宁青地区的羊毛市场

羊毛出口在近代中国对外贸易中占有极其重要地位。故时人称："中国每年土产之销售海外者，其中以茶、丝、及羊毛为最，此三者，乃中华民族经济之命脉"[①]。这些出口的羊毛，大多来自西北甘宁青[②]地区。甘宁青地区牧场面积广阔，其羊毛出口量占近代中国羊毛总出口量的一半以上[③]。近代以来随着羊毛贸易的进一步发展，民国时期甘宁青地区羊毛市场网已经初步形成。这一区域性的市场网络，是以水陆运输线为纽带，三级市场、二级市场和一级市场三个层次相互衔接而共同构成的。

一、甘宁青的羊毛产地

甘宁青地区地处我国西北，总体上属于高原地区，地域辽阔，水

---

① 魏英邦：《中国羊毛事业之概况》，《实业统计》1934 年第 2 卷第 2 期，第 33 页。

② 就地理范围而言，本书把 1929 年分省前后的甘肃、宁夏、青海看成一个整体来加以研究。本书之所以把甘宁青地区作为一个整体的地区加以研究，不仅考虑到近代甘宁青羊毛贸易的物流方向是一致的，而且一个更重要的事实是，在 1929 年以前，三省在政区上是一个整体。自明代设行省以来，宁夏和青海在行政区划一直属于甘肃省。到 1929 年，青海省、宁夏省先后成立。由于地理、历史原因，直到民国时期，三省在政治、经济、文化方面仍有紧密的联系，所以完全可以把三省作为一个共同的经济区域来研究。

③ 1924 年天津《公闻报》（China Advertiser）报道，由天津出口的羊毛，产自甘肃、宁夏、青海的占 50%，陕西的占 15%，蒙古地区的占 25%，直隶和山东的占 10%，也就是说，天津出口的羊毛有一半左右是来自西北的甘宁青地区。关于这个统计结果，也可以从日本东亚同文馆调查资料得到佐证。1918 年编纂的《支那省别全志》中认为：甘肃各地的羊毛通过石嘴子运到天津，其数量占天津港出口额的一半。

草丰美，并且由于其深居内陆，远离海洋，气候干燥，所以特别适于畜牧。自古以来，聚居在这里的各民族先民，均以畜牧业为主要或重要的衣食之源。同时，自汉代以来的历代中原王朝或地方割据政权，也在以甘肃为中心的陇右河西一带设官苑畜牧，繁殖国家所需要的马匹等，致使这一地区长久以来就成为我国重要的牧业区。这种状况一直延续到近代。

虽然同治年间陕甘回族起义造成了整个甘宁青地区社会经济的衰败，其畜牧业生产也在动荡不安的社会环境下寥落不堪，但这种状况不久以后就得到了改善。这次动乱后就任陕甘总督的左宗棠很快认识到西北地区独特的自然环境特别适合羊、马等牲畜的养殖，于是，在光绪二年（1876）专门拨公款借给庄浪、凉州等地的百姓，扶植他们买马羊等牲畜孳牧，并且规定所借银两分 10 年归还，专款专用，不得移为他用。羊以 10 只为率，取羔六只上交，留健壮羊羔一半作繁殖牧养，将另一半羯羔弱驹在市场上出售。光绪四年（1878）以后，随着甘肃织呢局的创立，兰州附近绵羊饲养业又有了一定的起色。[①] 由此，即使在同治之乱后，甘宁青等地的马、羊等畜牧饲养业仍然保持着继续发展的态势，并在全国的畜牧业生产中，依然占据着首要的地位。对此，民国年间有人评论说：

考吾国西北的畜牧业之特盛，完全由于地理使然：因为我国西北如甘青宁一带地方，富于水草、且地势属于高原，适宜于畜牧，所以吾国西北远在古时，已经成为主要的游牧区了。有人以为：南美的阿根廷共和国为世界著名的畜牧业地区，其特盛的理由，完全由于地理环境的关系。我国西北的畜牧业之盛，正与阿根廷之情形相同。[②]

---

① 李清陵：《甘肃经济史》，兰州大学出版社 1996 年版，第 152 页。
② 丁逢白：《西北的畜牧业》，《蒙藏月报》1936 年第 5 卷第 4 期，第 24 页。

甘宁青三省牧地面积估计①

省别	总面积（平方公里）	牧地面积（平方公里）	牧地面积占总面积的百分比（%）	占三省牧地面积的百分（%）
甘肃	380863	57192	15	6
宁夏	302451	241960	80	25
青海	776192	659763	85	69
合计	1459506	958852	65	100

注：上表甘宁青的牧地面积，只能说是可牧地，实际牧地并没有这样大。

资料来源：顾少白：《甘宁青三省羊毛之生产》，《中农月刊》1943 年第 4 卷第 4 期，第 82 页。

　　甘宁青地区牧地面积占其土地总面积的 65%，一般人说甘宁青地区是畜牧业区域，应该是受之而无愧。分布在甘宁青牧业区的②，"可以说全是蒙藏民族，青海的北部以及柴达木，宁夏的阿拉善旗、额济纳旗，以及甘肃祁连山与夏河一带的小部分（黄河南的亲王属地），都是蒙古民族的区域。青海的沿海，黄河上游，玉树二十五族，果洛三族，以及甘肃的夏河等，都是藏族的区域"③。

　　由于甘宁青地区牧地面积广大，所以饲养着大量的牛、马、羊等牲畜，其中以羊的饲养为最多，"因养羊利益最大，特别着重在羊，故甘肃、青海一带之农民，多以牧羊为主要副业，其余蒙藏人民，则纯以牧羊为生活，故羊之出产，在西北的畜牧业中占第一位"④。

---

　　① 就目前所掌握的资料，这是关于甘宁青牧地面积的最早调查资料（1941 年）。因为甘宁青的牧区近代以来由于汉族移民等原因，牧地面积有逐渐缩小的趋势，所以在 1937 年前，甘宁青的牧地应该大于这个面积。

　　② 甘宁青羊毛生产区域当然不仅限于牧业区，在农业区域中因为也有羊只的饲养，所以也会有一定的羊毛生产，但是产量很少，尚不足自用（参见顾少白：《甘宁青三省羊毛之生产》，《中农月刊》1943 年第 4 卷 4 期）。

　　③ 顾少白：《甘宁青三省羊毛之生产》，《中农月刊》1943 年第 4 卷第 4 期，第 82 页。

　　④ 丁逢白：《西北畜牧业》，《蒙藏月报》1936 年第 5 卷第 4 期，第 26 页。

1931 年甘宁青牛马羊等牲畜数量总数表

省名	牛（头）	马（匹）	羊（只）
甘肃	255552	76032	411584
青海	150000	50000	700000
宁夏	150000	81000	700000
备考	青宁牲畜数以绥远为标准估计		

资料来源：孔祥熙署：《甘宁青经济纪略》，中央银行经济研究处总务科，1935 年发行，第80—81 页。

具体而言，甘宁青三省羊只饲养的主要地区分布情况如下：

甘宁青羊只饲养主要地区

甘肃	青海	宁夏
两当县、洮沙县、隆德县、宁定县、灵台县、甘谷县、武山县、临洮县、徽县、安西县、会宁县、天水县、临泽县、皋兰县、秦安县、漳县、靖远县、崇信县、泾川县、平凉县、清水县、酒泉县、临夏县、临潭县、岷县、鼎新县、镇原县、拉卜楞	贵德县、循化县、化隆县、玉树综举族、娘磋族、玉树鸦拉族、柴达木河流域（香日德达巴苏图诸地）、札武族、囊谦族、苏尔莽族、猕罗族及雅砻、澜沧江上游一带、都兰来布哈河沿青海卓（青海湖）一带	贺兰县、永宁县、宁朔县、平罗县、惠农县、金积县、灵武县、中卫县、中宁县、同心县、盐池县、陶乐县、磴口县、阿拉善旗、额济纳旗

资料来源：粟显倬：《甘青之畜牧》，《开发西北》1935 年第 4 卷第 6 期，第 17—18 页；周振鹤：《青海》，南天书局有限公司 1987 年影印，第 199—200 页；《宁夏资源志》"畜产·羊及羊产品"，宁夏省政府 1946 年编，第 61—62 页。

当然，上述关于甘宁青三省饲养羊的主要地区的统计不一定完全准确，但从中还是可以看出甘宁青地区羊只饲养规模的大体轮廓，不仅牧业区大量饲养羊，农业区也普遍饲养。

广阔的牧场和巨大的养羊数量使得甘宁青地区的羊毛产量在全国占有重要地位。具体而言，三省之中，又以青海省的羊毛产量为最多，其次是甘肃省，再次是宁夏省。据民国年间的统计，1934 年青海省羊毛产量大约为 166000 担，甘肃省大约是 80000 担，绥远和察哈尔大约 64000 担，外蒙古 52000 担，河北省约 38800 担，四川省 33000 担，宁夏省 30000 担，热河省 27000 担，山西、陕西两省 26000 万担，山东省 20000 担。[1] 从中可以

---

① 魏英邦：《中国羊毛事业之概况》，《实业统计》1934 年第 2 卷第 2 号，第 33 页。

看出，是时甘宁青羊毛产量占全国羊毛总产量的一半以上，可见三省羊毛产量数量之大。丰富的羊毛资源，为近代甘宁青地区羊毛市场的形成和发展奠定了物资基础

二、甘宁青地区羊毛市场网络

甘宁青地区虽然生产着大量羊毛，但是，在中国东部沿海地区已经步入近代社会的一段时期里，甘宁青地区所产羊毛仍然是作为游牧民族一种原始的衣食用品而存在，"仅供蒙藏人衣住之原料，余则弃诸原野，忍其腐灭而已"①。19 世纪 60 年代天津开埠后，天津遂成为中国北方最大的港口和出口市场，其经济腹地也不断由华北向西北内地延伸，进而带动了近代甘宁青地区皮毛市场的兴起。随着甘宁青地区羊毛出产和世界市场联系的加强，羊毛出口量的不断增加，到民国时期，甘宁青地区羊毛贸易的区域市场已呈现出层次分明、联系密切、运作有效的网络体系。

美国斯坦福大学著名的人类学学者施坚雅（G. William Skinner）运用德国学者克里斯塔勒（Walter Christaller）"中心地理论"对传统中国的农村市场进行研究，他根据三个因素："（1）它对属地或腹地提供零售商品和服务项目的作用；（2）它在连接经济中心的分配渠道结构中的地位；（3）它在运输网中的地位"②，提出了中心市场（central market）、中介市场（intermediate market）、标准市场（standard market）的市场层级理论。

根据施坚雅的市场结构理论方法并结合甘宁青地区羊毛交易的有关情况，我们把甘宁青地区的羊毛市场划分三个层次级：分布于甘宁青农牧区羊毛产地的三级市场，其数量众多。主要有甘肃的拉卜楞、临潭、岷县、清水等地；青海玉树的综举族、札武族、囊青族、苏尔莽族、猓罗族及雅砻、澜沧江上游一带及其他广大地区；宁夏的阿拉善、金积、灵武等地；靠近羊毛产地，并且在本地区处于相对较大地域的交通和贸易要地、在当地羊毛贸易中起重大作用、直接与一级中心市场进行大规模羊毛等商品交流的区域性中转的二级市场，当时主要有甘肃的张家川、河州、甘州、凉

① 业：《青海羊毛事业之现在及将来》，《新青海》1933 年第 1 卷第 4 期，第 57 页。
② ［美］施坚雅主编：《中华帝国晚期的城市》，叶光庭等译，中华书局 2002 年版，第 329 页。

州、肃州、平凉等地；青海的丹噶尔厅、贵德、大通，玉树等地；宁夏的中卫、瞪口、吴忠等地。地处甘宁青地区交通和贸易要地，与区内及羊毛出口市场有密切联系，并直接同中转市场进行大规模羊毛等商品交易的一级市场。当时主要有甘肃的兰州、青海的西宁、宁夏的宁夏府城（后被石嘴山取代）等处。甘宁青地区羊毛贸易的三个级别的市场虽非民国时期所特有，但它们在民国时期的发展却空前明显，联系也空前紧密，初步形成了比较稳定的层级市场体系。甘肃、青海、宁夏的三个区域性市场网络相互支撑，又初步构建起民国时期甘宁青地区羊毛贸易的大区市场体系，从而大大促进了甘宁青地区羊毛出口贸易的发展。

民国时期甘宁青农牧区羊毛产地市场，其数量众多。主要有甘肃的拉卜楞、临潭、岷县、清水等地；青海玉树的综举族、札武族、囊青族、苏尔莽族、猓罗族及雅砻、澜沧江上游一带及其他广大地区；宁夏的阿拉善、金积、灵武等地。活跃在甘宁青羊毛三级市场中的主要一些小羊毛贩子，即小货郎。二级市场主要有甘肃的张家川、河州、甘州、凉州、肃州、平凉等地；青海的丹噶尔厅、贵德、大通，玉树等地；宁夏的中卫、磴口、吴忠等地。这些二级市场中的一些是随着甘宁青羊毛贸易的兴起而发展起来的，它们上连一级市场，下通羊毛产地的三级市场，在一级市场和三级市场羊毛流通中起着十分重要的作用，在这些二级羊毛市场中有洋行、毛栈、大毛贩子、歇家、过载行、经纪一类的贸易组织，随着甘宁青羊毛贸易的发展，这些贸易组织的经济实力也不断增强。民国时期甘宁青的羊毛一级市场主要有甘肃的兰州、青海的西宁、宁夏的宁夏府城（后被石嘴山取代）等处，这些一级市场有比较完备的为羊毛交易服务的配套机构，有众多的洋行、金融机构、经纪人等，也有专门的运输业，如 20 世纪 30 年代兰州就有从事羊毛运输的骆驼行 30 家，资金在一万元以上的皮筏店 10 家。①

甘宁青地区羊毛区域内的羊毛市场形成以后，为了把羊毛输出到天津口岸出口，就要通过包头市场进行转运。民国时期的包头，不仅是河套及蒙古高原，同时也是西北广大地区内外贸易的中心市场之一。"凡京、津、陕、甘、内外蒙古、新疆货物之往来，均以此为转运之场，诚西北一大市

---

① 潘益民：《兰州之工商业与金融》，商务印书馆 1936 年版，第 88、126 页。

场也。（1918）年贸易额达 500 余万，大小商店共 1200 余家。"① 1923 年前后，这里仅绒毛一项每年就集散约 2000—3000 多万斤，占整个西北地区绒毛产量的三分之二以上②。到 20 世纪 30 年代，包头"陆则有平绥路为吞吐之骨干，而平、津各地遂为包头出入之尾闾，由包头可至西宁、肃州（今酒泉市）、五原、宁夏（今银川市）、兰州等地；至水路则有黄河之水流，用皮筏可由兰州至包头"③，其商业腹地已包含了河套地区的全部、阿拉善、额济纳地区、宁夏、甘肃及青海等广大地区。

综上所述，民国时期的甘宁青地区羊毛市场已形成了由一级市场向二级市场和三级市场扩散的放射状的网络市场体系。这一市场体系又直接与外部的中转市场及出口市场相联系，通过陆路的"牦牛运输、骆驼运输、骡马车运输"等运输方式④，和黄河水路的皮筏把甘宁青地区的羊毛运往包头，在包头集中后，经张家口，最后通过天津口岸出口。上述市场体系，可以图示如下：

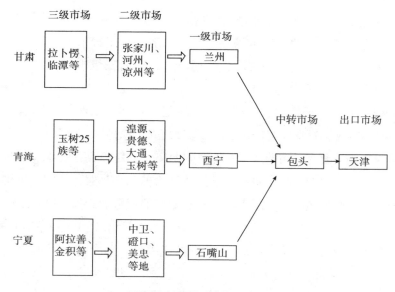

近代甘宁青羊毛市场网络图

① 林竞：《西北丛编》，神州国光社 1931 年版，第 193 页。
② 李绍钦：《古代北方各民族在包头地区的活动》，《包头文史资料选编》第 4 辑，第 25 页。
③ 廖兆骏：《绥远志略》，正中书局 1937 年版，第 269 页。
④ 业：《青海羊毛事业之现在及将来》，《新青海》1933 年第 3 卷第 5 期，第 72 页。

在上述羊毛市场中还应说明的一个问题是，由于甘宁青地区是农牧业结合区，而农业区和游牧区的自然条件和生产生活条件有诸多的不同，所以，各地市场的流通状况和特点也不尽相同，主要可分为游牧区、农业区、农牧结合区三种类型。

游牧区市场商品流通的特点，一是流动性很强；二是直接的物物交换。如在青海牧区初级市场的商品流通中，小贩子们把货物贩运到藏民的居住地区，交易不以货币为媒介，而是采取以物易物的交换方式进行。在甘宁青的羊毛贸易市场层级中，游牧区的市场基本是地区三级市场，但也有一些二级市场，这种市场由于多是蒙藏民族和其他民族的交易，因此又带有很鲜明的民族特色。如青海玉树，这里世居着玉树 25 族，所以每年蒙藏民族每年都会在寺院礼拜，顺便在此交易货物，因此玉树大的集市地点都在寺院附近。"南部藏人集市，多在寺院，有定期，凡会期将届，商贩不远千里而来，所市之初，皆番土产……平时则多聚集于结古等处，亦有负贩至各村落者。以月言，每月某日到某日，在某地集市。俱有一定。各市镇十日之中，每有三日为集市之期，如三六九或二五八或一四七等日，每三日为一场。"[①] 其会集时间（均为农历）、地点如下：

玉树藏族之集会日期及地点

日期	地点
旧历正月十二日至十五日	扎武新寨、竹节客耐寺、迭达庄、觉拉寺
二月十二日至十五日	拉布寺、惹尼牙寺
三月二十七日至二十九日	结古寺、歇武寺、朵藏寺
四月初七至初十日	称多东周寺
四月十八至十九日	竹节青错寺
四月二十八至二十九日	竹节寺
五月初七至初八	拉布寺
五月十四至十五日	禅姑寺
七月二十七至二十八日	陇喜寺
八月九日	结古大寺
十月初七至初十日	班庆寺
十一月十五日	朵藏寺
十二月十三至十五日	新寨

资料来源：民国《玉树县志稿》，台北成文出版社 1968 年影印，第 152—153 页。

---

① 马鹤天：《西北考察记·青海篇》，台北南天书局有限公司 1987 年影印，第 210 页。

由此可见，由于蒙藏民族的宗教信仰关系，宗教寺院附近往往成为最大的交易市场。

农业区三级市场较少，并且在近代以来甘宁青地区羊毛贸易中，这种市场所交换的羊毛数量也少，但是它还是存在的。由于羊毛收割的季节性很强，所以在农业区的羊毛交易时间有很强的固定性。

农牧交错区市场的商品流通兼有游牧区和农业区的特色。在甘肃拉卜楞这一农牧交错地区，每年都有一定时期举行的集市和庙会。据民国时期的文献记载，在青海高原北部的农牧交错区，除了当地的小贩子进行羊毛的采买外，其余羊毛等物品的交易则是通过与蒙藏民族的定期的集市交易来完成。"以岁言，北部蒙人，每年秋冬二季，定期至湟源亹源大通一带集市，春夏二季，则定期在本境内集市，数百里间，皆来赶集。……每次凡二十余日乃散。"[①] 这种集市的地点多选在旷野之中。集市期间，方圆数百里的牧民都来赶集，用羊毛等物产和其他民族的商人交换各种生活日用品。

三、甘宁青地区各级羊毛市场概况

民国时期甘宁青地区羊毛市场中分布于各产地的三级市场，其基本功能便是收购牧民手中的羊毛等畜牧业产品。在这些三级市场中，有的存在已久，如拉卜楞、金积等地，只是在近代以前，这些地区是作为农牧民或者地区之间民间贸易的交易地点而存在，且围绕着羊毛交易数量也不多。直到民国时期，随着甘宁青地区羊毛的大量出口，这些交易市场的规模和数量等方面获得进一步的发展，变成了甘宁青地区以羊毛等畜产品为主要流通商品的最基层的场所和最普遍的形式。

从三级市场收购的羊毛，就被运往本地区的二级市场。从现有的文献中，我们可以获得以下这些二级市场的大致境况。

甘肃陇南区的张家川市场。同治之乱后，张家川形成了规模较大回族

---

① 张其昀：《青海省人文地理志》，《资源委员会季刊》1942 年第 2 卷第 1 期（西北专号），第 184 页。

聚居区，就开始有了小规模的皮毛市场。① 清末以后，一些洋行开始在这里驻庄，如英商的仁记、怡和、平和等洋行，还有德商德泰洋行，后来又陆续有外国洋行在此驻庄。来自秦安、甘谷、成县、徽县、武山、清水等地的羊毛多在此聚集，此外海源、固原、庆阳的少量羊毛也以此为聚集地。②

甘肃洮西区的河州市场。同治之乱后，河州成为甘宁青回族最重要的聚居中心，而且再一次成为商业中心。河州附近，"地势凹凸不平，耕地虽多，牧草甚丰，故牧羊者多，羊毛品质良好"③。清末先后来这里的收购羊毛的洋行有英商新泰兴、高林、聚利、仁记、天长仁、平和、瑞记、普伦等洋行，还有德商世昌洋行。这些洋行在河州设庄收购羊毛。这里的羊毛主要来自两个地区：一是以拉卜楞为中心，把甘加、麦秀、桑科等地的羊毛集中于此。一是以循化为中心，把循化、保安、隆务一带的羊毛集中于此。拉卜楞、循化两处收购的羊毛，全部运到河州集中，由河州转运至永靖黄河沿岸的孙家嘴，装筏水运至兰州。④ 此外，临潭藏区的一些羊毛也在这一地区集中，运往兰州，然后运往包头。

甘肃河西区的甘州、凉州、肃州市场。河西羊毛的初级市场可以说不仅是遍及河西各县，而且青海地区一些距离甘肃河西较近地区的羊毛，也是以河西地区为羊毛集散地，甘州、凉州、肃州都是河西地区重要的交通枢纽，如甘州"自兰州至敦煌一千一百公里，张掖居其中途，其南祁连山之扁都口，为通青海之捷径，骆驼队则由黑河而通绥远"。⑤ 甘州一向为甘肃西路枢纽，人口稠密，地土丰美，商务素称繁盛。"皮毛，虽非本地产，然岁由青海来者，辄百余万斤，专售于各洋行。"⑥ 1925 年前，"外商洋行设庄者，计有益利、兴隆、聚利等家，一时商贾云集，交易盛旺。直至抗

① 李枕：《张家川皮毛贸易的历史和现状》，《甘肃民族研究》1993 年第 4 期。
② 张之毅：《西北羊毛调查》，《中农月刊》1942 年第 3 卷第 9 期，第 51 页。
③ 吴雄飞：《中国羊毛业》，《工商半月刊》1935 年第 7 卷第 3 期，第 60 页。
④ 秦宪周：《从外国洋行在河州收购羊毛看帝国主义的经济掠夺》，载《临夏市文史》（第 2 辑），临夏市政协 1986 年编，第 56 页。
⑤ 张其昀：《张其昀先生文集》（第 12 集），台北"中国文化大学"出版部 1988 年版，第 5919 页。
⑥ 张桂海：《河西羊毛产销概况（下）》，《贸易月刊》1942 年第 3 卷第 9 期，第 60 页。

日发生，商业之盛，仍不减昔日"①。肃州"县城居洮水河南岸，西距嘉峪关仅七十华里，扼边关要塞，为河西西部商业中心，尤为皮毛交易重镇。昔日外商高礼洋行，明义洋行及新泰兴洋行，均派人驻庄于此。外帮毛商设庄者亦复不少。嘉峪关以外各地羊毛，亦由酒泉毛商前往收购"②。根据距离的远近，河西各地及青海一些地区的羊毛集中于甘州、凉州、肃州等地，"靠驮运集中于兰州，亦放筏经包头、张家口，由天津出口"③。

甘肃陇东区的平凉市场。平凉"近泾水的发源地，当陕甘大道之卫，商务向为陇东之冠，官茶由此入口，出口以皮毛为大宗"。④ 甘肃陇东地区及宁夏一些地区所产羊毛多集中在此地，海源、固原、庆阳、泾川、灵台及本县所产羊毛也都是以平凉为集聚地的。⑤

青海地区的湟源⑥"东路系通省、郡大道，余皆毗连青海，壤接蒙番，山径硖路四通八达"⑦。这种地理位置上的优势，使得蒙番（藏族）各地羊毛运来，皆售于此，"每岁计之约出羊毛双称至四百余万斤。价约十两上下（指每百斤）。"⑧ 贵德"所出产羊毛，系由南番各番族每年春季驮运来城。由皮商收买。计每年出售十万余斤"⑨。玉树旧名结古，为青藏康川之通衢，频结古水北岸，为青海南部之大市场。⑩ 玉树年产羊毛150万斤以上，毛质细软，弹性和着色力优良，是西宁毛中的代表产品。玉树25族羊毛都在此会集，进行羊毛交易。

宁夏地区的中卫，在"黄河西岸约十五里，离兰州七四（里），离宁

① 林竞：《蒙新甘宁考察记》，甘肃人民出版社2003年版，第112页。
② 张桂海：《河西羊毛产销概况（下）》，《贸易月刊》1942年第3卷第9期，第60页。
③ 王致中、魏丽英：《中国西北社会经济史研究（1840—1949年）》（下册），三秦出版社1992年版，第205页。
④ 张其昀：《张其昀先生文集》（第12集），台北"中国文化大学"出版部1988年版，第5918页。
⑤ 张之毅：《西北羊毛调查》，《中农月刊》1942年第3卷第9期、第51页。
⑥ 湟源，清代的丹噶尔厅，1913年改为湟源县。
⑦ 张庭武：《丹噶尔厅志》卷5，甘肃官报书局铅印本，清宣统二年。
⑧ （清）康敷镕：《青海志》，台北成文出版社1968年版，第65页。
⑨ 姚钧：民国《贵德县志》（简本），青海省图书馆油印本，第53页。
⑩ 张其昀：《青海省人文地理志》，《资源委员会季刊》1942年第2卷第1期（西北专号），第51页。

夏四百里"①。为本省"西南部重镇，依山带水，形式雄伟，（北）与阿拉善旗东南部接壤，南部与著名之羔皮产区香山山脉隔河相望，西南与甘肃最佳之农牧区靖远、景泰等县相邻，商业堪称繁盛，自宁夏羊毛外销以后，即有大批毛商长期驻扎……每当黄河结冻以后和黄河冰结以前，由黄河上游运来之羊毛堆积如山"②。中卫除了要承担甘肃、青海等地的羊毛过镜，还要担负本地及其附近宁安堡、五佛寺、秀山、海城一带的羊毛的集散和转运，"每年交易额亦达万担以上，当地每年剪毛两次，在四月和九月行之"。但这里的羊毛"含沙甚多，故当地用秤虽为磅平，但收毛时须打一折扣，自九成至七·三成不等"③。磴口临黄河左岸，三面为沙漠，仅南面可见草地，它与石嘴子同为黄河上游的重要码头，是阿拉善蒙古的入口，④ "在昔即为汉、蒙贸易之点。同治之乱，房屋焚毁净尽，乱后渐次招聚，居民约百六十余家。回教徒居其二，悉由平罗县迁来，有清真寺一处"。"市街有商店二十余家，皆事蒙古贸易，内有栈房四家，专为运转东西货物者。全市贸易额约二十万，米、面、油，茶砖（每箱装三十九块，故名为'三九茶'）、酒、洋布、粗布为大宗：春冬以骆驼载货至牧地，秋令易皮毛以归，乃将皮毛转售于天津，岁以为常。"⑤ 磴口的羊毛主要由阿拉善一些地方而来。吴忠本地虽然没有多少羊毛出产，但由于此地回族群众对周边地区羊毛的收购，所以这里便成为金积、盐池、灵武等地区的羊毛集散和转运的重要市场。

上述甘肃、青海、宁夏三个地区的二级市场在集中羊毛后，便进一步运往一级市场。在1894—1937年的几十年时间里，甘宁青地区羊毛等商品输出，以及布皮等其他商品的输入基本上是沿着一条较为稳定的路线进行⑥。总体而言，甘宁青地区羊毛先集中于兰州，顺黄河而下经宁夏以达

---

① 王自强：《中国羊毛之探讨（续）》，《新青海》1934年第2卷第11期，第12页。

② 韩在英：《宁夏羊毛产销概况》，《中农月刊》1945年第6卷第5期，第61页。

③ 《我国羊毛之交易及其集散地》，《国际贸易情报》1936年第1卷第8期，第8页。

④ 和龑、任德山等译：《〈新修支那省别全志〉宁夏史料辑译》，燕山出版社1995年版，第231页。

⑤ 林竞：《蒙新甘宁考察记》，甘肃人民出版社2003年版，第44—45页。

⑥ 这里应该说明的一点是，甘宁青有些地区所产羊毛，并不是依据上述路线进行的，其全部输出数量十分有限，如甘肃庆阳集散的羊毛主要运往西安，然后是从西安运往天津口岸出口。

包头，再从包头运往天津。① 具体来说，"甘肃之甘州、临洮各地羊毛，多先集中于兰州，由水路以运包头；宁夏则大部分集中于省会，顺黄河而达包头；青海及新疆南部羊毛多集中于湟源，经西宁运达包头"②。由此甘宁青地区的羊毛输出，就形成了兰州、西宁、宁夏府城（后被石嘴山取代）地区一级市场。在这三者中，兰州地区又是当时甘宁青地区羊毛贸易最重要的一级市场③。

兰州由于其"南依五泉，北枕洪流，表裹河山，中开平壤"的地理位置，加之此地的黄河河道十分狭窄，宽仅二百公尺，所以兰州自古以来就是黄河上游第一要津。无论是水运，还是陆运，兰州在西北诸省中都占据着十分重要的枢纽作用，"水运上起西宁，下达包头，陆路东抵潼关，西通新疆，为甘宁青三省货物集散总汇之地"④。交通位置的重要，使兰州成为甘肃羊毛市场中的一级市场。此外，近代以来在兰州还有一些新旧金融机构。除钱庄这种历史比较长久的金融机关外，中央银行及中国农民银行两行也分别于1933、1935年在兰州设立了分行，这些金融机关为羊毛贸易融资起到很大的作用。所以，在甘宁青地区羊毛贸易网络市场中，兰州起着无可替代的中心市场功能的作用。

在近代甘肃的羊毛贸易市场中，兰州不但收集永登、靖远、景泰等地区所产羊毛，而且"自新疆、青海及本省各地运来之毛皮，多集中于兰州，然后运销至其他市场"⑤。

———————

① 王建、张折桂：《甘肃羊毛产量的估计》，《新西北》（甲刊）1942年第6卷第1、2、3期，第118页。

② 王化南：《西北毛业鸟瞰》，《新西北》（甲刊）1942年第6卷第1、2、3期，第103页。

③ 为了方便起见，所有市场名称及地区，按甘宁青分省后的情况加以说明。

④ 张其昀：《张其昀先生文集》（第12集），台北"中国文化大学"出版部1988年版，第5917页。

⑤ 汤逸人：《西北皮毛现状及其前途》，载秦孝仪主编：《革命文献》第90辑，台北"中央文物供应社"1982年版，第364页。

甘肃主要地区羊毛聚集地及数量

集散地	聚集数量（斤）
拉卜楞（夏河）	3000000
河州（临夏）	1500000
肃州（酒泉）	1500000
兰州	1500000
古州（张掖）	1000000
西峰镇	1000000
张家川	1000000
平凉	300000
景泰	300000
靖远	200000
永登	200000
洮州	200000
凉州（武威）	200000

注：以上各羊毛市场聚集数量合计 11900000 斤，较甘肃全省输出量超出甚多，此因各市之聚集数量，除对省外之净输出量外，尚包括对其他毛市之转运量及本地下手数量之故。

资料来源：张之毅：《西北羊毛调查》，《中农月刊》1942 年第 3 卷 9 期，第 51 页。

当然，民国时期张之毅所列举的上述甘肃羊毛的集散地，实际上有些是仅仅是羊毛收购地的三级市场，如拉卜楞、永登、景泰、靖远等地。尽管拉卜楞地区是作为甘肃羊毛市场层级中的三级市场，但由于该市场所处地区是甘肃最大的牧区，所以这一地区的羊毛产量在甘肃地区是首屈一指的。

在青海地区，由于黄河的支流湟水为青海地区的精华所萃，省会西宁不仅湟水流经，而且是青藏高原的东方门户，地处东西部路上交通的要道。"东沿黄河，可达兰州，西经湟源可通西藏，南通贵德导河，北抵大通"。[1] 史载："西宁万山环抱，三映重围，红崖峙其左，青海储于右，首峙昆仑，背倚黄河，其隘则水包西北，其险则山阻东南。"[2] 如此优越的区

---

[1] 梁桢：《近年来我国之羊毛贸易》，《贸易半月刊》1939 年第卷第 6、7 期合刊，第286 页。
[2] 苏铣纂：顺治《西宁志·地理志》卷 1，青海人民出版社 1993 年版，第 124 页。

位条件，使西宁自然而然地成为湟中地区羊毛贸易中的总枢纽，青海地区的蒙古各旗、柴达木、沿海藏区、玉树二十五族所产的部分羊毛、果洛三族的部分羊毛都运抵此地。"借湟水之利用牛皮筏子运载，再由新城入黄河经兰州、宁夏直至包头，或自西宁等处即以骆驼运输，经平番、镇番，入阿拉善蒙旗牧地，经定远营后步磴口，即北行经乌兰察布盟境抵包头"[1]。据各地征收局统计，青海羊毛"由此（西宁）出口者约六万八千担，实际上不止此数"。[2]

青海羊毛主要集散地及输出数量

集散地	每年输出额（斤）
湟源县	约 2200000
大通县　亹源县（俄博、永安）	约 1000000
玉树县	约 1500000
西宁县（鲁沙尔、上五庄）	约 1500000
贵德县	约 1000000
循化县	约 1500000
其他各处	约 10000000
总计	约 18700000

资料来源：周振鹤：《青海》，南天书局有限公司 1987 年影印，第 200 页，个别地方有改动。

宁夏地区的羊毛市场，其最初的羊毛一级市场为宁夏府城（今银川）。宁夏府城位于黄河与贺兰山之间，"乃为宁夏与西北、华北的通商贸易中心"，其地"东来者，以洋货为大宗，西来者，以皮毛为大宗"[3]。宁夏的羊毛来源，"为阿拉善、额鲁特旗、鄂尔多斯部（属绥远）、陕西定边，及华马池、金积（堡）、惠安堡、灵武等附近。每年交易额约二万一千余担"。[4] 所以"在一段时间里、提起甘、宁羊毛大市场，人们只知有宁夏、不知有石嘴子。但宁夏省城距黄河岸 30 里，沿黄河向包头运羊毛利用其为

---

① 顾谦吉：《西北羊毛调查报告》，《资源委员会季刊》1942 年第 2 卷第 1 期（西北专号），第 346 页。

② 吴雄飞：《中国羊毛》，《工商半月刊》1935 年第 7 卷第 3 期，第 59 页。

③ 林竞：《西北丛编》，神州国光社 1931 年版，第 85—86 页。

④ 《我国羊毛之交易及其集散地》，《国际贸易情报》1936 年第 1 卷第 8 期，第 8 页。

码头颇多不便"，按市场就近原则，宁夏府城的羊毛交易的优势地位逐渐
被石嘴子所取代。①

宁夏羊毛主要产地及数量

产地	数量
磴口	30000
惠农	260000
平罗	260000
贺兰	80000
永宁	200000
宁朔	181200
中卫	500200
中宁	400000
同心	540000
金积	290000
宁武	2984000
盐池	800000
陶乐	158000
阿拉善	3000000
额济纳	1100000
总计	10883200

资料来源：韩在英：《宁夏羊毛产销概况》《中农月刊》1945 年第 6 卷第 5 期，第 60 页。

　　黄河上游的银川平原是夹在贺兰山与黄河之间的一块谷地，到了这片
谷地的最北端，山与河交汇，形成了出入宁夏的门户——石嘴山。《明一
统志》记载："石嘴山，在卫城东北二百里，山石突出如嘴。"② 石嘴山即
由此得名。石嘴山原本由于处于蒙汉交界地区，所以明初为了防御蒙古贵
族的侵扰，在此地设置镇远镇。清初，为了和蒙古人进行商品交换，清政
府在石嘴山设立了"夷场"，"每月初一、初十、二十等日开场贸易。蒙、
汉经营，交易而退，各得其所。春季正二月间，蒙古出卖皮张。三四月内

---

① 　和棻、任德山等译：《〈新修支那省别全志〉宁夏史料辑译》，燕山出版社 1995 年版，第 193 页。
② 　转引自《平罗记略》卷一 "舆地·山川"，宁夏人民出版社 2003 年版，第 25 页。

出卖绒毛。五六两月，羊只广出。七八等月，牛马尽来，骆驼出。九月之期，茶马毕。终年之利，诚千载不易之成规"。这一时期的石嘴山是一个进行季节性交易的市口。① 石嘴山不仅处于蒙汉交界，而且是黄河的一个重要港口，所以到"晚清光绪年间，外资入侵，设立洋行，遍收陕、甘、宁、青、蒙牧区皮毛，一时商贾辐辏，贸易繁盛，行商络绎，船驼麇集"②。甘肃、青海及宁夏等地的羊毛都运抵石嘴山，在石嘴山"梳洗打包，然后由石嘴山装船水运至包头转口。""仅运输一项，每年约1000万公斤，至民国15年（1926年），自石嘴山运出羊毛共4亿多公斤"③。在宁夏地区，在石嘴山成为这一地区的中心市场后，除周边的平罗、惠农、宁夏、贺兰等地的羊毛在此集散外，围绕着这一地区一级市场，诸如吴忠、中卫、磴口这些地方二级市场的羊毛也在此集散。

在甘宁青地区羊毛市场中，1920年以前，一级市场和二级市场均有英美等国设立的内地洋行。羊毛在这些地区集中后，为了运输的方便，会先在这些地区打包，打包的方式分成两种：即陆运打包法和水运打包法。以石嘴山为例，就有由生产地到石嘴山的陆运打包法和由石嘴子用船航行的船运打包法。前者是将剪后未做处理其中尚含有土砂的羊毛用手挤压成块，再用粗麻绳捆紧，外部也不用什么遮盖，任风吹日晒。不过也有例外，如宁夏等地的羊毛则要用麻袋遮盖，一般每包为40斤。后者即由石嘴子经水路运至包头的打包法，这种水运打包法远比陆运打包法先进，当各地羊毛运抵石嘴子时，要重新打包，先过秤，140斤一包，再由挤压机挤压后用绳子捆好，放入麻袋中，而且所用麻袋多是由天津专门运来，或是西宁、兰州运来的土布袋子。甘宁青其他各地的羊毛打包方法与上述方法大同小异。④ 羊毛在上述地区打包后，再通过黄河水运或陆上的驼运，运抵包头，最后到达天津——甘宁青地区羊毛贸易的出口市场。

---

① 白寿彝：《清嘉庆二十五年石嘴山新街碑》，《回族研究》2000年第3期。
② 刘廷栋：《掠夺西北皮毛的天罗地网——记宁夏石嘴山帝国主义洋行》，载《文史集萃》（第二辑），文史资料出版社1983年版，第161页。
③ 《石嘴山市志》，宁夏人民出版社2001年版，第278页。
④ 和龑、任德山等译：《〈新修支那省别全志〉宁夏史料辑译》，燕山出版社1995年版，第194页。

四、结语

从整体上说，在近代以前，甘宁青地区游牧民族的生产和经营活动仍处于自然经济的状态。虽然盛产畜牧业产品，但是许多物品对他们来说并没有太多的用处，如羊毛这种现代工业国家需要的毛纺织原料，在1894年羊毛大量出口以前，人们只是用它来编制一些日用毡毯和帐篷，并且用量很小，余下的部分则成为弃置荒野的无用之物。自中国社会步入近代，西方资本主义入侵的步伐不断地从东部沿海向西北内陆拓展，在此背景下，甘宁青地区的羊毛也成为西方资本主义国家掠夺的原料，随着羊毛等畜牧业物资大量出口，甘宁青地区也被纳入了世界资本主义经济循环体系之中，旧有的经济结构开始不断解体，新经济因素不断地产生和发展，传统的、封闭的市场结构逐渐被现代的、开放的市场结构所取代。在羊毛生产的进一步商品化的刺激下，甘宁青地区羊毛市场体系结构也不断地进行整合与分工。随着各级市场间呼应和往来程度的加深，市场层级体系也发展到了一个较完善的程度，虽然这种发展还不能与同期的沿海经济发达的省区相提并论，而且由于这一市场体系在很大程度上受制于欧美西方资本主义国家的需求，国际羊毛市场的变化又直接对甘宁青羊毛市场产生影响，但这种发展与以往任何历史时期相比，毕竟到了一个前所未有的高度。

总而言之，民国时期甘宁青地区羊毛市场的形成和发展，是在甘宁青地区独特资源环境和国际市场需求的内外因共同作用下的产物，这一市场网络是以外向型经济为主导的放射状市场，在这一市场网络中，既有其完整性和统一性的一面，也有其明显的层次性。在天津出口市场和包头中转市场之下，便是甘宁青地区羊毛市场中的那些大型一级中心市场，而这些一级中心市场在甘宁青地区羊毛市场中起着关键性的作用，如兰州、西宁、石嘴山等，它们在本省和几省区域中的进出口贸易中，起着无可替代的枢纽性作用。它们既承担着把本省地区的皮毛、水烟、药材等商品的集散和向东输出的任务，又承担着布匹、茶叶、面粉等物品的集散和向西输入的任务。

第二节　近代西北羊毛市场的交易方式

1860 年天津开埠后，尽管区域市场商品流通主要集中在华北地区，但是随着西方资本主义国家原料需求进一步增加，中国对外贸易的迅速发展，天津的商品流通范围超越了这一地区界限，包括甘宁青地区在内的中国广大的西北地区也渐次成为天津开埠后的经济腹地。1880 年前后，一名叫高林的英国船员（后来成为大沽领航员）在天津成立了高林货栈（以后的高林洋行）后，派货栈中比利时人格拉梭（Grassel）和斯波林格德（Splingaard）深入中国内地采购羊毛和皮货，并于 1881 年（光绪七年）设立了天津第一家羊毛打包厂，经营出口羊毛业务[1]，从中大发洋财。由于羊毛贸易有利可图，此后，有越来越多的洋行加入到羊毛收购业务中来。通过羊毛出口，甘宁青地区的羊毛出产便和国际市场紧密地联系了起来。近年来，有关羊毛贸易特别是西北地区皮毛贸易的研究受到了史学研究工作者的关注[2]，这些研究对皮毛贸易的发展及影响做了较深入的探讨，而对交易方式却鲜有涉及。

众所周知，交易方式是随着商品交易的产生而产生，是买卖双方在商品交易实践中，在特定的历史条件下，根据不同地区、不同商品、不同对象以及双方的不同需要而逐渐形成的。它既属于经济学范畴，也属于历史学的范畴。因此，通过对近代西北地区皮毛市场的交易方式的研究，可以进一步加深了解近代中国商业市场，特别是近代西北民族地区商业市场运行态势的认识。

---

① 罗澍伟：《近代天津城市史》，中国社会科学出版社 1993 年版，200 页。

② 有关研究主要有：胡铁球：《近代西北皮毛贸易与社会变迁》，《近代史研究》2007 年第 4 期；胡铁球：《近代青海羊毛对外输出量考述》，《青海社会科学》2007 年第 2 期；钟银梅：《近代皮毛贸易在甘宁青的兴起》，《青海民族研究》2006 年第 2 期；钟银梅：《近代甘宁青民间皮毛贸易的发展》，《宁夏社会科学》2007 年第 3 期；黄正林：《近代西北皮毛产地及流通市场研究》《史学月刊》2007 年第 3 期；李晓英：《民国时期的甘宁青羊毛市场》，《兰州大学学报》2010 年第 1 期等。

一、集散市场的交易方式

市场贸易总是在一定的空间区域中分布和展开的，而区域所拥有的资源要素和条件，又决定了区域市场交易方式的特殊性。由于地理环境和气候条件的影响，土地广袤的西北地区一直是我国重要的畜牧业生产基地，羊毛产量数量巨大，然而在近代以前，它也"仅供蒙藏人衣住之原料，余则弃诸原野，忍其腐灭而已"①。直到 19 世纪末期，随着天津洋行内地分行在西北地区的开设，羊毛作为商品开始出口。随着羊毛出口数量的增加，除内地洋行（也称为外庄）外，天津洋行或在天津从事羊毛出口业务的货栈也会派一些有经验的收购人员前来西北地区从事羊毛收购，这些人在近代西北羊毛市场上被称为"外客"。

近代西北羊毛出口，主要通过内地洋行和外客来收购的。但是西北地区特别是一些游牧民族地区，由于长久以来，交通阻塞，行旅艰难，加之游牧民族，一向素称强悍，故极少有人深入。② 加之近代中国城市体系尚未趋于一体化，商人体系仍旧处于零散分裂的状态下，商人只能"在特定的自然经济区域内，根据资源和地区间交通运输的状况，来安排和组织他们的活动"③。所以无论是内地洋行还是外客，他们初次来到西北地区后，虽然"礼帽革履，长袍马褂，与中国商人来往时，彬彬有礼，刻意模仿中国礼节习俗。但蒙藏语言不通，对牧区风俗不明，与之贸易交往，更系隔阂重重……只好望洋兴叹，无能为力，而歇家则熟知牧区情况，精通蒙藏语言，且控制行规，非经歇家媒介，则洋行一筹莫展。所以洋行与歇家，共存共荣，相互利用，歇家无洋行，则畜产品销路不畅，洋行无歇家，则畜产品无从收购"④。于是，为了更多地进行羊毛收购，内地洋行和外客就

① 业：《青海羊毛事业之现在及将来》，《新青海》1933 年第 1 卷第 4 期，第 57 页。
② 俞湘文：《西北游牧藏区之社会调查·自序》，载李文海主编：《民国时期社会调查丛编·少数民族卷》，福建教育出版社 2005 年版，第 444 页。
③ ［法］白吉尔著：《中国资产阶级的黄金时代 1911—1937 年》，张富强、许世芬译，上海人民出版社 1994 年版，第 26 页。
④ 阎成善：《湟源的歇家洋行山陕商人和座地户及刁郎子》，载中国人民政治协商会议湟源县委员会文史资料组编：《湟源文史资料》第 2 辑，青海省湟源县印刷厂 1996 年印（内部资料），第 73—74 页。

在西北羊毛集散市场上，与长久以来同蒙藏民族打交道的歇家、毛栈、大毛贩子等贸易组织连接起来，和他们建立一种特殊购销网络，采取多种灵活的交易方式进行羊毛收购。

首先，预买交易。主要是内地洋行与歇家、毛栈等贸易组织的交易。由于近代西北地区生产力发展水平落后，生活贫困。因此，为了能顺利地从毛栈、歇家手里拿到羊毛，他们大都采取预买方式来进行羊毛收购：内地洋行拿到天津总行的羊毛定单后，他们就与毛栈、歇家等签订合同，预付他们20%—60%的定金，并订定羊毛的品质、价格、交货地点，交货时间等。"预买之价格，大约照市价十分之七至十分之八之间。"① 在羊毛收获的季节，当毛贩子、毛栈、歇家把羊毛收购回内地洋行所在地时，内地洋行就会把羊毛称重验货后，付下剩余的费用给歇家、毛贩子、毛栈等贸易组织。

其次，委托交易。主要是外客与歇家、毛栈等的交易。相比于西北地区内地的洋行而言，他们收购的羊毛数量较少。外客来到西北羊毛集散市场后，"首先对歇家之信用，慎重予以考虑，然后贷以三万或五万之款，委托收购。如需大量收购，则可同时委托歇家多人办理，其所贷款项自亦增多"②。待羊毛收购季节，他们就来到西北地区，居住在与他们委托进行羊毛收购歇家、毛栈等商业机构里，"一方可省经费，一方易于探询行情，便于交易，购买货物时，不必亲往各地，行栈即可代为接洽，自身仅注意于货价，价省，包装，发货，金融之周转等项事务"。待皮毛等货物收购完成后，他们就返回天津。

最后，正常交易。当然有时通过上述两种交易方式，无论内地洋行还是外客，并不能完成天津洋行或货栈交给自己订单的羊毛收购数量。因此他们有时也会通过跑合儿直接从毛贩、歇家或一些单个的羊毛收购者手中购进羊毛。

正常交易通常是通过以下几个程序来完成的：第一是"说样"，即跑

---

① 顾少白：《甘肃陇东羊毛皮货初步调查报告》，《西北经济》1941 年第 1 卷第 5、6、7 期合刊，第 60 页。

② 张桂海：《河西羊毛产销概况（下）》，《贸易月刊》1942 年第 3 卷第 9 期，第 63—64 页。

合儿预先探知卖主存毛数量、品质及愿于何种价格下抛售后，即各处奔走，代觅买主，告以货色品质、产地、价格等详情。第二是"论价"，买主由跑合那里听取各种"说样"后，如认为可以购买，即与之论价，以"摸手"行之。第三是"对样"，即买卖双方初步论价后，就约定时间，买家前去看货，是曰对样。第四是定价，即买方看货认为满意后，即再与跑合儿论价，跑合儿复与卖主接谈，如买卖双方均认可，交易即大都告成，是为定价。第五是过秤。定价后，跑合即陪同买主前往卖主堆放羊毛的货栈，会同双方过秤。跑合掌秤，买卖两方监秤记数。第六，成交。也就是过秤完毕后，买卖双方当即银货两清，由卖方出据交买方收执，由跑合任证明人，至此交易遂告完成。①

在正常交易中，所产生的交易费用有三种（当然其他形式的交易也多存在）：第一种是秤银，就是"公秤"的使用费。在羊毛买卖中，为减除买卖"双方争执起见，羊毛交易多用商会所备公秤。每借用一次，如当日交还，须纳二百文（即铜圆二十枚，相当法币五分），其借用数日者则半元或一元不等。此项费用由卖方担任"。第二种是过秤搬运费，"为过秤时雇佣小工所需之工资，由买方负担"。第三种是佣金，就是买卖双方付给跑合儿的费用。当买卖双方交易成功后，跑合从中抽取佣金百分之二，由买卖双方各出一半，当然如果交易量很大，"则可斟酌给酬，不依此例"。②

除了上述交易方式外，近代西北羊毛集散交易市场上，还出现了标期交易。也就是毛栈、歇家等先交货而后洋行或外客后交款的交易。具体交款的日期，在交易时讲明，一般期限为三到六个月。"标期交易与记账交易不同者，即记账交易全靠信用，靠交情，论价格，与现金交易同。而标期交易，如标期一个月者，则须将一个月之利息，加入价格之内，二个月者，须将二月之利息加入在内"③，以此类推。显而易见，标期交易无形中

① 张桂海：《调查：河西羊毛产销概况（下）》，《贸易月刊》1942 年第 3 卷第 9 期，第 64 页。

② 张桂海：《调查：河西羊毛产销概况（下）》，《贸易月刊》1942 年第 3 卷第 9 期，第 65 页。

③ 顾少白：《甘肃陇东羊毛皮货初步调查报告》，《西北经济》1941 年第 1 卷第 5、6、7 期合刊，第 62 页。

增加了羊毛的价格，然而就西北地区的实际情况而言，由于交通不便，汇兑不畅，货币缺乏的情况下，这种交易方式也是保证羊毛等货物能顺利交接的一种手段。

通过上述交易方式，内地洋行和外客在以羊毛为主体的贸易中，与西北地区的歇家、毛栈等组织形成一条特殊而不间断的交易链，他们的购销活动正是顺着这条交易链渗透到了产地市场。

二、产地市场的交易方式

在近代西北羊毛市场上，产地市场一般多处于偏远蒙藏牧区，由于蒙藏民族常年过着逐水草而迁徙的游牧生活，所以在那里就存在着复杂而多样的交易方式。由于他们既不同于集散市场的大宗贸易，又缺乏具体的统计数字。但是值得注意的是，它是近代西北羊毛贸易的重要形式。通过分析歇家、毛栈等贸易组织与蒙藏游牧民族的羊毛交易，可以发现在近代西北地区的交换体制，原始的互惠交换、物物交换广泛存在，货物的交换在体现它经济现象的同时，它也更多地体现出特定历史条件下，西北民族地区的所独有的文化特征。

一批 20 世纪早期的旅行者已给我们留下了有关羊毛生产者的交易的一些情况。埃里克·泰切迈描写甘青交界地区的俄博时曾说道：居住区所处的位置与它所起的经济作用是一致的，用土筑成的小市镇坐落在青藏高原的边缘，一条连接青海和河西走廊的道路从俄博边上穿过，目所能及之处都是一望无际的大牧场，在牧场上藏民放牧着他们的牧群，搭着他们的帐篷。泰切迈所遇见的操汉语的回族是唯一参与收购羊毛和草原土特产品的民族，他们运载着收购来的羊毛和土特产品到较远的小城镇里卖掉。[①] 泰切迈的描写贸易村落的文章，向我们展示了甘青交界地区羊毛生产者市场的基本特征：过着游牧生活的羊毛生产者，在广袤无垠的大草原和回族商人进行着直接的联系，通常的交换都是以物易物。

关于游牧民族和以回族商人为主体的商人进行羊毛交易的具体情形，

---

① 〔美〕詹姆斯·艾·米尔沃德著：《1880 年—1909 年回族商人与中国边境地区的羊毛贸易》，李占魁译，《甘肃民族研究》1989 年第 4 期。

民国时期的学者为我们留下了一些记载。如甘肃的拉卜楞地区，因南通四川松潘、西北接青海南部牧区、东连临夏、直达兰州，所以长久以来一直是西北地区农牧贸易的一大中心，吸引着不少商人前去经营皮毛。张元彬在《拉卜楞之畜牧》中记述道："至于交易之情形，多由临夏、临潭、贵德各地之汉回商人，运茶、布、面粉等物，到达各地易换皮毛等畜产品，蒙藏人即按其需给，以其剩余之皮毛与商人交易。此种交易，纯为以物易物制，从不以银作价。此种交易，尤以商人预先放货订货，到皮毛生产期即往收集之，而蒙藏人亦预先放货，以应彼之需给者，认为有交情互相交易，从无纠纷，惟须商人处处表现信实，则蒙藏人甚所信赖也。"[1] 为了能使贸易成功，做买卖的人，通常是买主，不得不自愿学习蒙、藏人民的语言，并且习惯一些游牧民族的生活习俗。正如列宁所说的：经济流通的需要，就会愈迫切地推动各民族学习一种最便于他们进行商业往来的语言。[2] "（青海的贵德）出产以皮毛为大宗。每年羊毛集中与此者一百五十余万斤。……民元以来，临夏县商人到此营业，年有增加，直到现在约数十家。多投资于皮毛，而设立国货庄，以通有无，每年运往上海、汉口、四川、天津……各地销售，（每年回民贸易三十万元）从事是业者必熟悉番语，驮粮赴帐房一带（游牧番民），购皮易物"。[3]

遍布牧区的交易，并无固定的交易场所，前往牧区的歇家等贸易组织，通常携带茶叶、面粉、酒、清油等游牧民族的日常生活必需品，"运至一处，即插账以居，每至一处，即设法认识一该地夙有声望之人，为之介绍当地居民，作种种交易，谓之'主人家'"[4]，并与之以厚礼。而所有的交易往往是"无铺面，多就家中贸易。所居皆土屋，甚湫隘"[5]。这些交易又多以宗教会期为贸易时间，贸易地点在寺庙附近，周围既无常设市场，又无固定店铺，"就旷野为市场，物贵者蔽于帐，物贱者曝于外，器

① 张元彬：《拉卜楞之畜牧》，《方志》1936 年第 9 卷第 3—4 期合刊，第 215 页。
② 《列宁全集》第 20 卷，人民出版社 1958 年版，第 2 页。
③ 马梦鹤：《青海省贵德县回民概况》，《突崛》1936 年第 2 卷第 6 期，第 21 页。
④ 业：《青海羊毛事业之现在及将来（续）》，《新青海》1933 年第 1 卷第 5 期，第 71 页。
⑤ 周希武：《玉树调查记》，青海人民出版社 1986 年版，第 177—178 页。

物杂陈"。① 有些地方"产羊毛，而无另售毛之所。有制毡房，而无售毡之商店；产各种兽皮，而无硝皮、售皮之商店"，收购毛皮客商"须觅诸民家"②。受到西北地区社会经济发展水平和当地民风习俗的影响，这些交换时常带有原始物物交换的特征，客商熟悉沿途的道路，会讲蒙藏民族的语言，并且了解他们生活习俗。

民国时期，顾谦吉调查发现，"在西宁每块茶砖不过三元左右，至产区即作五六两银子易与蒙藏人民，同时一茶砖换羊毛'番秤'百斤计，每'番斤'约合市斤二斤余，故以三元左右之茶砖，加一元之运脚，即可换的羊毛二百余斤"③。顾谦吉因而认为这种交换是"欺骗贸易"，使蒙藏人民感受痛苦。实际而言，当时的这种交易，虽然表面看来是一种不等价交换，但就其实质来看，这种交易完全是建立在信任基础之上的，因为羊毛裁剪期是有季节性的，而蒙藏人民的生活所需却是日常的，这样一来，就存在"放账"和"收账"关系的存在。所谓"放账"，就是预先支付牧民一定的日常所需货物，但是"蒙藏人赊取货物者不记账，仅与毛商言明砖茶或斜布一方——约二尺——应给羊毛若干斤，再记于其账簿上，将依所言取毛，'放账'手续，即行完毕"。到羊毛裁剪时，"毛商即携带衡器，前往账户收毛，再行运回帐房，整理成捆，存储待运，'放账'手续，即行完毕"④。在近代西北畜牧区交易中，这种"放账"也就是赊欠的情况非常普遍，而这种赊欠又完全无正式的契约来保障，而"全赖之熟悉经营，亦只凭人之交易，否则信用失或人有变更，则一切交易项目均无着落"⑤。信任机制的存在，在当时的历史条件下，为买卖双方提供了诸多便利，因而在交易过程中得以减少了许多不确定的因素，在交易成本得以内在化了的同时降低了交易成本，达到了买卖双方双赢的目的。

对于蒙藏人民来说，近代以来，西北地区为多事之秋，战乱不断，

① 马鹤天：《西北考察记·青海篇》，南天书局有限公司 1987 年影印，第 210 页。
② 马鹤天：《甘青藏边区考察记》，甘肃人民出版社 2003 年版，第 59—60 页。
③ 顾谦吉：《西北羊毛调查报告》，《资源委员会季刊》1942 年第 2 卷第 1 期（西北专号），第 357 页。
④ 业：《青海羊毛事业之现在及将来（续）》，《新青海》1933 年第 1 卷第 5 期，第 71 页。
⑤ 转引自《青海省商业史料汇编》第 6 册《青海商业志》，藏青海省图书馆 1988 年版，第 59 页。

"市场萧条,因畜产品流通渠道不畅,加上运输困难,从事单一的游牧经济的蒙、藏族来说,对他们的生产和生活失去了保障,造成了许多困难。好多偏远的牧区(玉树、果洛),屯集有大量畜产品无法运出,有些牧民,对羊毛放弃不剪,任其自生自脱,因剪下也没人收购,换不来生活用品,他们终年见不到'粒粮寸布',全依牛、羊肉和乳制品维生,生活达到十分贫困的境地"。随之而来的是"畜牧业生产停步不前,甚至倒退"。在羊毛出口的带动下,"羊毛及其它产品价格提高了,如羊毛价格较原来提高了十倍,湟源市场成交价格达到每百斤 20 两白银,最高时曾达到 30 两。虽然中间几经盘剥,牧民实得不过十之三四,对于贫困的牧民来说,是相当可观的,增加了收入,提高了生活水平"[①]。而对于进入牧区的广大商人群体而言,随着与"洋行"间的贸易往来,他们的贸易渠道得以拓宽,在洋行撤走后,他们"走出省门,远赴津门,直接和外商打交道"[②]。

具体而言,在羊毛产地市场上,通常所采取的方法有这样几种:

第一,订购交易。歇家、毛栈等贸易组织,"每届阴历三、四月间,彼等即赴产地订购,首先估计牧户可出产羊毛若干,然后按毛价十分之四,给予款项或布匹、茶叶,以为定钱,商定在产地市场某处交易,并按行情清付价款"。

第二,贷款交易。"每届阴历三、四月间,毛商派人赴各产毛地区,贷给牧户相当款项(用实物——引者注),将来即按议定毛价归还实物,价格涨落,均不反悔。"

第三,抵押交易。穷困牧户,每逢阴历三四月青黄不接之际,多将未剪羊毛向人抵押,以资周转。[③]

第四,零星交易。零星交易就是剪毛季节,歇家、毛贩等贸易组织与牧户之零星直接交易。毛贩收购后即运至市场售于各兼营毛商。此外,外客有时也有直接赴产区向牧户零星收购者。一般而言,零星交易,"多行于毛价

---

① 张志珪:《清末民初畜产品交易中的歇家》,载《西宁城中文史资料》编委会编:《西宁城中文史资料》第 19 辑,2007 年(内部资料),第 84 页。
② 张志珪:《清末民初畜产品交易中的歇家》,载《西宁城中文史资料》编委会编:《西宁城中文史资料》第 19 辑,2007 年版(内部资料),第 85 页。
③ 张桂海:《河西羊毛产销概况》,《贸易月刊》1942 年第 3 卷第 9 期,第 65 页。

激涨之际；或蒙藏人之富有者，不需货物，而愿贮积金银时行之"。①

三、结语

近代以来，西北地区的皮毛等畜牧业产品开始作为商品大量出口，与此相适应的各种交易方式必然会相继出现，一些现代的交易形式如预买交易、委托交易、标期交易等广泛地出现在了集散市场上，与此同时，由于西北地区地处僻远，特别是游牧民族地区的产地市场，蒙藏民族自身的观念形态，宗教信仰等决定了他们和商人之间依然遵循着传统的以实物为交换媒介的"订购交易、贷款交易、抵押交易"等多种方式的物物交换。实际上，在货币经济尚不发达的情况下，西北游牧民族地区物物交易方式，既能明显地体现出区域社会经济的发展水平，又体现了观念形态、行为规范、道德准则、宗教信仰等在交换中发挥的巨大作用。通过对它的研究可能能更多地展示出人类学学者所指出的，"中国的集镇不是简单的市场，而是库拉圈、互惠场所、夸富宴的举行地、再分配的网络、社会的竞技场和文化展示的舞台"②。换言之，多种交易方式是基于在西北地区特殊的自然地理、文化和经济发展水平落后的条件下而构建起来的，在很大程度上降低了买卖双方的交易费用，不仅如此，由于这种交易形式完全是建立在双方相互信任的基础之上的，因此随着他们交易的完成，他们间的关系也得到了进一步强化。只要不发生大的变故，双方间的买卖合作关系就不会不存在，这诚如乔纳森·特纳所指出的："随着行动者卷入经常性的交换，他们对支付的比率负有更多的责任，因此降低了交换内在的不确定性。"③

从近代西北羊毛市场的交易方式中，我们可以看出内地洋行（外庄）或外客（歇家或毛栈等）蒙藏民族交易链的形成，自始至终都是建立在西北地区特殊的自然地理环境、文化、物资和货币极其匮乏、交通运输条件不便的特定历史条件之下，采取的一种灵活而有效的交易形式，而各种交易方式的存在，也是近代西北地区能够得以大规模从事羊毛出口贸易的秘诀所在。

---

① 业：《青海羊毛事业之现在及将来（续）》，《新青海》1933 年第 1 卷第 5 期，第 71 页。
② 王铭铭：《社会人类学与中国研究》，广西师范大学出版社 2002 年版，第 131 页。
③ 乔纳森·特纳著、邱泽奇等译：《社会学理论的结构》（上册），华夏出版社 2001 年版，第 335 页。

第三节　近代甘宁青地区的皮筏运输
——以羊毛贸易为中心的考察

皮筏是近代西北甘宁青黄河上游地区特有的、具有时代特点的运输工具，它分为牛皮和羊皮两种材质。在近代甘宁青地区货物运输中特别是在19 世纪末以来甘宁青地区羊毛出口贸易中起到了至关重要的作用。据绥远资料的记载，在 1912—1938 年这二十几年中，由甘宁青地区运往包头的羊毛就达 214710 万斤，平均每年输入 3974.28 万斤，当时从事羊毛运输的皮筏达到 1771 只（次）①。近代甘宁青地区出口羊毛三分之二以上是通过皮筏运往包头，再由包头转运到天津口岸出口的。

一、皮筏的由来及其特征

"不用轻舟与短棹，浑脱风度只须臾。"这是明代文学家、戏曲家李开先写在《塞上曲》中的诗句。浑脱是一种古老的运输工具，后来发展成为皮筏。

关于皮筏的来历，历来说法不一。一种说法是，皮筏的建造是从藏族人民用皮袋装满衣物，利用皮袋漂浮不沉的特点，人抱着皮袋涉水渡河的习惯演变而来的，并且从小筏到大筏，由行驶短途而到长途。另一种说法是，相传在清朝道光年间（约 1843 年），兰州河口有一个老汉赶牛车渡河。不幸中途老牛掉下水，然后自己游过河。老汉感到十分惊奇，于是回家以后，动手宰掉老牛，把牛皮剥掉，放在油里泡制，然后缝成袋形，随后就骑着袋形的牛皮浑脱过了河。他的这一发现被邻居所采用，且加以改良，即把许多的皮胎缚在一起，制成后来的牛皮筏。从以上的两种传说，我们不难断定，皮筏是由浑脱与木架组合起来的。②

皮筏分为牛皮筏和羊皮筏两种，制作工艺大同小异。现以羊皮筏为

---

① 陈琦：《黄河上游航运史》，北京人民交通出版社 1999 年版，第 190 页。
② 陈琦：《黄河上游航运史》，北京人民交通出版社 1999 年版，第 167 页。

例，记述一下皮筏的大概制作方法。宰羊后，割去头，将骨肉、内脏由颈部取出。羊皮用水浸泡三四日，当有异味时，捞出暴晒一天。拔去毛，清洗干净。再灌食盐半斤，水少许，胡麻油半斤，继续置于烈日下暴晒。待外皮呈红褐色（约需四五日），就成为能用的皮胎。制成后折扁、存用。充气时，从一条前腿末端的小口处，用嘴或气筒往里送气，直到皮胎涨满，然后将开口扎紧，不能漏气。木排是固定羊皮胎的木框架，因皮筏的大小而不同。以小型渡筏为例，木排有纵木六根，横木二十根，纵横均匀排列。最边上的两根纵木稍粗，并钻小孔二十个。各横木的两端，均揳入小孔，并铆紧。纵木长七尺许，粗约五厘米；横木长四尺多，粗三厘米。整个木排，还要在纵横相交处用小绳系紧，使其不致脱落。最后，将十四只羊皮胎按五、四、五之数，分作前、中、后三列置于木排上，并用绳系紧。皮胎的腹部贴向木排一面。

牛皮筏的制作与羊皮筏的制作大致相同，只是皮胎不用充气，如果运送的是羊毛一类的轻货，就可以把羊毛直接塞进皮胎中。如果不是羊毛等轻货，就可以填进干草，俗称"草筏"。[①] 大的牛皮筏可以载重两三万斤。[②]

甘宁青地区是黄河的重要流经地区，但是黄河河道由于航道条件的限制，"青海到宁夏中卫的黄河，自古不能行船"，所以一般的船只在这一地区是不能行驶的，而"皮筏吃水仅半市尺至一市尺，因而不怕搁浅，对航道要求不高"[③]。而且"皮筏为较经济而敏速"，所以，皮筏就自然而然地成为甘宁青黄河上游地区特有之运输方法了。[④]

皮筏是近代甘宁青地区运输皮毛的重要工具，它们的航运寿命一般在三万公里以上。因为运送羊毛时，牛皮筏是把羊毛装在皮胎中的，所以人们有时也把这些皮囊内装有皮毛的皮筏叫作"毛筏"。当时小的毛筏多来自西宁，它们从黄河的支流湟水顺流而下漂入黄河。到了兰州，"河面渐

---

① 鲁人勇：《西北古老的水上运输工具——皮筏》，载中国人民政治协商会议宁夏回族自治区委员会史资料研究委员会编：《宁夏文史资料》第 12 辑，1984 年，第 156 页。

② ［日］几志直方：《西北羊毛贸易と回教徒の役割》，东亚研究所 1940 年发行，第 84 页。

③ 鲁人勇：《西北古老的水上运输工具——皮筏》，载中国人民政治协商会议宁夏回族自治区委员会史资料研究委员会编：《宁夏文史资料》第 12 辑，1984 年，第 156 页。

④ 业：《青海羊毛事业现在与将来》，《新青海》1933 年第 1 卷第 5 期，第 72 页。

宽，始合数筏，成一大筏"①。这些大筏，是由原来的四个小筏子合并而成，长 30 多米，宽近 10 米，"前后八桨八人，分别轮换操纵"②。

牛、羊皮筏最大的优点是无须任何动力装置，全凭水上推进漂浮前进，缺点是只能顺流而下，不能逆水而上，所以近代甘宁青黄河上游地区从事羊毛运输的筏户把羊毛等物品运到包头后，一般是雇佣驼队把放气后的皮胎运回，以备下次再用，而木排则按木料的价格在包头卖掉。当然，一些皮胎由于长久在河水中浸泡而老化，老化的皮胎因为还能当成皮革使用，故这些老化的皮胎也会在包头被筏主处理掉。

皮筏运输还有一个十分鲜明的特点，那就是皮筏运输有很强的季节性的，它不能全年投入使用，冬季结冰、夏季涨水时均不能使用。皮筏通常是在农历 3 月 10 日以后开始运行（称开河筏子），到夏季时停一停，秋后再走（称关河筏子），至迟立冬以前必须到达包头，否则黄河结冰，皮胎触及冰凌即遭破坏。③

二、近代甘宁青羊毛东运的主要方式

1860 年，天津开埠后，外国洋行即通过天津及其腹地的市场网络，来收购中国北方地区畜产品进而出口到国际市场，在天津口岸经济的辐射和带动之下，西北甘宁青地区畜牧业经济原有的相对封闭状态也开始被打破，当地的羊毛等畜牧业产品开始走出国门，开启了甘宁青地区畜牧业经济市场化和外向化的大门。随着国际市场对甘宁青地区羊毛等畜牧业产品需求量的增加，甘宁青地区羊毛等畜牧业产品也得以大规模地出口。

清光绪八年（1882），英国商人首先在华北地区的张家口设立洋行，"到 1895 年前后，英国更是开始通过甘肃驼帮大量采购青海出产的羊毛。于是，国际市场上出现了'西宁毛'（包括和青海接界的一部分西藏地区的羊毛——引者注）的名称"④。此后，甘宁青地区出产的羊毛成为当地外

---

① 陈赓雅：《西北视察记》，甘肃人民出版社 2000 年版，第 92 页。
② 张仕全：《川口的筏运行业》，载中国人民政治协商会议青海省委员会文史资料委员会编：《青海文史资料》第 13 辑，1985 年，第 150 页。
③ 陈琦：《黄河上游航运史》，北京人民交通出版社 1999 年版，第 169 页。
④ 青海省志编纂委员会：《青海历史纪要》，青海人民出版社 1980 年版，第 89 页。

贸物资的最大宗产品，数十家外国洋行陆续在甘宁青地区设庄，专门进行羊毛的收购和运输。当时兰州有新泰兴洋行（英商）、聚利洋行（英商）、瑞记洋行（德商）、高林洋行（英商）、兴隆洋行（德商）①。西宁有新泰兴洋行（英商）、仁记洋行（英商）、瑞记洋行（英商）、聚利洋行（英商）、平和洋行（英商）、礼和洋行（英商）②，而在河州（今甘肃临夏市）收购羊毛等畜产品的天津洋行，也有 9 家之多。这些洋行都是先雇用皮筏子沿黄河水运至包头，再通过陆路将其运到天津出口。③ 甘宁青地区的羊毛最初是以陆路的驼运为主，后来舍陆取水，水路的皮筏运输成为近代甘宁青地区羊毛东运的主要方式。

据时人调查，在近代天津羊毛市场上，羊毛按其品质"通常分为轻毛，中等毛及硬毛三类，在甘肃西部及青海东部所产者，集中于西宁之西宁毛，多属轻毛及中等毛，蒙古所产者集中于宁夏，包头，大同，张家口，多伦诺尔等处，悉属硬毛。前者纤维长，其下生之细毛，亦细软，而后者系荒毛，而绒毛又少，剪毛时，并有如瓦状落毛之缺点"④。可见，甘肃西部及青海东部所产羊毛，品质较好。20 世纪 20 年代俄国人克拉米息夫在甘肃调查时亦称：中国羊毛"市场上有二种最良羊毛，特别适合于欧美之出口。第一种曰西宁毛，以其纤维之长及线细显著；第二种曰甘州羊毛，质较粗，但特别适合于世界市场。除此以外，尚有平番毛及武威羊毛，为织地毯之特品，输出为织地毯之用"⑤。正因为甘宁青地区出产羊毛质量优良，加之西方国家对羊毛需求量的增加，甘宁青地区羊毛在民国初年得以大规模地出口。在羊毛出口量增加的刺激下，西宁、兰州、宁夏等地皮筏制造和运输业也得到了相应的发展。

根据相关资料统计，从 19 世纪 80 年代甘宁青地区羊毛出口开始，到

---

① 东亚同文馆：《中国省别全志》（第 6 册，甘肃省附新疆省），南天书局 1988 年影印，第726 页。

② 刘景华：《清代青海的商业》，《青海社会科学》1995 年第 3 期。

③ 许道夫：《中国农业生产及贸易统计资料》，上海人民出版社 1983 年版，第 315 页。

④ 警中：《以天津港为输出港之蒙古及西北各省的产毛研究》，《边事研究》1935 年第 4 卷第 5 期，第 37 页。

⑤ ［俄］克拉米息夫（W. Karamisheff）著：《中国西北部之经济状况》，王正旺译，商务印书馆 1933 年版，第 32 页。

宣统末年（1911 年）的 20 多年间，青海每年大约以 700 万斤羊毛东运，甘肃每年大约以 767 斤的羊毛东运，营运皮筏数年达 734 只（次）以上。宁夏每年有 1241 万斤的羊毛及皮革东运，年筏、船数大约 301 条（只）①。第一次世界大战爆发后，由于交战各国对中国西北地区羊毛等畜产品需求的大幅度增加，而给甘宁青地区的羊毛等畜牧业产品带来的更辽阔的国际市场。从 1912 年到 1938 年，由甘宁青地区东运的皮毛达 55800 万斤，运输的皮筏达 1771 只（次），相比于前一时期上升了 69.64%。

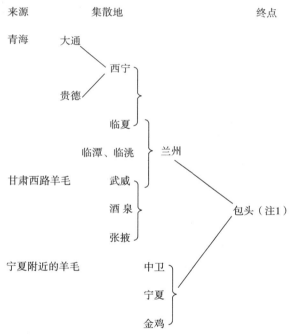

甘宁青地区羊毛的主要集散地及运输工具（注 1）

注 1：水运的数量占全部运输数量的三分之二，剩余的三分之一是由骆驼运输。

资料来源：［日］几志直方：《西北羊毛贸易と回教徒の役割》，东亚研究所 1940 年发行，第 88—89 页。

近代青海羊毛的主要运输渠道，是先用犛牛、骆驼或骡车转运到西宁，再用皮筏由湟水入黄河至兰州，最后从兰州装皮筏顺黄河而运至包

---

① 陈琦：《黄河上游航运史》，北京人民交通出版社 1999 年版，第 147 页。

头。① 当时，青海出产的羊毛不仅数量多，而且质量优良，所以被称为"西河筏子"的青海筏子数量很多。每年 3 月春暖开河以后，大通、贵德等地的筏户便纷纷集中在西宁，承揽羊毛等水运物资。甘肃不仅每年向宁夏、包头方向运出羊毛 136.36 万斤，而且要接收、组织、分解青海每年运来的羊毛，兰州也自然而然地成为黄河上游羊毛运输的水运中枢，每年由兰州发往宁夏、包头方向的毛筏约达 1568 只（次）。②

从 1912 年到 1938 年的 26 年间，由兰州共发出羊毛 28500 万斤，毛筏数约达 40768 只（次）。1923—1937 年，兰州到包头间的皮筏运输达到了鼎盛时期，当时"兰州、榆中、靖远的皮筏户均参加了兰州至包头间的水上运输"，从事水上运输的人员可达 400 人。③ 在 1934 年前后，兰州有资金 1 万元以上的筏子店就有 10 户。

1934 年前后兰州筏子店一览表（资金在一万元以上的）

名称	资本	地址	经理人	年龄
林盛店	五万元	桥门街	马起春	35 岁
全盛店	一万元	西关	孔桥承	44 岁
永盛店	一万元	西关	马岱生	27 岁
庆盛店	一万元	西关	王桂五	65 岁
晋盛店	一万元	西关	萧去台	47 岁
长生店	一万元	西关	常梅玉	53 岁
王兴店	一万元	西关	王马昭	47 岁
隆裕店	一万元	西关	徐富斋	45 岁
林盛旭	一万元	西关	马阁亭	36 岁
聚义旭	一万元	西关	马得才	52 岁

资料来源：潘益民：《兰州工商业与金融》，商务印书馆 1936 年版，第 126 页。

三、筏运户的族属及其经营

1906 年到 1909 年，法国的一群天主教士在中国西部作调查时发现，

① 顾执中、陆诒：《到青海去》，商务印书馆 1934 年版，第 183 页。
② 陈琦：《黄河上游航运史》，北京人民交通出版社 1999 年版，第 190 页。
③ 陈琦：《黄河上游航运史》，北京人民交通出版社 1999 年版，第 192 页。

宁夏以北的穆斯林非常多，特别是在平罗周围，许多都从事皮毛运输业，驾船的全部是穆斯林。[①] 民国时期由西宁顺湟水转入黄河的皮筏也都是青海回民所经营。[②] 民国时期范长江乘坐皮筏经过中卫时，也有这样的记载："操纵皮筏之苦力，十九为甘肃河州（今临夏县）之回民，亦有西宁方面者。"[③] "1928 年前后，兰州长途筏户发展到 50 多家，除一家王姓汉户外，其余都是回民。"[④] 这表明，近代甘宁青地区回族在皮筏运输业上所占的优势是很大的，换言之，近代甘宁青地区皮筏运输业几乎全部是由回族人来操纵的。因此，有人认为"近代西北地区的回族所占有的职业都是如小旅店、商人、骡夫、脚夫、兵士等职业，这种职业不仅'冒险'，而且需要忍苦耐劳的勇气。回教徒特有的这些'冒险'、'忍苦耐劳的勇气'即使你认为是天生的也不过分"[⑤]。实际上，回族所从事的皮筏运输业也是需要智慧和勇气的。

近代甘宁青地区筏户在承担水运业务时，"在货物装载启航前，先向货商收费 50%，作为中途货物损失和承担安全责任的赔偿费，其余 50% 的运费待目的地卸货后结清，若有倾覆大事故，筏户即有破产之虞"[⑥]。实际上，近代在甘宁青上游地区从事皮筏运输是存在诸多风险的，自然地理因素和人为因素都给当时的皮筏运输带来了极大的安全隐患，"由黄河运毛至绥，沿途障害殊多，举其要者，约有三端：一即黄河水中之暗礁削壁，阻碍航运；一即绥远境内之土匪，截筏掠劫；一即黄河之沙滩，浅搁皮筏是也。'老两口、狼舌头、煮人锅、一窝猪、九姊妹……'等，皆为黄河暗礁削壁之形容词。或深入河中，如怒狼吞人。或突出河底，如魔狞视，航行其处，令人心胆俱裂，魂不附体，偶一不慎，即筏身碎裂，人货俱殉，实为至患"。昔日的黄河上游航运，附近有许多的暗礁峭壁，非常险峻。而且皮筏一旦过了中卫，"黄河至中卫以下，浅滩甚多，皮筏经过其

① 瓦伦牧师著：《豆龙氏对中国穆斯林之研究》，马如邻译，1982 年西北五省（区）伊斯兰教学术讨论会（西宁会议）论文资料汇编（三），藏甘肃省图书馆，第 23 页。
② 文远：《青海回教促进会的前瞻与后顾》，《突崛》1934 年第 1 卷第 2 期，第 34 页。
③ 范长江：《中国的西北角》，新华出版社 1980 年版，第 167 页。
④ 孙春龙：《羊皮筏子及其变迁史》，《新西部》2003 年第 1 期。
⑤ ［日］几志直方：《西北羊毛贸易と回教徒の役割》，东亚研究所 1940 年发行，第 115 页。
⑥ 陈琦：《黄河上游航运史》，北京人民交通出版社 1999 年版，第 193 页。

地，若非对于水道明悉之人驾驶，屡有搁阻之患"。不仅自然地理因素给当时的皮筏运输带来了极大的不便，实际上，当时人为原因也常常给皮筏运输带来了极大的祸患。"绥远匪盗猖獗，中外皆知。……皮筏当为拦劫，稍有抵抗，轻则弹穿皮筏，使其毁破，飘散黄水；重则枪杀筏商，任意搜索，以致航运中断，客商裹足。"①

虽然从事皮筏运输是一种十分冒险的职业，但是甘宁青地区回族群众，由于"宗教教条的训练，他们养成了几种非常有益于身体的生活习惯，如早起，勤于沐浴，遵守时间，不吃死后的生物等，特别是不吃鸦片"，所以他们的身体坚强结实。② 凭着自身的身体素质，吃苦耐劳的本领，从而使他们中的部分人能久走黄河，深习水性，在皮筏运输过程中免去水上一切危险。③

近代甘宁青地区的羊毛运输，在条件许可的情况下，主要仍是以黄河为主的水上运输，原因有二：一是由于水上运输的速度较陆上的驼运快，二是由于水上运输的价格比陆路上的骆驼运输价格低廉。

筏子下航所需的天数

区间	距离（华里）	运搬日数
西宁—皋兰	480	3—5 日
皋兰—中卫	740	3—4 日
中卫—宁夏	350	3—4 日
宁夏—石嘴子	190	2 日
石嘴子—磴口	200	2 日
磴口—包头	1000	7—10 日
合计	2960	20—27 日

资料来源：和龑、任德山等译：《〈新修支那省别全志〉宁夏史料辑译》，燕山出版社 1995 年版，第 181—182 页。

从皋兰到包头，通过筏子运输羊毛，所需的天数最多不过是 22 天，而

---

① 业：《青海羊毛事业之现在及将来》，《新青海》1933 年第 1 卷第 5 期，第 78 页。
② 范长江：《中国的西北角》，新华出版社 1980 年版，第 167 页。
③ 范长江：《中国的西北角》，新华出版社 1980 年版，第 168 页。

如果用驼运则需要 40 天，从宁夏到包头用筏子最多不过 14 天，而驼运则需要 30 天①。此外，两种运输方式在价格上也有差距。

驼运和筏运价格比较表

区间	驼运最高价	驼运最低价	水运最高价	水运最低价
西宁—石嘴子	10 元/担	7 元/担	6 元/担	4 元/担
西宁—包头	15 元/担	10 元/担	9 元/担	6 元/担

资料来源：Chin Chien Yin：*Wool Industry and Trade in China*（金建寅《中国羊毛业》），天津工商学院经济论文，1937 年第六册，第 109 页。

和龑、任德山等译：《〈新修支那省别全志〉宁夏史料辑译》，燕山出版社 1995 年版，第 182 页。

从上述数据中可以明显地看出，在近代甘宁青地区的羊毛运输中，水路运输和陆路运输相比，无论是速度还是价格都占有较大的优势。但是在这同时，依靠水路的皮筏运输也有一个缺点，那就是如果旅途中有筏子损坏，即其中有个别皮筏破损，装运在皮筏里面的羊毛就会被黄河水弄湿，这样一来这些被弄湿的羊毛，其价格就会受到影响。即便如此，由于皮筏的运输速度快、价格便宜，而商业贸易中是以最廉价的运输、最便捷的交通和最高的商业利润为准则，所以近代甘宁青地区的羊毛商人往往采用的运输手段仍旧是利用水路的皮筏进行运输。鉴于冬季黄河结冰的情况，在这一季节，羊毛的运输则由骆驼来完成了。这样，羊毛的运输便形成了皮筏和骆驼交互使用的现象，从而使近代甘宁青地区羊毛能够源源不断地运往东部地区。

第四节　近代甘宁青地区羊毛贸易的运输网络

甘宁青地区地处内陆，是汉唐时期陆上丝绸之路的主干通道，但自两宋以降，随着回鹘西迁、党项北上、海上贸易的兴起以及经济中心的南移，陆上丝绸之路逐渐衰落，这一地区逐渐和国内、国际疏离。近代以

---

① ［日］几志直方：《西北羊毛贸易と回教徒の役割》，东亚研究所 1940 年发行，第 82 页。

来，随着中西贸易的进一步发展和深化，深居内陆的甘宁青地区的皮毛等畜牧业产品被开发出来并开始大量向海外输出，并成为影响中华经济命脉销往海外的土产之一。① 近年来，相关问题研究成果已有不少②。然而这些研究多关注的是西北羊毛贸易本身的发展及羊毛贸易对西北社会所起作用方面的探讨。

甘宁青地区深处祖国内陆，交通运输条件到近代依旧十分落后，基本没有可以利用的现代化交通运输工具，那么甘宁青地区的皮毛等畜牧业产品是如何从区域内部输出的，的确是一个值得思考的问题。

一、羊毛运输

清光绪八年（1882），英国商人率先在华北地区的张家口设立洋行收购中国出产的羊毛，"到 1895 年前后，英国更是开始通过甘肃驼帮大量采购青海出产的羊毛。于是，国际市场上出现了'西宁毛'（包括和青海接界的一部分西藏地区的羊毛——引者注）的名称"③。此后，数十家外国洋行陆续在甘宁青地区设庄，专门进行羊毛收购并组织外运。

甘宁青地区羊毛最重要的转运市场是内蒙古的包头④，然后通过包头转运京津地区。甘宁青地区的羊毛是如何运送到包头的，是值得探讨的一个问题。因为商品流通与交通运输有着十分重要的关系，一方面它在一定程度上决定着商品的流通数量；另一方面它也决定着商品流通的快慢。就近代中国的交通运输情况来看，偏居中国西北内陆的甘宁青地区，长久以

① 魏英邦：《中国羊毛事业之概况》，《实业统计》1934 年第 2 卷第 2 期，第 33 页。
② 目前所见的论文有：喇琼飞：《民国时期回民皮毛生意》，《宁夏大学学报》1989 年第 2 期；[美] 詹姆斯·艾·米尔沃德：《1880—1909 年回族商人与中国边境地区的羊毛贸易》，《甘肃民族研究》1989 年第 4 期；樊如森：《天津开埠后的皮毛运销系统》，《中国历史地理论丛》2001 年第 1 期；吴松弟、樊如森：《天津开埠对腹地经济变迁的影响》，《史学月刊》2004 年第 1 期；渠占辉：《近代中国西北地区的羊毛出口贸易》，《南开学报》2004 年第 3 期；《近代西北皮毛贸易与社会变迁》，《近代史研究》2007 年第 4 期；胡铁球：《近代青海羊毛对外输出量考述》，《青海社会科学》2007 年第 2 期；钟银梅：《马家军阀专制时期的甘宁青皮毛贸易》，《宁夏师范学院学报》2007 年第 4 期；钟银梅：《近代皮毛贸易在甘宁青的兴起》，《青海民族研究》2006 年第 2 期；钟银梅：《近代甘宁青民间皮毛贸易的发展》，《宁夏社会科学》2007 年第 3 期；黄正林：《近代西北皮毛产地及流通市场研究》，《史学月刊》2007 年第 3 期等。
③ 青海省志编纂委员会：《青海历史纪要》，青海人民出版社 1980 年版，第 89 页。
④ 李晓英：《近代包头商业城市的兴起及回族商人的作用》，《回族研究》2007 年第 1 期。

来，并没有像中国东部沿海沿江地区那样有可资利用航运之利，也没有完好平整的陆路可供使用。"甘肃（指甘宁青——引者注）偏于我国之西北边，山岳重叠，荒芜不毛之地所在皆是，其地离海岸甚远，交通不便。"①直到 20 世纪 20 年代其"道路完全尚在原始状态中。实际言之，此种道路简直无欧洲人所谓道路之意义；特用以指示方向而已""凡穿过此种地带之道路皆需经过各种不同之泥土：石子、粘土、沙砾及由水所淤积之灰泥，互相发见"②。在这种条件下的公路交通也就极为有限，兰州到包头的公路干线到抗战全面爆发也一直没有修成。③

20 世纪 30 年代，甘宁青地区虽然也出现了现代化的交通工具——汽车，但只是局限在官厅及军需使用的范围。一方面，当时的路况根本不适合汽车长途运输，时人记载道："以甘宁青三省地面广阔而言，当二十三年秋季，全部尚无安全之汽车路，交通极感不便，既有所谓公路，亦系由旧时之骡马车道略加改造而成，一逢雨天，改造成绩即完全消失。故非独本地各项物产，不能输出，即甲地与乙地互通有无，亦多阻滞"④；另一方面汽车属于当时甘宁青地区人们生活的奢侈品，乘用成本极高，"他们农产品的贸易，用不起汽车，而他们人事上的来往，如果搭一次汽车，好几个月的生活，都会成问题"⑤。因此在甘宁青地区的民间贸易往来上，汽车是极少使用的。

近代以来铁路运输在中国开始出现，它能为大量资源的流动提供载体。据《世界年鉴》记载，能穿越甘宁青区域内部的陇海铁路虽然从 1903 年（光绪二十九年）开始筹建，但是直到 1924 年，这条铁路仅通车到陕西潼关，而 1923 年通车到包头的平绥铁路，就成了甘宁青地区货物通往区域外的唯一一条铁路主干线。1931 年，由国民党要员伍朝枢领衔的一份提案称："吾国文化虽甚古，而物质文明发达则甚迟，以交通言之，除东

① 《我国羊毛及牧羊业》，《银行周报》1919 年第 3 卷第 5 期，第 44 页。

② ［俄］克拉米息夫（W. Karamisheff）著：《中国西北部之经济状况》，王正旺译，商务印书馆 1933 年版，第 37—38 页。

③ 丁焕章：《甘肃近现代史》，兰州大学出版社 1989 年版，第 270 页。

④ 安汉：《西北农业考察》，见杨建新主编：《中国西北文献丛书续编·西北史地文献卷》卷 8，甘肃文化出版社 1999 年版，第 257 页。

⑤ 范长江：《塞上行》，新华出版社 1980 年版，第 144 页。

北、东南数省略有铁路可通或兼擅舟楫之利外，二十八行省及蒙古、西藏铁路寥寥可数，西北如甘肃、青海、宁夏，西南如四川、西康、贵州、广西，尚无一尺铁路，河川亦少，蒙、藏更等自邻，其交通工具惟恃古代相沿之骡车、骆驼、驮子、肩舆、民船，重以幅员阔、山岭多之故，自县至乡，有须四五日或十日者，自省至县，有经月始达者。"①

在既无铁路也无汽车可供使用的落后交通运输条件下，为了更加便捷快速地运输羊毛，民国以后甘宁青地区也出现了一些现代运输方法，即用包裹运输羊毛，"民国18年（1929）国民政府交通部召开全国邮政会议，决定甘肃邮区（含宁夏、青海）开办羊毛邮包业务"。但是"因为地方当局规定的税捐过重，加之商民对邮局的运输能力尚不信任"，因此没有能够大量地开办。到了"民国24年12月，西宁邮局首次试运寄至天津的羊毛包裹，用马车运到兰州，再用汽车运到西安装火车抵达天津，在途共18天，每公斤邮资0.30元，每件加挂号费0.10元"。这种邮寄羊毛的办法较为迅速，但其邮费较高。虽然"甘肃邮政局又特准将每担羊毛邮费由24元减至15元"，但依然存在下列问题：第一，寄费到付问题。皮筏运输羊毛，运费多系到付，而邮局初办羊毛邮寄包裹业务时，收取寄费则为预付。"当时西宁无银行组织，由外省汇款至西宁时，汇水每千元达四十元，毛商苦之。"第二，包装问题。"邮局按受包裹照章须由寄递人自备包皮，惟毛商包装羊毛，每包须布十余尺，每尺布价二角，包裹费须二元余，此为因利用邮包而增添之费用，自非毛商所愿出。"第三，捆绳问题。"装置邮袋之羊毛须加以捆绑，所需绳索由毛商另外购买，每包约须数角。"② 由于1937年抗日战争的全面爆发，羊毛邮包业务很快就衰落了下来。③ 通过邮局包裹寄送羊毛的办法，不但邮费高，而且维持时间又很短（1935—1937年），因此，用这种方式寄送的羊毛在近代甘宁青地区羊毛外运中所占的比重是微乎其微的。

综上所述，如果通过现代化交通运输手段，甘宁青地区所产羊毛并不

---

① 《伍委员朝枢提缩小省区案（1931年2月6日）》，载中国第二历史档案馆编：《国民党政府政治制度档案史料选编（下册）》，安徽教育出版社1994年版，第338页。

② 张之毅：《西北羊毛调查》，《中农月刊》1942年第3卷第9期，第55页。

③ 翟天松：《青海经济史（近代卷）》，青海人民出版社1998年版，第197页。

能从区域内部有效地运送出去，作为甘宁青地区羊毛中转市场的包头，其羊毛吞吐量却是很大的，据统计，1925年，包头转运羊毛1100万斤；1928年，转运1600万斤。到抗战前的1935年，包头转运羊毛更是高达2600万斤①。包头所转运的羊毛有超过三分之二是来自甘宁青地区的②。在甘宁青地区现有运输条件下，为了能把羊毛运输出境，当地的人们通过对本地区地理资源和动物资源的有效开发，开拓了他们独有的运输方式。

在甘宁青地区从事羊毛运输，实际上是需要特别的装备和技能的，比如他们可以使用一大群牲畜从事这类事情。以近代羊毛出口大省——青海省为例，当时青海省的羊毛从西宁运到兰州，陆路运输分为"牦牛运输、骆驼运输、骡马车运输"等，"牦牛为青海特产（甘肃南部地区也有——引者注），力大身壮，毛长有光，形态雄伟，望之生畏，其负重力较内地牛类为大。每头可载羊毛百五十余斤。冰天雪地，藉之为运输利器；唯运输迟缓。"而骡车运输，"仅通行青海各大县之间，尚未能深入其内部。载重每辆可至八百余斤，日行八九十里，运费每辆每日三元至五元。"③ 在当时的青海地区利用牦牛运输运速太慢，而骡车运输又不能深入各地。在这种情况下，羊毛运输商们选择的最便利的交通工具有两种：一种是陆路运输的骆驼，一种是水路运输的皮筏。

二、羊毛的驼运商队

在西北地区的物资搬运中，被喻为"沙漠之舟"的骆驼起着不可或缺的作用。因为"骆驼适宜于运输，可以运输重载在任何道路中，有路线无路线，皆可安舒前进。骆驼进行平稳，能断水十日至十五日，其驯服之性显然"④，"骆驼之耐饥渴，走长途，亦绝非牛马所能及也"⑤。在近代甘宁青地区恶劣的道路交通条件下，骆驼就成为十分重要的一种运输工具了。正因为骆驼是

---

① 政协内蒙古自治区委员会文史资料委员会：《内蒙古工商史料》，内蒙古文史书店1990年版，第16页。
② ［日］儿志直方：《西北羊毛贸易と回教徒の役割》，东亚研究所1940年发行，第73页。
③ 业：《青海羊毛事业之现在及将来》，《新青海》1933年第1卷第5期，第72页。
④ ［俄］克拉米息夫（W. Karamisheff）著：《中国西北部之经济状况》，王正旺译，商务印书馆1933年版，第39页。
⑤ 达乌德：《驼家生活》，《西北论衡》1936年第4卷第6期，第59页。

西北地区重要的运输工具，所以在中国的西北地区，骆驼的饲养很普遍。

1931—1932 年全国骆驼统计表的统计数字

省　别	头　数
外蒙古	2600
黑龙江	58000
宁、绥、察、热	80000
陕西、甘肃	20000
青海	50000
新疆	50000
合计	260000

资料来源：陈赓雅：《西北视察记》，甘肃人民出版社 2001 年版，第 209 页。

在羊毛等物资大量外运的刺激下，甘宁青地区的驼运业大力发展起来。当时由兰州西赴青海各番地及北赴宁夏、蒙古等处，往来货物，多赖驼运，"故兰州遂有骆驼一行"。每只骆驼大约 100 元左右。1934 年前后兰州有 10 头以上骆驼的驼行 6 家，甚至出现了拥有上百头骆驼的驼行。[①] 而宁夏省"统计全省回民，所畜之驼，总数在三千头以上，各商家所有驼数，有数头或数十头以上至百余头不等。驼每十头为一联，故平常称人驼数，不曰头而曰几联，可知各家养驼之多也。全省回民之从事商业者，资本既多，获利亦巨，故经商之家，往往寨堡宏大，屋宇壮美，陈饰华丽，肥马轻裘，以表现其生活富裕之风味"[②]。

在近代甘宁青地区的羊毛运输中，以宁夏及石嘴子为中心，甘宁青地区骆驼商队的道路大致有两条：一是由青海经西宁、兰州至宁夏，再到包头；二是由平凉、固原经花马池至宁夏，再到包头。据日本人的调查，当时在包头地区从事驮运的来自甘宁青地区运送皮毛的骆驼大约在 7000 头左右，其中"来自吴忠宝的 3000 头，宁夏 2000 头，西宁 1000 头，甘州、凉州各 500 头"[③]。

---

① 潘益民：《兰州之工商业与金融》，商务印书馆 1936 年版，第 88 页。
② 《十年来宁夏省政述要》第 8 册，宁夏省政府秘书处 1942 年编印，第 83 页。
③ ［日］中村信著，徐同功译：《蒙疆经济》，载《内蒙古史志资料选编》第 9 辑，内蒙古地方志编纂委员会总编室 1985 年编印，第 195 页。

　　虽然利用骆驼运输有许多的优点，但在实际运输过程中，它"并不如理想之坚强耐苦。只要行经一千公里之后，在同季中即难再向前进"。而且"骆驼脚掌感觉甚为灵敏，只要行三百至四百公里，脚掌往往发痛出血，有时且拒绝不再前进"①。因此骆驼行走的速度并不快。不仅如此，骆驼的行进速度还有很大的季节性，它依寒暑季节的变化而变化。气候转冷，其行进速度加快，夏季天气转热，骆驼就进入了脱毛季节，所以骆驼商队"一年只秋冬为强壮之时，春夏全身脱毛，疲敝无力，不能运货，故春夏必须休息，谓之下厂；秋冬起运，谓之起厂"②。对骆驼商队而言，他们在冬季是比较繁忙的。一般白天行进速度慢，夜间行进速度快、里程多。所以，驼队多半在夜间行进，商队每天大约走50—70华里。骆驼一般的载重量是300斤左右，其载重量也是随季节的不同而不同，这与行进能力是一个道理。③

　　"内蒙古的许多商队，特别是一些较小的商队，大部分是由回回们经营着，来自兰州和湟源地区的商队几乎全部由回回穆斯林经营着"。④ 一方面是由于羊毛的收购者和运输者共同宗教信仰的亲挚关系；另一方面就是"回族的忍耐力，则过于汉族。且每驼运物之分量，较之汉驼加重，而取值反少。故贪利商人，多喜用回驼。且绥远境内之西大公及阿拉善王爷府诸蒙旗，均与回族友好，路上颇尽照护之责"⑤。因此"虽商贾虽履行数千里路，实如磐石之安。……苟雇佣回驼人货则无恙，以是回驼不遭人之摒弃已"⑥。

　　驼运是甘宁青地区比较方便的运输方式之一，其组织和运送情况也颇有地方特色。在长期的编组驮运队从事远距离驮行运输过程中，广大西北

　　① ［俄］克拉米息夫（W. Karamisheff）著：《中国西北部之经济状况》，王正旺译，商务印书馆1933年版，第39页
　　② 林竞：《西北丛编》，神州国光社1931年版，第405页。
　　③ 和龑、任德山等译：《〈新修支那省别全志〉宁夏史料辑译》，燕山出版社1995年版，第187页。
　　④ ［美］詹姆斯·艾·米尔沃德、李占魁译：《1880年—1909年回族商人与中国边境地区的羊毛贸易》，《甘肃民族研究》1989年第4期。
　　⑤ 达乌德：《驼家生活》，《西北论衡》1936年第4卷第6期，第59页。
　　⑥ 达乌德：《驼家生活》，《西北论衡》1936年第4卷第6期，第59页。

地区的人们已经积累了丰富的经验，实行了一套严密的管理办法，并结队而行。

"骆驼队的组织一般20头为1链，2链为1把，5把为一项房。一项房骆驼队约有200头骆驼组成，由10名驼夫统领，带蒙古包一个，食品及日用品若干。"① 一般驼运货物的骆驼为全部骆驼数的四分之三，剩余的四分之一是用来驮运日用品，饮用水及一些备用的工作器具。因为在这些驼队行走的路上"没有地方可以供生活上的用品"，所以"从中间出发到终止的地方，中间所需要消耗的东西，虽如火柴针线之微，亦得自己带上"。② 因此，驼队中有相当一部分骆驼是用来驮运旅途中所要消耗的生活用品，这便成为一件十分必要的事情。

"人牵最先一驼，谓之'头驼'，进止概由己意。最后一驼，颈悬大铃，叮叮当当，谓之'摆铃'，倘有脱落，后驼中止，铃亦无声，人即察觉，以便返系。"③ 当然，在实际运输过程中，骆驼队的编组还是比较随意的，他们的规模有大有小，并不是很严格。

每房驼队均有一首领，称为领房子。作为全队的指挥者，他们有绝对的权力，其他人必须对其绝对服从、绝对尊崇。"领房子者，负处理全房子一切事物之责任，仿佛海洋中之船长。故关于道路之探询，水源之求得，骆驼之病伤，驼夫之勤惰，莫不加以管理并监督之。领房子者不步行，不牵驼，普通皆骑马，前后遂驼而行。"④ 因此，领房子一般由经验丰富的人担当。通常领房子都是由驼户聘雇的，"人选极难，非重资不足以获其欢心。然驼少者，辄由养驼者，自兼为领房子。"⑤ 此外，每一驼队还设有骑马先生、锅头、水头和拉链子等人员。"骑马先生者，地位较领房子者为低，权限亦小，不过领房子之助手耳。然于误走途径，迷失水源，或径走骆驼，则骑马先生纵马奔驰，顷刻百里，其责任实不减领房子者。

---

① 和龑、任德山等译：《〈新修支那省别全志〉宁夏史料辑译》，燕山出版社1995年版，第183页。
② 范长江：《塞上行》，新华出版社1980年版，第32页。
③ 陈赓雅：《西北视察记》，甘肃人民出版社2001年，第208页。
④ 达乌德：《驼家生活》，《西北论衡》1936年第4卷第6期，第60页。
⑤ 达乌德：《驼家生活》，《西北论衡》1936年第4卷第6期，第60页。

骑马先生通常皆骑马，唯间亦骑骆驼者。其不牵驼，亦与领房子同。"可
见，在骆驼队中也有等级的关系的存在。驼队中的第三等级是锅头，"锅
头牵首链子骆驼，非道路熟悉、体魄健强者不足以当之。生火炊饭，亦为
其责。"然后为水头，"又称为二头，牵第二链子骆驼，司担水炊茶之责。
锅头炊饭后，即由二头招呼大家曰：'捞去呵！'薄暮，驼将起身，二头乃
炊茶，茶熟，又大声呼：'喝去呵！'非嗓音洪亮不足以当二头。拉链子
者，是下层之驼夫也，每日除牵驼奔走外，尚有拾粪、樵柴、值夜、牧骆
驼诸事，汲汲惶惶，不得少（稍）息"①。骆驼队过着一种颇有纪律的团体
生活。下面拟以 200 峰为一驼队，来考察每项房的设备费用情况。

每项房（200 峰骆驼为一房）设备费用

设备名称	数量	价值（元）	总计（元）
骆驼	200 峰	1 峰 100	2000
马	2 匹	1 匹 70	140
驼鞍	200 组	1 组 3	600
帐篷暖房	1 顶	—	100
炊事具·水桶	—	—	200
犬	3 只	一只 5 元	15
总计	—	178	21085

资料来源：和龑、任德山等译：《〈新修支那省别全志〉宁夏史料辑译》，燕山出版社 1995 年
版，第 183 页。

关于骆驼的运输费用，有西方学者对 1923—1924 年西北骆驼运输
的干线作过考察，从中可以看到甘宁青地区驼运运输费用相关的数据
资料。

---

① 达乌德：《驼家生活》，《西北论衡》1936 年第 4 卷第 6 期就，第 60 页。

1923—1924 年甘宁青驼运的运输费用

区间	距离（公里）	每头骆驼的雇价（两）	36 磅之运费（两）
肃州—甘州	200	4	0.33
甘州—兰州	480	5	0.40
兰州—包头	950	16	1.33
兰州—归化	600	8	0.66
肃州—归化	1300	24	2
甘州—包头	900	15	1.25
凉州—包头	800	12	1

资料来源：［俄］克拉米息夫（W. Karamisheff）著、王正旺译：《中国西北部之经济状况》，商务印书馆 1933 年版，第 45—46 页。

由于骆驼并不如我们想象的那样吃苦耐劳，四季适宜，其运输速度也是比较缓慢的。从包头到宁夏，一般需要 30 天。从宁夏到兰州，一般需要 25 天的时间。[①] 不仅运输速度较慢，而且骆驼运输又有季节性。为了能把甘宁青地区的羊毛从这一地区输送到包头，除了陆上的骆驼运输外，甘宁青地区的人们又因势趁便，开辟了一条利用黄河水道进行水路运输羊毛的途径。

三、羊毛的水路运输

除了陆上运输外，流经甘宁青等地的黄河是人们选择的另一条交通路线。由于航道条件的限制，黄河河道"青海到宁夏中卫的黄河，自古不能行船"，而"皮筏吃水仅半市尺至一市尺，因而不怕搁浅，对航道要求不高"[②]。

关于皮筏的来历历来说法不一。一种说法是，皮筏的建造是从藏族人民用皮袋装满衣物，利用皮袋漂浮不沉的特点，人抱着皮袋涉水渡河的习惯演变而来的，并且从小筏到大筏，由行驶短途而到长途。另一种说法是，相传在清朝道光年间（约 1843 年），兰州河口有一个老汉赶牛车渡

---

① ［日］几志直方：《西北羊毛贸易と回教徒の役割》，东亚研究所 1940 年发行，第 83 页。

② 鲁人勇：《西北古老的水上运输工具——皮筏》，载中国人民政治协会宁夏回族自治区委员会文史资料研究委员会编：《宁夏文史资料》第 12 辑，1984 年，第 158 页。

河。不幸中途老牛掉下水，然后自己游过河。老汉感到十分惊奇，于是回家以后，动手宰掉老牛，把牛皮剥掉，放在油里泡制，然后缝成袋形，随后就骑着袋形的牛皮浑脱过了河。他的这一发现被邻居所采用，且加以改良，即把许多的皮胎缚在一起，制成后来的牛皮筏。从以上的两种传说，我们不难断定，皮筏是由浑脱与木架组合起来的。①

皮筏的种类有牛皮筏和羊皮筏两种，制作工艺也大同小异。但是由于牛皮筏载重量大，因此成为了近代甘宁青地区水上运输羊毛的重要工具，他们的航运寿命一般在三万公里以上。在运送羊毛时，牛皮筏是把羊毛装在皮胎中的，因此人们有时也把这些皮囊内装有羊毛的皮筏叫作"毛筏"。当时小的毛筏多来自西宁，它们从黄河支流湟水顺流而下漂入黄河。到了兰州，"河面渐宽，始合数筏，成一大筏"②。

牛、羊皮筏最大的优点是无需须何动力装置，全凭水上推进漂浮前进，缺点是只能顺流而下，不能逆水而上，所以甘宁青的筏户一般把羊毛等物品运到包头后，只能雇佣驼队把放气后的皮胎运回，以备下次再用，而木排则按木料的价格在包头卖掉。当然，一些老化的皮胎因为还能当成皮革使用，也会在当地被筏主处理掉。

和驼运一样，皮筏也有季节性，不能全年投入使用。冬季结冰、夏季涨水时均不能使用。皮筏通常是在农历三月初十以后开始运行（称开河筏子），到夏季时停一停，秋后再走（称关河筏子），至迟立冬以前必须到达包头，否则黄河结冰，皮胎触及冰凌即遭破坏。③ 当时黄河上游有许多的暗礁峭壁，非常险峻。"由黄河运毛至绥，沿途障害殊多，举其要者，约有三端：一即黄河水中之暗礁削壁，阻碍航运。一即绥远境内之土匪，截筏掠劫；一即黄河之沙滩，浅搁皮筏是也。'老两口、狼舌头、煮人锅、一窝猪、九姊妹……'等，皆为黄河暗礁削壁之形容词。或深入河中，如怒狼吞人。或突出河底，如魔狞视，航行其处，令人心胆俱裂，魂不附体，偶一不慎，即筏身碎裂，人货俱殉，实为至患。"皮筏一旦过了中卫，

---

① 陈琦：《黄河上游航运史》，人民交通出版社1999年，第167页。

② 陈赓雅：《西北视察记》，甘肃人民出版社2000年版，第92页。

③ 陈琦：《黄河上游航运史》，人民交通出版社1999年版，第169页。

"黄河至中卫以下，浅滩甚多，皮筏经过其地，若非对于水道明悉之人驾驶，屡有搁阻之患"。不仅自然地理原因给当时的皮筏运输带来了极大的不便，当时人为因素也给皮筏运输带来了极大的祸患。"绥远匪盗猖獗，中外皆知。……皮筏当为拦劫，稍有抵抗，轻则弹穿皮筏，使其毁破，飘散黄水；重则枪杀筏商，任意搜索，以致航运中断，客商裹足"①。近代西北社会动荡不安，盗匪横行，筏运在当时是一项十分冒险的职业。

在羊毛贸易日益繁荣的背景下，甘宁青地区的皮筏运输业有了大规模的发展。1933 年，青海化隆有皮筏 300 只、循化有 200 只。② 1918—1936 间，青海每年运出羊毛超过 750 万—1200 万斤，年运输的皮筏数量约为 1500 只（次）。③

兰州当时是黄河上游的水运枢纽，不仅每年向宁夏、包头方向运出羊毛，还要接收、组织和分解青海每年运来的羊毛。在 1911 年前，从兰州到达包头的皮筏大约是 734 只（次）。④ 随着羊毛东运数量的进一步增加，皮筏的数量也进一步增加。从 1912 年到 1937 年，每年由兰州发往宁夏、包头方向的毛筏约达 1568 只（次）。当时，兰州水北门一带是皮筏靠岸检修和筏工上岸休息的重要场所。"每年春秋两季，这里皮筏如云，遮盖河面数里，黄河两岸熙熙攘攘，蔚为壮观。"⑤ 到 1934 年前后，兰州资本在 1 万元以上的筏子店就有 10 户⑥。

近代甘宁青地区羊毛大量外运，使不少从事毛商、毛皮筏商从中积累了大量的财富，临夏商人马子升既从事羊毛的收购，又从事兰州到包头的长途筏运，仅从 1936—1937 年间运送的一批羊毛中，就得款 40 万元。⑦

四、结语

近代甘宁青的羊毛有三分之二是通过黄河的水路运输到包头的，只有

---

① 业：《青海羊毛事业之现在及将来》，《新青海》1933 年第 1 卷第 5 期，第 78 页。
② 翟松天：《青海经济史（近代卷）》，青海人民出版社 1998 年，235 页。
③ 陈琦：《黄河上游航运史》，人民交通出版社 1999 年版，第 192 页。
④ 陈琦：《黄河上游航运史》，人民交通出版社 1999 年版，第 147 页。
⑤ 杨重琦：《百年甘肃》，敦煌文艺出版社 2001 年版，第 168 页。
⑥ 潘益民：《兰州工商业与金融》，商务印书馆 1936 年版，第 126 页。
⑦ 陈琦：《黄河上游航运史》，人民交通出版社 1999 年版，第 194 页。

三分之一的羊毛是通过陆路的骆驼来运输。[①] 当然，这其中也包括那些并没有黄河水可供利用的地区。由于有些地区没有黄河流经，所以这些地区的羊毛就只有靠陆路的骆驼来承担。

近代甘宁青地区的羊毛运输，在条件许可的情况下，主要是以黄河为干道的水上运输，原因有二：一是由于水上运输的速度较陆上的驼运快，二是由于水上运输的价格比陆路上的骆驼运输价格低廉。如从皋兰到包头，通过筏子运输，所需的天数最多不过是22天。而据日本人的调查，同样的两地之间，驼运则需要40天。从宁夏到包头用筏子最多不过14天，而驼运则需要30天[②]。可见，用这两种运输工具进行羊毛运输，所花费的时间大约相差一半。此外，两种运输工具在价格上也存在差距，从西宁到包头，驼运最低价为10元/担，同样运输距离水运的最低价仅为6元/担。[③] 因此，近代甘宁青地区的羊毛商人往往采用的运输手段是利用水路的皮筏进行运输。鉴于冬季黄河结冰的情况，在这一季节，羊毛的运输则由骆驼来完成。这样，羊毛的运输便形成了皮筏和骆驼交互使用、互相补充的现象，从而使甘宁青地区所产羊毛能够源源不断地运往东部地区，进而把中国西北最偏僻的牧场和国际市场紧密地联系起来。

诚如马克思所明确指出的那样，作为商品交换之物质基础的交通工具的演化与发展，是以商品生产的发展为基础和动力的。[④] 相反，交通运输的发展，无疑又是区域经济发展的前提条件和重要组成部分。而作为认真研究中国传统市镇集大成者的西方学者施坚雅更是强调现代交通工具在近代贸易中心兴起中所扮演的角色。[⑤] 毫无疑问，从清朝末年到1937年几十年的时间里，随着青海至甘肃、宁夏、包头以羊毛为大宗长途运输物资的

---

① [日] 几志直方：《西北羊毛貿易と回教徒の役割》，东亚研究所1940年发行，第88—89页。

② [日] 几志直方：《西北羊毛貿易と回教徒の役割》，东亚研究所1940年发行，第82页。

③ Chin Chien Yin：*Wool Industry and Trade in China*，见金建寅《中国羊毛业》，天津工商学院经济论文，1937年第6册，第109页

④ 《马克思恩格斯全集》第46卷（下册），人民出版社1979年版，第16页。

⑤ 施坚雅著：《中国的农村市场和社会结构》，史建云、徐秀丽译，中国社会科学出版社1998年版，第92—94页。

猛增,相应地带动了甘宁青地区长途运输的驼运和筏运的发展,这种发展虽然相对于以铁路、轮船为标志的中国近代化交通运输业而言,毫无疑问是极其落后的,但是对于近代甘宁青区域本身而言,这种特殊的运输工具,却又无可置疑地带动了当地资源的开发,在以羊毛为主体的畜牧业产品出口中发挥出了巨大作用的同时,对甘宁青羊毛市场的网络初步形成和发展也起着重要的作用。换言之,由于中国幅员广阔,在近代中国东部沿海地区,在载货量多速度快的高层次的交通工具得到日益发展的同时,广大西北内陆地区,落后的驼运、筏运等交通运输工具依然大行其道,被广泛地使用着,并在兰州、西宁等中心城市的兴起中扮演着重要的角色。

第三章　商人群体及商业网络

第一节　近代西北羊毛贸易中的歇家

在明清西北民族地区曾普遍存在并扮演过重要角色的"歇家"，近年来得到了学者们较为详尽的研究，并发表了一系列的论文，对"歇家"的基本概念、人员构成、功能等内容进行了较为深入的探讨①，而其中对它研究用力最多的胡铁球先生，不仅指出了明清贸易领域中的"客店""歇家""牙家"等组织的名异实同，而且更进一步指出"歇家"这一称呼在近代青海等藏边地区得以沿袭外，在以洋行为连接点的西北皮毛出口中，其经营模式也开始发生嬗变。② 实际而言之，近代以来歇家不仅在近代青海等藏边地区得以延续，在甘肃的河西等地也广为存在，并且在近代甘青等西北地区的羊毛出口贸易中发挥出了巨大作用：他们既是蒙藏民族羊毛出口贸易的代理人，又是联系天津客商的纽带，"中间人"的角色决定了他们在西北羊毛市场中交易模式的特性，而行商和坐商两种类型的歇家，又共同支撑着近代西北羊毛的流通市场。

---

① 主要研究成果：王致中：《"歇家"考》，《青海社会科学》1987 年第 2 期；胡铁球、霍维洮：《"歇家"概况》，《宁夏大学学报》2006 年第 6 期；马明忠、何佩龙：《青海地区的"歇家"》，《青海民族学院学报》1994 年第 4 期：马安君：《近代青海地区歇家与洋行关系初探》，《内蒙古社会科学》2007 年第 3 期。

② 《明清贸易领域中的"客店"、"歇家"、"牙家"等名异实同考》，《社会科学》2010 年第 9 期；《"歇家牙行"经营模式在近代西北地区的沿袭与嬗变》，《史林》2008 年第 1 期。

一、歇家兴起的社会背景

据《青海百科大辞典》，歇家设立于明代，"最初充任茶马贸易的'通事'，办理官府与部落之间的有关事项。当时，在钦差衙门领照备案的歇家，称为'官歇家'、'歇役'，他们除了执行官府指定的任务外，还开设旅店，专供蒙藏群众住宿，并从事与牧业区少数民族的贸易"①。显然，早在明际，歇家就以"力役"的角色出现，并在执行官府制定的任务之外，还在与牧区少数民族的贸易中发挥着一定作用，地方政府"雇纳粮赋，征调徭役，皆歇家主之。词讼亦以歇家通语，当安插之"。② 当时的歇家并不是完全意义上的商人，但"蒙番进口，人地生疏，言语不通，其住宿卖买，全惟歇家是赖"。③

步入近代社会以来，西北地区大部分歇家仍在清政府的控制下以延续和发展，据《清实录》载，同治元年（1862）署陕甘总督沈兆霖奏："遵议西宁办事大臣多慧奏严禁越卡私贩章程七条：一、蒙番进口办买粮茶，应令官歇家登记循环号簿，报官察核，查有不符，即将官歇家及出卖铺户照私贩例从重治罪……"④ 与此同时，西北内乱不断，"咸、同兵燹，番货滞积，商业遂衰"，歇家也随之纷纷衰落，"业此而致富者一二，其赔累负债者皆是也"⑤。

第二次鸦片战争后，天津被迫开埠。在天津口岸经济的辐射下，19世纪晚期地处内陆的西北地区也成为西方资本主义国家的原料出口地，皮毛等畜牧业产品开始大量出口。在出口贸易的带动下，歇家不仅重新崛起，而且其所承担的角色也发生了嬗变，"其初不过通番语之牙侩而已，自近年洋商以重金购毛，而不能直接与番人交易，又番人之所信者，亦唯歇家，于是歇家得以居间为利，变牙侩而为栈商，买贱卖贵，不名一钱而起

---

① 严正德、王毅武编：《青海百科大辞典》，中国财政经济出版社1994年版，第532页。
② （清）龚景瀚、李本源校注：《循化志》卷4《族寨工屯》，青海人民出版社1981年版，第171页。
③ （清）那彦成著，宋挺生校注：《那彦成青海奏议》，青海人民出版社1997年版，第255页。
④ 《清穆宗实录》卷21，同治元年三月庚寅条。
⑤ 《丹噶尔厅志》卷5。

家致富，往往拥赀巨万，交通官府，与缙绅齿矣"①。显然，随着西北地区的近代转型，歇家已转型成为完整意义的商人，其承担的角色也开始发生蜕变。近代西北歇家的蜕变和转型主要是基于西北地区独特地理环境和人文机制及近代经济环境变化而产生的。

土地广袤的中国西北地区特别是游牧民族地区，长久以来由于交通阻塞，行旅艰难，而游牧民族，又一向素称强悍，故外人鲜入其境②。而近代中国的商人地域分工特征明显，商业体系仍旧处于零散分裂的状态下，商人只能"在特定的自然经济区域内，根据资源和地区间交通运输的状况，来安排和组织他们的活动"③。口岸与腹地市场的分割状态，西北羊毛市场的出现，为歇家的崛起和嬗变提供了绝好的机会。

近代以来，西北地区的羊毛出口贸易主要是通过活跃在天津洋行在西北地区设立的外庄（内地洋行）和外客（天津洋行或在天津从事羊毛出口业务的货栈在羊毛生产旺季派出的季节性收购人员）来完成的。此等代理人员也就是客商来到西北地区收购羊毛，"一来不通蒙藏语言，二不熟悉牧区社会情况，三不熟悉牧区水头道路……"，④ 加之"皮毛来源分散，不易大宗收购"，而且他们与蒙藏民族间"语言隔阂，夙无交往"。⑤ 于是这些代理人以何种方式居留西北经商，以什么样的方式从事羊毛经营，实际上成为他们商业成败关键。商业利润的驱使，使最初的天津客商"只图重利盘剥不事预先贷款供给他们（蒙藏）人民需求者，往往被他们所轻视，立时信用扫地，营业无从发展，而遭失败者，屈措难数"。⑥ 商业上的失败，迫使外庄和外客做了一些必要的调整和改变，开始"礼帽革履，长袍马褂，与中国商人来往时，彬彬有礼，刻意模仿中国礼节习俗。但蒙藏语

① 周希武：《宁海纪行》，甘肃人民出版社 2002 年版，第 20 页。
② 俞湘文：《西北游牧藏区之社会调查·自序》，福建教育出版社 2005 年版，第444 页。
③ ［法］白吉尔著：《中国资产阶级的黄金时代：1911—1937 年》，张富强，许世芬译，上海人民出版社 1994 年版，第 26 页。
④ 张志珪：《清末民初畜产品交易中的歇家》，载《西宁城中文史资料》编委会编：《西宁城中文史资料》（第 19 辑）2007 年（内部资料），第 81 页。
⑤ 蒲涵文：《湟源的"歇家"和"刁郎子"》，载《青海文史资料选辑》第 18 辑，青海人民出版社 1981 年版，第 37 页。
⑥ 张元彬：《青海蒙藏两族的生活（续）》，《新青海》1933 年第 1 卷第 3 期，第 63 页。

言不通，对牧区风俗不明，与之贸易交往，更系隔阂重重，其翻译买办亦只好望洋兴叹，无能为力"①。

对西北地区的自然地理环境和风俗习惯的不甚了解，对蒙藏民族的语言无力通晓，所导致天津客商羊毛收购的无处入手，将这些不易解决的问题委托给他人处理，由他们充当与蒙藏游牧民族联结的"媒介"，化解他们在西北羊毛收购中的各种阻碍，是使交易系统得以正常运行的必要手段。这样，自明清以来就和蒙藏民族良好往来的歇家（蒙古高原地区称之为毛栈，他们的性质及承担的角色都是相同的，唯一的区别就是称呼上的不同）就成为中间商，外庄、外客也开始以歇家为连接点大规模地进入了西北地区收购皮毛等工业原料物资。② 在近代西北羊毛出口大省的青海"羊毛进口之处，均有歇家"。③ 由于歇家的对羊毛货源的垄断地位，一方面保证了他们的居间代理权，为获取羊毛，天津客商不得不放下身段"时常登门拜访，请客送礼。'歇家'也以囤积居奇的手法，胁制外商。因之，外商们有交接'歇家'有比交接地方官员之难之叹"④。另一方面歇家也得以居间取利，"拥资巨万"，"于是官厅思分其利，遂有所谓歇家领照税者，盖专业许免税之类也"⑤。

特殊的地理环境、文化习俗以及近代市场空间的零散分裂，为近代西北地区歇家的崛起创造了条件。地域空间上的距离，"更重要的还有市场交易层面上的隔膜，在不同的市场中间和不同的交易主体之间，需要有一个作为纽带的联系人"。⑥

---

① 阎成善：《湟源的歇家洋行山陕商人和座地户及刁郎子》，载中国人民政治协商会议湟源县委员会文史资料组编：《湟源文史资料》第2辑，青海省湟源县印刷厂1996年印（内部资料），第73—74页
② 胡铁球：《"歇家牙行"经营模式在近代西北地区的沿袭与嬗变》，《史林》2008年第1期。
③ 周希武：《宁海纪行》，甘肃人民出版社2002年版，第20页。
④ 蒲涵文：《湟源的"歇家"和"刁郎子"》，《青海文史资料选辑》第18辑，青海人民出版社1981年版，第38页
⑤ 周希武：《宁海纪行》，甘肃人民出版社2002年版，第21页。
⑥ 庄维民：《中间商与中国近代交易制度的变迁：近代行栈与行栈制度研究》，中华书局2012年版，第15页。

二、歇家在羊毛市场中的作用

步入近代以来，西北地区依然没有从传统社会的藩篱中挣脱出来，城镇与广大的农牧社会仍保持着十分密切的联系，即使是兰州——西北地区的经济中心，到 1910 年在美国社会学家 E. A. 罗斯眼中，"城镇居民与农业总有割不断的联系，农忙季节，许多居民帮忙收割麦子，兰州的贸易就被迫停止三天"①。至于广大牧区更是沿袭着传统的定期的集市交易。"以岁言，北部蒙人，每年秋冬二季，定期至湟源、亹源、大通一带集市，春夏二季，则定期在本境内集市，数百里间，皆来赶集。……每次凡二十余日乃散。"② 这些交易又多以宗教会期为贸易时间，贸易地点也在寺庙附近，周围既无常设市场，又无固定店铺，"就旷野为市场，物贵者蔽于帐，物贱者曝于外，器物杂陈"。③ 符合西北地区独特的市场交易情况，所衍生出的歇家与天津客商、蒙藏游牧民族的商业交易链中，在不同类型的市场之间交易方式也完全不同。

首先，歇家与天津客商在集散市场的交易。光绪末年，地处西北的甘肃全省、青海等地所产羊毛几乎全被外国洋行收买，其中一部分洋行在西宁、兰州等地全年开设分店，还有一些洋行也会在羊毛生产旺季的八、九月份，到产地从事羊毛买卖，并预约收购下年度的羊毛。④ 由于在羊毛出口贸易利润巨大，所以吸引了大量的天津客商云集西北。⑤ 其中既有外庄也有外客，由于外客（内地洋行）一般多有天津洋行或天津洋行的买办投资，他们的资本雄厚，相较于外客而言，他们与天津洋行的关系也更为密

---

① ［美］E. A. 罗斯著：《E. A. 罗斯眼中的中国》，晓凯译，重庆出版社 2004 年版，第193 页。

② 张其昀：《青海省人文地理志》，《资源委员会季刊》1942 年第 2 卷第 1 期（西北专号），第 184 页。

③ 马鹤天：《西北考察记·青海篇》，南天书局有限公司 1987 年影印，第 210 页。

④ ［日］东亚同文馆：《中国省别全志》（第 6 册，甘肃省附新疆省），南天书局 1988 年影印，第 567—568 页。

⑤ 至抗战爆发前，经天津口岸出口的羊毛数额一直占中国羊毛总出口额的 80% 以上，而西北地区的羊毛几乎悉数由天津出口。

切，① 换言之，外庄在近代西北羊毛收购中，是占据着主导地位的。

在近代西北地区羊毛的集散市场中，歇家与外庄的交易一般采取预买的形式。由于在预买交易中，外庄首先要预付给歇家 20%—60% 的定金②，所以外庄首先要对歇家信用予以慎重考虑，当他们认为条件许可时，就会与歇家签订合同，合同中对羊毛的质量、价格、交货时间、交货地点都有明文规定，而"预买之价格，大约照市价十分之七至十分之八之间"③。在合同限期内，歇家会把从产地市场收购的羊毛运送到指定地点，待外庄称重验货后，会付下剩余的费用，歇家和外庄间的交易得以最终完成。

虽然相比外庄而言，外客收购的羊毛数量很少，但是他们也是近代西北羊毛市场中不可或缺的一分子。由于资金有限，外客在西北地区并不另设店铺，而是在羊毛产销季节，来到西北地区，居住在与他们有业务往来的歇家里，这样"一方可省经费，一方易于探询行情，便于交易，购买货物时，不必亲往各地，行栈即可代为接洽，自身仅注意于货价，价省，包装，发货，金融之周转，等项事务。若庄客与产品卖主系多年主顾，信用素笃，购买货物时，虽仅付货价若干。售货者当可照数发货，余款稍缓"④。由于羊毛裁剪有很强的季节性，因而外客来西北收购羊毛的时间也是固定的，在广大牧区，他们一般是每年 9 月间携带款货而来，翌年 4 月间运载皮毛货物而返，"恰如候鸟，故称候商，亦曰行商"⑤。显而易见，歇家与天津客商间的关系是委托代理关系，他们所承担的角色是天津客商的买卖代理人。

其次，是歇家与游牧民族间在产地市场的交易。歇家从外庄、外客手中接下定单后，即以外庄、外客所预付资金为资本，预先购买茶叶、布匹

---

① 上海市工商行政管理局毛纺史料组、上海市毛麻纺织工业公司毛纺中料组编：《上海民族毛纺织工业》，中华书局 1963 年版，第 73 页。

② 和龚、任德山等译：《〈新修支那省别全志〉宁夏史料辑译》，燕山出版社 1995 年版，第 190 页。

③ 顾少白：《甘肃陇东羊毛皮货初步调查报告》，《西北经济》1941 年第 1 卷第 5、6、7 期合刊，第 60 页。

④ 天津市地方志编修委员会办公室、天津图书馆编：《〈益世报〉天津资料点校汇编》（二），天津社会科学院出版社 1999 年版，第 704 页。

⑤ 张其昀：《夏河县志稿》，成文出版社 1970 年版，第 65 页。

等游牧民族日常生活用品，因为他们知道在西北牧区"没有货币，只有金银，但都用在装饰上，交易全是物物交换，所以我们带上官茶、布、面等等，与蕃人换羊毛"①。当他们把茶叶、布匹等"运至一处，即插账以居，每至一处，即设法认识一该地夙有声望之人，为之介绍当地居民，作种种交易，谓之'主人家'"并与之以厚礼②，以资保护。因长期与之交往，赊欠式的"放账"与"收账"是牧民与歇家最普遍的交易方式。

实际而言之，"放账"就是预先支付广大牧民一些货物，但"蒙藏人赊取货物者不记账，仅与毛商言明砖茶或斜布一方——约二尺——应给羊毛若干斤，再记于其账簿上，将依所言取毛，'放账'手续，即行完毕"。夏末秋初，当羊毛裁剪之时，"毛商即携带衡器，前往账户收毛，再行运回帐房，整理成捆，存储待运，'放账'手续，即行完毕"③。虽然牧区多半是传统的"物物交换制度。羊毛最普通之交换物，为砖茶、布疋、烟草、面粉、油、酒等类"④，但是在有些情形下，如"毛价激涨之际；或蒙藏人之富有者，不需货物，而愿贮积金银时"也会出现现银交易⑤。在牧区交易中，这种"放账"也就是赊欠的情况非常普遍，而赊欠又完全无正式的契约来保障，"全赖之熟悉经营，亦只凭人之交易，否则信用失或人有变更，则一切交易项目均无着落"⑥。这种方式完全"为应合蒙藏人民的心理，仍然惯行以物易物制与无利无息无抵押的办法，凭信着相互间的信用，预先给蒙藏人民的所需求物，等到他们剪羊毛"的时候，歇家就可以"一时收回预先贷放的账项，囤积起大批皮毛，运销到内地各埠以赚厚利，这种一诺千金，不签分文的如期如数的偿债行为，是蒙藏人民特具的美德"⑦。

---

① ［日］沪友会编：《上海东亚同文书院大旅行记录》，杨华等译，商务印书馆 2000 年版，第 319 页。

② 业：《青海羊毛事业之现在及将来（续）》，《新青海》1933 年第 1 卷第 5 期，第 71 页。

③ 业：《青海羊毛事业之现在及将来（续）》，《新青海》1933 年第 1 卷第 5 期，第 71 页。

④ 《我国羊毛之交易及集散地》，《国际贸易情报》1936 第 1 卷第 8 期，第 7 页

⑤ 业：《青海羊毛事业之现在及将来（续）》，《新青海》1933 年第 1 卷第 5 期，第 71 页。

⑥ 转引自《青海省商业史料汇编》第 6 册《青海商业志》，藏青海省图书馆 1988 年版，第 59 页。

⑦ 张元彬：《青海蒙藏两族的生活（续）》，《新青海》1933 年第 1 卷第 3 期，第 63 页。

具体而言，歇家与蒙藏牧民间的交易主要有以下几种类型：第一是订购交易。每届阴历三、四月间，歇家即赴产地市场订购羊毛，他们首先估计牧户可出产羊毛多少，"然后按毛价十分之四，给予款项或布匹、茶叶，以为定钱，商定在产地市场某处交易，并按行情清付价款"。第二是贷款交易。"每届阴历三、四月间，毛商派人赴各产毛地区，贷给牧户相当款项（布匹等实物——引者注），将来即按议定毛价归还实物，价格涨落，均不反悔。"第三是抵押交易。西北牧民大多比较贫困，每逢阴历三四月青黄不接之际，多将未剪羊毛向歇家抵押，以资周转。第四是零星交易。零星交易就是剪毛季节，歇家之与蒙藏民族间直接交易。①

毫无疑问，近代经济因素是催生西北歇家转型的重要原因，他们不可避免地受到近代交易模式影响，但是受限于近代西北地区经济发展水平及特殊的地理环境和人文背景下，传统的以物易物的交易方式依然在广大游牧民族地区占据着主导地位。

三、歇家的经营方式

在近代西北羊毛贸易中，充当"中间商"的歇家有行商和坐商两种类型，"一为无固定字号，但有特殊信用或具妥实铺保之流动商贩；一为在产地市场开设字号，经营其他业务，仅于剪毛季节，受人委托而兼营收购羊毛者"②。

近代以来西北的蒙藏游牧民族，依然保持着逐水草而迁徙的生活特性，因而许多地区是"产羊毛，而无另售毛之所。有制毡房，而无售毡之商店；产各种兽皮，而无硝皮、售皮之商店"③，而这一切无疑决定了部分来牧区做生意的歇家的流动性——无一定铺面，乃行走营商。

一般而言，作为行商的歇家资金很少，当然他们也有一部分是受雇于资金较大以坐商角色出现的歇家前往牧区收购羊毛的。由于路途遥远、交通不便，"冰天雪地中，终岁辛勤，不以为苦，荒漠绝塞，寇盗出没，而

---

① 张桂海：《河西羊毛产销概况（下）》，《贸易月刊》1942年第3卷第9期，第64页。
② 张桂海：《河西羊毛产销概况（下）》，《贸易月刊》1942年第3卷第9期，第62—63页。
③ 马鹤天：《甘青藏边区考察记》，甘肃人民出版社2003年版，第60页。

亦冒险深入"①。出于安全方面的考虑，同时也为了减轻"导游费和护卫费"的需要，他们是以商队的形式前往牧区。当去距离较近的游牧民族地区时，商队的规模相对而言是比较小的，"但是如果去游牧民族居住的地区深处，商队的规模就比较大，往往四五十人为一队，其中八九人是为商队携带炊事等日常生活用品的"。他们一般于头一年的隆冬出发，到第二年的三、四月份到达。② 在行进途中，他们一般"穿着宽大的像棉睡衣一样的皮袍子，是左衽的，腰带上挂着大大的钝刀，头上戴着三角形的皮帽子，脚下穿着长长的皮靴"③。与蒙、藏游牧民族无异的穿着为他们减少了旅途中的许多麻烦，当他们把茶叶、布匹等运至一处，即插账以居，与蒙藏民族群众作种种交易。

当然，在西北游牧地区，牧民也常常会把自己所产的羊毛等畜牧业产品运临邻近的集市出售，以换取生活必需品。但是由于就旷野为市存在着诸多不便，因此，自近代以来，一些资金较大的歇家开始因陋就简地搭些帐篷，以招待牧民。随着羊毛贸易的发展，这些以坐商形式出现的歇家为争夺广袤的牧区市场，扩大贸易范围，于是各尽所能，占用广阔的地皮，修成很大的院落和能容纳几百头牦牛和马匹的牲畜圈，"以备牧民居住和堆集畜产品以及牦牛、马匹的饲养"。与此同时，为了便利就近管理，歇家们也及开始时修建自己的住宅，"在大院落之内，设有大厨房，安置大锅三口，以备熬茶、炸馍，煮牛、羊肉之用。所有茶饭的操作，均由歇家的妇女担任。开饭无规定时间，凡前来居住交易的牧民，随时吃喝，不论居住时间多久，一律不收食宿费用，所有住圈的牦牛，马匹的饲养草料，也免费供应"。④ 显而易见，以坐商形式出现的歇家既要给牧民提供食宿，同时也要给他们提供"大仓库"以堆集畜产品，此外还会他们借贷给他们一些日常生活用品。

---

① 王昱、李庆涛：《青海风土概况调查记》，青海人民出版社 1985 年版，第 129 页。
② ［日］几志直方：《西北羊毛贸易と回教徒の役割》，东亚研究所 1940 年发行，第 118 页。
③ ［日］沪友会编：《上海东亚同文书院大旅行记录》，杨华等译，商务印书馆 2000 年版，第 319 页。
④ 蒲涵文：《湟源的"歇家"和"刁郎子"》，《青海文史资料选辑》第 18 辑，青海人民出版社 1981 年版，第 38 页

歇家之间为避免生意上的争夺而相互倾轧的发生，他们都是根据与牧民和蒙、藏部落的关系，以确定自己业务范围和规模。歇家间彼此遵守一条行规："凡蒙藏、族牧民驮运来的羊毛、皮张等，除零星出售少许外，全部卖给自己住处的'歇家'，其他'歇家'不能过问，牧民们将羊毛，皮张等出售后，又托原'歇家'买回他们所需的青稞、面粉、挂面、茶叶、馍馍等生活资料。这些生活资料，'歇家'如自己有，就如数供应，否则，就从市面买进后转手卖给牧民。"如湟源著名的四大马家，即城关的马明瑜，接待的是柴旦蒙古族及海西的汪什代海藏族客商；西关马鹤亭，精于藏语，接待刚察客商；东关马升柏，接待果洛、玉树地区的客商；城台马明五系刚察千户之至交，接待刚察地区的客商。① 当时，在"海藏通衢"的青海湟源，设有字号歇家有万盛奎、宝盛昌、福兴源、顺义兴、德兴盛等四十八家，循化的"铁老板"马某和陈惠斌也是有名的大歇家，在甘肃河西地区有天成福、天和成等四十多家。

在近代西北羊毛市场中，行商和坐商两种类型的歇家，共同支撑着近代西北羊毛的流通市场，这也诚如施坚雅所言："在一个区域贸易体系中，许多流动性和定期性的经济行为会将村庄、市镇及大中型城市等各级地点直正联结起来。"② 歇家除"精通蒙藏语言及风俗习惯，信息灵通，行情通达并拥有一定声望外"，以坐商角色出现的歇家还"必须接受政府管辖，领取由西宁办事大臣所发的（1928 年青海省成立后为省政府——引者注）营业执照，进行备案手续，依法纳税。限制哄抬市价，务必公平交易并按规定地区、规定对象，规定产品和居住地点进行贸易，不得紊乱"。而天津客商若不经歇家中介，"擅自交易者，谓之'越行'，须告官追究。歇家之间，亦不得越规招留非经批准的蒙藏商人和收购其畜产品，若如违犯，亦称之'越行'，则必告官处理"。因此在西北羊毛贸易领域里，歇家"大

① 林生福：《回忆解放前湟源的民族贸易》，载青海省政协学习和文史委员会编：《青海文史资料集萃（工商经济卷）》2001 年，第 336 页。
② 施林：《经济人类学》，中央民族大学出版社 2002 年版，第 265 页

权在握，确有举足轻重之势"①。

四、歇家在甘宁青羊毛贸易中的地位

近代西北羊毛贸易中的歇家，是根植于西北传统社会社会中的，它的存在和发展变化是一个历史的动态过程，是在适应近代西北地区经济环境变迁，在羊毛等畜牧业产品大规模出口的背景下而发生蜕变和转型的。他们既是蒙藏民族羊毛出口贸易的代理人，也是联系天津客商的重要纽带，是蒙藏民族和客商之间的"中间商人"。无论是歇家与蒙藏民族间，还是歇家与天津客商间，歇家所起的中介作用是不可或缺的，"洋行与歇家共存共荣，相互利用，歇家无洋行，则畜产品销路不畅，洋行无歇家，则畜产品无从收购"②。

在近代西北羊毛贸易中，歇家一方面保持着与传统的密切联系；另一方面由于与他们交易群体的变化，他们自然而然地受到天津客商近代交易方式的影响，他们是传统和近代的结合体，在西北羊毛市场中处在不同层级中的歇家经营形态是不相同的，既有集散市场上预买方式的觅购批销，也有产地市场以物易物的零星交易。实际上，处在近代西北社会转型中的歇家，无论是以行商还是以坐商角色出现在近代西北羊毛贸易中，都斩断了羊毛生产者和最终购买者之间的联系，不可避免地增加了羊毛交易的成本，但是在西北地区独特的自然地理环境和文化习俗背景下、在近代口岸与腹地的贸易联系中，他们所具备的其他商家所不具备的"能量"，才把西北地区的羊毛等畜牧业产品和国际市场联系了起来。

---

① 阎成善：《湟源的歇家洋行山陕商人和座地户及刁郎子》，载中国人民政治协商会议湟源县委员会文史资料组编：《湟源文史资料》第2辑（内部资料），青海省湟源县印刷厂1996年印，第72页。
② 阎成善：《湟源的歇家洋行山陕商人和座地户及刁郎子》，载中国人民政治协商会议湟源县委员会文史资料组编：《湟源文史资料》第2辑（内部资料），青海省湟源县印刷厂1996年印，第74页。

第二节　近代包头商业城市的兴起及回族商人的作用

商业市镇的兴起是塞外区域经济发展壮大的重要标志，而在商业市镇的交易中，又以畜牧皮毛交易为大宗，这是塞外商业市镇的共同特点。包头作为内蒙古商业市镇的产生和兴起，与近代以来它作为西北地区重要的皮毛交易市场是分不开的。由于回族商人的经济活动及交易情况的史料记载极为稀少，关于这方面的基础研究几乎一片空白，而通过研究包头回族以皮毛为主的商业交易中的作用，无疑可以再现历史上回族商业的特点及其在包头社会经济发展中的作用。

一、包头商业地位的兴起

包头，原名博讬（蒙古语）。清代雍正、乾隆以前，包头仍旧是"一片沙漠，人烟稀少，集五家或十家为一村，居民多为蒙人，纯以游牧为生活"①。直到乾隆年间后，"随着汉族移民的北迁，汉、回、蒙古等民族在这里居住下来，这个昔日的小村庄便发展成为包头镇。此后，随着拓垦政策的推行及农业生产力的发展，包头便逐渐繁荣昌盛起来。到了咸丰、同治时期，包头又成了西北地区及伊克昭与乌兰察布进行交易的起点，因此作为一个边界贸易城市发展起来。在地理位置上，包头地处黄河和内蒙古的阴山之间，又靠近鄂尔多斯平原，为中国西北地区水陆交通要冲之地。更为重要的是，对于西北地区来讲，由包头可经河套直通蒙古，南下山西、陕西、宁夏等地，东进就是察哈尔、河北、热河。这种优越地理位置就为包头边界贸易城市的形成奠定了基础。它与"西北地区及伊克昭，乌兰察布进行交易这一背景有关，在以畜牧业为基础的社会中作为商品而生产并转化为商品的皮、毛便成了最重要的物品"②。这表明，包头是以皮毛

---

① 陈赓雅：《西北视察记》，甘肃人民出版社 2002 年版，第 47 页。
② ［日］今永清二：《中国回民商业资本——包头回民皮毛店》，包金花译，孙振玉校，《甘肃民族研究》1991 年第 4 期。

交易为中心而发展起来的边界贸易城市。然而，就当时的贸易而言，"皆规模狭小，交易简单"，因此有人称这一时期的贸易为"小贩子时代"。[①]

光绪初年，随着西方资本主义国家对中国侵略的加剧，地处内陆的中国广大西北地区也逐渐被纳入世界资本主义的经济体系中。伴随着皮毛等原材料的输出，以及工业制成品的输入，包头进一步利用其地理优势，在近代西北地区货物的输入输出中，奠定了其交通和贸易的中枢功能。1923年，京绥[②]铁路延伸到此以后，包头的这种功能进一步加强，从而成为西北地区最为重要商品集散中心。"平、津、陕、甘、内、外蒙古之货物，皆聚散于此，在军事上、商业上均极为重要"[③]。一方面，它担负着西北地区羊毛等牲畜商品的输出；另一方面，它又承担着把京津地区布匹、粮食等商品向西北地区输入。故时人指出："包头据西北中心，当水陆要冲，东由平绥路直出平、津，以达内地，以通外洋，南连晋陕，西接宁、甘、新、青，北通内外蒙古，凡由内地运往西北各处之零整杂货及由西北各处运赴内地之皮毛、药材等货，均以包头为起卸转运之中枢。"[④] "贸易额年五百余万（按民国十五年，京绥铁路调查，已增至一千万以上），商店大小共一千二百余家（按民国十五年京绥铁路调查，已增至二千家已上）。牛皮、羊皮、杂皮、驼毛：羊毛、羊肠、杂骨、甘草、水烟、枸杞自西宁、兰州，宁夏三处来，葡萄干、哈密瓜、哈密杏、吐鲁番棉花自新疆经蒙古草地来，苁蓉自阿拉善蒙古来，杂粮由河套及后山来，口蘑自内蒙古来，碱自鄂尔多斯来。"诚为西北一大市场也。[⑤]

包头的构建，为西北广大地区内外商品流通的发展与繁荣奠定了良好的基础。可以说，包头城镇的兴衰一直是伴随着西北地区贸易的兴衰而发生变化的。从1925—1926年西北贸易的兴盛期，到1929—1933年西北贸易的衰退期，包头各商业的盛衰情况，可以从下表中看出。

---

① 李锐才：《包头之羊毛》，《国货研究月刊》1932年第1卷第1期，第52页。
② 京包线：起点北京，终点包头。分段通车情况：张家口（1909）、大同（1914）、丰镇（1915）、归绥（1921年）、包头（1923）。
③ 陈赓雅：《西北视察记》，甘肃人民出版社2002年版，第42页。
④ 铁道部财务司调查科：《包宁线包临段经济调查报告书》"工商"部分，1931年5月，第8页。
⑤ 林竞：《蒙新甘宁考察记》，甘肃人民出版社2003年版，第30页。

1925—1926 年及 1934 年包头市各业营业状态

单位：元

业别　年度		1925—1926 年	1934 年
钱业	家数	15	13
	资本额	250000	72000
皮毛业	家数	28	14
	资本额	125000	55000
杂货店	家数	15	8
	资本额	50000	25000
货店	家数	140	99
	资本额	350000	250000
米面业	家数	120	35
	资本额	—	45000
油粮业	家数	23	8
	资本额	—	65000
家畜业	家数	—	7
	资本额	—	5000
布业	家数	75	22
	资本额	—	65000
运输业	家数	17	10
	资本额	25000	11000

注：运输业是 1929 年的统计数字。"货店"指批发庄言。

资料来源：陈赓雅：《西北视察记》，甘肃人民出版社 2002 年版，第 43 页。

包头的兴衰，与它作为西北地区贸易中的中转地位是分不开的，也就是说，包头作为一个近代以来兴起的商业市镇，它的兴衰和西北地区的对外贸易情况是紧密相连的。以 20 世纪 30 年代中期为例，"宁夏省移入货物的全部是经过包头，移出货物的 80% 是经过包头运往天津地区的。甘肃省输入品的全部、输出品的90%是经过包头的"①。而在所有西北的贸易中，皮毛贸易最为重要，来自西北的"皮毛多在每年春秋二季由黄河皮筏运下，所以每到黄河开冻至封河期间，包头城南黄河沿上，连连穿梭的皮筏，不断地靠岸，这时候不仅包头的货栈和商人们活跃起来，就是一帮穷苦无靠的孩子们，也每天在河岸上拾些羊毛，甚至由岸以车运栈的途中，不断的被他们鬼眉鬼眼的抽取，换些需用品，绝不会有冻饿之虑，而且很快乐的过活着"②。

尽管1936年西北地区的皮毛业相对于前期而言有所衰退，但通过观察这一年包头的重要集散物资，还是可以看到皮毛类仍为最大宗。这也在很大程度上印证了我们前文所说的，包头是作为一个皮毛交易中心而发展起来的边塞城市，而其商业行业也主要是围绕着皮毛等畜牧业产品的交易而开设的。

1936年包头重要物资集散表（括号内是甘宁青三省的数据）

品目	数量	价值
毛类	3300万斤（2000万斤）	2310万元（1710万元）
皮类	130万枚（80万枚）	260万元（160万元）
鸦片	550万两（500万两）	1100万元（1000万元）
盐	1000万斤（1000万斤）	100万元（100万元）
兰州烟	1000万斤（1000万斤）	600万元（600万元）
药材	560万斤（40万斤）	260万元（61万元）
牲畜	6万斤	75万元
谷类	30万担	300万元
总计		5005万元（3631万元）

注：包头毛类的3300万斤的数据有点过大。

资料来源：［日］几志直方《西北羊毛贸易と回教徒の役割》，东亚研究所1940年发行，第73页。

---

① ［日］）几志直方：《西北羊毛贸易と回教徒の役割》，东亚研究所1940年发行，第72页。
② 西人：《"西人"与包头》，《新青海》1937年第5卷第4期，第33—34页。

虽然上表数据并不一定十分准确，但是我们仍然可以看出，包头在西北皮毛贸易中发挥着重要的转运功能，而在这当中又以对羊毛类的转运最为重要。所以我们可以通过考察以羊毛为主体的商品贸易过程，一方面了解包头地区以畜牧业产品为主的交易状况，另一方面可以了解回族商人在其中所起的作用。

二、包头羊毛贸易中的回族商人

"包头毛业之盛，执西北之牛耳。然包头本地产毛无几，所有货物大都自西路来。"具体而言"每年来包最多者，首推西藏与青海二处之毛，该两处之集散地为西宁，可知所谓西宁套毛者，并非皆产于西宁也。其次来包之羊毛最多当推甘肃与宁夏，其大集散地为甘州、肃州、凉州、永昌、镇番等处，天津市场谓之西路套毛者是也。其次则为蒙边一带，指外蒙以南绥远北部言……所产之毛总称蒙古套毛。再次则为河套一带，每年产毛亦颇不少。最后当为包头本地所产。"[1] 可见，包头羊毛主要来源于西北地区，这些来自西北地区的羊毛在包头整理、包装后，然后运往天津转运海外。当时天津口岸的羊毛百分之八十以上来自包头。

西北地区的羊毛运抵包头后，"除一部分由黄河上游运至包头河岸直赴车站转运天津外，余皆投行买卖"[2]。从实际交易的情况看，"交易是这样进行的：从西北来的商人，通常是把羊毛寄存在包头的毛栈，并委托出售，自己也住在这里。有了买主，就打开毛捆，首先由买卖双方商定货物的等级，由买方检验毛货的含砂量，并确定其比例，最后决定价格。此间，毛栈效力于买卖双方的斡旋，办理过秤和交割事项。成交时，买方如愿意要包装口袋，按口袋的时价付款即可。成交后，发庄就从买卖双方收取手续费，用自己的费用，把货物运送到买主指定的市区内的地点"[3]。包头作为甘宁青地区羊毛贸易中最重要的转运市场，在这里进行的羊毛交易过程，回族商人的作用是不可低估的，因为据西方人的调查，当时包头的

---

① 李锐才：《包头之羊毛》，《国货研究月刊》1932 年第 1 卷第 1 期，第 54 页。

② 《我国羊毛之交易及其集散地》，《国际贸易情报》1936 年第 1 卷第 8 期，第 8 页。

③ ［日］中村信著：《蒙疆经济》，徐同功译，载《内蒙古史志资料选编》第 9 辑，内蒙古地方志编纂委员会总编室编印，第 198 页。

一切商业活动，"差不多一切都掌握在穆斯林手里"。[①]

包头及其包头附近，居住着大批的回族人，他们中的一些人是在晚清时期来到这里的，更多的是 1923 年京包铁路开通后来这里的。这些回族人中，有很大一部分是从西北的甘宁青地区而来的，在包头他们被称为"西人"。在这个"在大青山脚下，四时不断起着风沙，使得南国的人们投入了境界，即刻便会感到呼吸短促，鼻膜的生炎"的地方，"任你走到何地何时，不断的会听到'西人'的称呼，尤其是在交易场所或货栈里，总会提说道的"。而在"包头之所谓'西人'者，并非上海、天津一带的'西人'（指西洋人——引者注），原来是对包头以西而来的宁夏、甘肃、青海等省人之总称也"。[②] 这些从西北来的回族商人们，一边在这里搭起他们的临时帐篷，一边出售他们的羊毛、皮张或医药。城中所有的穆斯林餐馆一眼就可以看出来，因为他们都打着"清真回回"的招牌，招牌除汉文之外，还有同等内容的阿拉伯文书写体。[③] 在所有回族人从事的行业中，包头回民在毛栈（皮毛店）、驼行等行业中，占有相当的优势，并在西北的羊毛贸易中起过重要的经济作用。据日本人小林元的调查统计，民国时期，包头回民的户数为 992 户，共 4141 人。[④] 通过包头回族人职业分类表，可以清晰地看出包头回族人所从事职业的情况。

包头回族人职业表

职业名	户　数
小杂货商	244
屠宰业者	159
驼行	48
皮毛业者	39

---

　　① 瓦伦牧师著：《豆龙氏对中国穆斯林之研究》，马如邻译，1982 年西北五省（区）伊斯兰教学术讨论会（西宁会议）论文资料汇编（三），藏甘肃省图书馆，第 23 页。

　　② 西人：《"西人"与包头》，《新青海》1937 年第 5 卷第 4 期，第 32—33 页。

　　③ ［美］詹姆斯·艾·米尔沃德：《1880 年—1909 年回族商人与中国边境地区的羊毛贸易》，李占魁译，《甘肃民族研究》1989 年第 4 期。

　　④ ［日］小林元：《回回》，东京株式会社博文馆 1940 年，第 310 页。

续表

职业名	户　数
食料品店	25
饭馆	23
舟行	10
农夫	7
茶食	4
无职	233
其他	
合计	992

资料来源：［日］小林元：《回回》，东京株式会社博文馆 1940 年印，第 311—312 页。

从上表中可以看出，"包头回民的生活设计不可避免的是偏重于商业、家畜业和交通运输业。这些回教徒是沿着地理位置较好的西北交通沿线生活"。"他们中有几户很富裕的，就像绥远一样，大部分是（皮）毛栈和驼行，（皮）毛栈在回民中占有相当的优势，此外利用黄河从事舟运业者的回民也很值得我们思考"。[①] 民国时期，国人的调查也证实了这一点："包头回民经商者极多，差不多要占居民总数的十分之七八。"除了贩卖牲畜，旅商，即"把内地所产之物品运于宁夏、青海……等处去卖，而又把那里所产的皮毛等物品运到本县，销于各处"。此外还有"开旅店，货栈，杂货铺，屠户"的等。[②] 虽然回族在包头的人口数量不多[③]，但他们在包头商业发展过程中，所起的作用是很大的，通过包头皮毛栈的开设情况，可以很明显地看出这一点。

三、包头羊毛贸易中的毛栈

首先，关于毛栈的设备。各毛栈的建筑大致相同，民国时期的记载能

---

① ［日］小林元：《回回》，东京株式会社博文馆 1940 年印，第 313、312 页。
② 王绍民等：《各地回民状况杂记》，《禹贡》1937 年第 7 卷第 6 期，第 164 页。
③ 这一时期包头人口约有 10 万人。参见王公亮：《西北地理》，正中书局 1940 年版，第 214 页。

为我们提供这些方面的一些情况。"沿大街树一高大之门楼，可容大车通行。门内大院宽阔，中设柜房五六间。两旁厢房各十余间，以备客人居住。柜房后连一后院，存贮各种货物，并招待常年客商。大毛店有三四院相连接者。"① 很明显，这种建筑格局是为了便于存放货物。

其次，关于毛栈的组织情况。在近代，创立羊毛栈的多系有经验之毛业经纪与商人。羊毛栈内的各种组织与其他中国旧式企业相同，"惟毛店之工作系经纪性质，代客行销，内部人员分配自有与普通商号不同之处"②。目前我们没有资料看到回族皮毛店的具体资料，但是根据汉族的组织情况，我们大体可以看到回族皮毛店的组织情况："各店皆有一经理（俗称掌柜的），除经理外，其余凡有股份者皆称为掌柜，因来店之先后与得分股利之大小而有不同。店内大权操于正经理之手，但副经理亦有执行普通行政权，遇重要事项则互相商议。毛店之账目亦皆照旧法记载，设正司账一人，助理者一二人。凡毛店中各种账目，出入财政，及来往信件皆归此数人负责。店中交易由经纪人负责进行（俗称跑合者）。彼等对于各种货物之品质、来源、价格皆知之甚详，并善于交际，买卖双方对之均有相当之信仰。倘在价格上后货物上买卖双方成僵局时，则当经纪者能设法解释，以成此交易。当经纪者实为店内之重要人物。"此外，为了解决存货的安全等问题，毛店还在存货处设有"毛厂管理人，其工作即货物入厂时过秤记账，使各客货分别贮放，妥为看守，无使损失"。因为毛店的客商有时会由此毛栈转入彼羊毛栈，"更有每年新来的毛贩，本不知道何店相宜，故毛店专设有招待员负责引客前来"。除上述各等人员外，尚有学徒，"招待已来店内之商客"③。

当西北地区的羊毛卖主一旦进入包头后，就会被等在那里的皮毛店的店员（上文所说的招待员）碰见，这些店员"有时远出至百里以外，或西路客人必经之镇店及邻近河岸接待生客，欢迎熟客，以求店内多有生意"④。然后这些伙计向他们的毛栈汇报卖主所带来的羊毛的质量和类型，再在这些毛栈店员的陪同下，羊毛卖主留宿毛栈，卖主的羊毛要么贮存在皮毛店的院子里，要么放在比较安全的货栈。除了提供食宿外，毛栈还预支羊毛卖主在包头逗留期间的各项开支，包括应纳的羊毛税及在包头购买日用品（在返回甘宁青之后再卖给游牧民族）所需的费用。之所以这样做，是因为这些羊毛卖主在羊毛身上已经投入了很多的资本，在他们销售完羊毛之前，几乎没有任何现金可供他们使用了。[①] 毛店这样做的一个很大的好处就在于能够保证卖家来年与本店继续生意。

再次，关于毛栈的款项来源，也就是说，毛栈建成后依靠什么来赚钱，也是值得关注的一个问题。综合资料所见，主要有如下几类：（一）存贮费。凡存羊毛、驼毛者每件取银三钱，并无时间限制，直至货卖出为止。（二）中人佣款。夫毛店之职务为代客行销，每一件交易成后，买卖双方各纳货价的百分之二（在这一点上回商的毛店和汉商的毛店是不一样的，下文我会专门讲到这个问题——引者注）。（三）利息。此种利息进款亦由买卖双方而来。凡西路远至之大毛客，将货运包不能即刻售出，又急待用钱，便可将货抵押，暂由毛店借款应用。借款利率每月一分五至二分。本地之毛贩愿意运毛至天津者，若遇自己金钱不够时，也可以请毛店垫办。此外，毛店还有大宗借款，如干毡的、出拔子等，他们出外收买皮毛等遇资金不够时，也会向毛店借款，当他们收买到货物后，必到其原来借款之毛店售卖。当然毛店的资本也是有限的，当上述各方之借款不能应付时，一般多由银行转借。由银行借款的利率是年利一分至一分二，但当放款时却按月利一分五到二分，从中可以获得巨大的利益。（四）自行营业。当天津市价与包头市价相差太大或销路太少以致羊毛价格低落时，各毛店也会自己由本店客人买毛，运往天津销售，或暂时存贮，以待良机。[②]

包头既有汉族开设的皮毛店，又有回族开设的皮毛店。汉族经营的皮毛店和回族经营的皮毛店大体相仿，所不同的地方只有两处。第一，回族人的皮毛店仅给在包头出售皮毛的回族商人提供食宿，这是由回族特殊的

---

① ［美］詹姆斯·艾·米尔沃德著：《1880 年—1909 年回族商人与中国边境地区的羊毛贸易》，李占魁译，《甘肃民族研究》1989 年第 4 期。

② 李锐才：《包头之羊毛》，《国货研究月刊》1932 年第 1 卷第 1 期，第 58 页。

饮食禁律的需要所致。第二，当汉族皮毛店进行中间交易时，他们从买卖双方收取皮毛卖买价格2%中间费。回族皮毛店则只从卖主一方收取中间费，原因是回族皮毛店一般不同买主直接打交道。

但是，毛皮等商品的买主几乎全部是来自京津地区的汉族客商，他们全部投宿于汉族开设的毛栈，他们与回民皮毛店的交易也是习惯上通过所投宿的汉民皮毛店来进行。"汉民皮毛店相互之间也是以通过A皮毛店通过B皮毛店来进行交易，其店金（中间费——引者注）各征其半，如A皮毛店从卖主征收买卖价格的2分（2%）店金，B皮毛店则从买主征收买卖价格的2分店金。"[①] 不直接与买方打交道的回民皮毛店，在这种场合当然是要完全分开征收的。这样，对于依靠交易的中间手续费而生存的回族皮毛店来说，这无疑是无法否定的一个十分重要的不利因素。但是通过小林元的调查，我们却发现这样一种结果，即民国时期在包头有店号毛栈大约有30家，虽然回民开设的毛栈只有5家，但是他们一般雇佣着10到20个人，资本金一般在1万到3万余元间，而汉民毛栈资金一般只在3000到6000元间，资金在1万到2万元间的只有2家。在以羊毛为主的交易中，回族毛栈一年中羊毛交易在100万斤以上的有3家，而汉族只有1家。事实上，包头所有毛栈一年中交易的羊毛总数接近1300多万斤，其中回族的羊毛交易总额占50%以上，并且西宁羊毛，宁夏羊毛等品质优良、价格较高的的羊毛产品，大部分是回族的毛栈在操作。[②]

从以上描述中，笔者认为，包头回族商人所开设的毛栈能在买卖双方的交易中依靠中间费用而存活下来，并且能和汉族所开的皮毛店相抗衡一个原因，就在于西宁毛、宁夏毛的捎客多是由回族来承担的。基于饮食等基本生活方式的不同，这些来自甘宁青地区的回族羊毛捎客就要住在包头本民族开设的旅店或者其他可以住宿的地方。所以有人认为回族人开的皮毛店是源于为西北回族商人提供方便的小旅店或货栈，是有一定道理的。[③]

① ［日］今永清二著包：《中国回民商业资本——包头回民皮毛店》，金花译，孙振玉校，《甘肃民族研究》1991年第4期。
② ［日］小林元：《回回》，东京株式会社博文馆1940年印，第322页。
③ ［美］詹姆斯·艾·米尔沃德著：《1880年—1909年回族商人与中国边境地区的羊毛贸易》，李占魁译，《甘肃民族研究》1989年第4期。

起初这些小旅店或货栈并没有自己的商号，自晚清以来，他们一直在包头地区从事着皮、毛等类商品的交易活动。也许是由于存在和汉族皮毛店之间的竞争，也许是受到汉族皮毛店的影响，也许是自身规模扩大的需要，到 20 世纪 30 年代，他们也逐渐向近代的经营方式转变，以追求更大的商业利润。

资本额一万元以上的包头皮毛店

店名	资本额	创立年度	民族
宝顺栈	三万余元	1932 年	回族
德顺公	二万余元	1935 年	回族
德丰祥	二万元	1936 年	汉族
三义栈	一万五千元	1924 年	回族
聚盛公	一万余元	1928 年	回族
双义厚	一万元	1937 年	汉族

资料来源：［日］几志直方：《西北羊毛贸易と回教徒の役割》，东亚研究所 1940 年发行，第 108—109 页。

上表中，资本额在 1 万元以上的毛栈，除双义厚、德丰祥两家是汉族人开设的外，其余 4 家都是回族开设的。也就是说，在包头的 5 户回民开设毛栈中除大亨永（1931 年创立）的资金是 2000 余元外，其余 4 户资本额全在 1 万元以上。实际上，回族羊毛商在全包头的毛业中起着执牛耳的作用。[①]

四、结语

综上所述，包头本远在塞外，与内地隔绝。近代以来，随着西北地区对外贸易的发展，特殊的区位优势，使其成为西北地区最为重要商品的集散、转运中心，不仅甘肃、青海、宁夏、新疆等省的皮毛多由黄河运此囤积，然后运往天津出口，而且东部发达地区的物品也源源不断地从这里转运到西北地区。在这种大背景下，包头作为一个塞外商业市镇，在蒙古高原上兴起，而它的兴起毋庸置疑又带动了内蒙古地区的商业发展。以往

---

① ［日］几志直方：《西北羊毛贸易と回教徒の役割》，东亚研究所 1940 年发行，第 109—110 页。

人们在考察内蒙古地区的商业发展时，常常会把关注的目光放在汉族商人群体（特别是晋商）的身上，我们不能否认汉族商人在内蒙古地区商业发展中的重要作用，但是作为一个以皮毛贸易为中心而发展起来的塞外城镇，尤其是光绪初年后，伴随着西方资本主义国家的从沿海到内陆的不断入侵，特别是 1923 年，在京绥铁路延伸到此以后，在把西北地区重要的交通线——黄河水运与铁路运输连接起来后，使得西北地区原本弃置无用的皮毛等畜牧业产品，成为国际化的商品。回族作为中国一个"具有企业精神的少数民族"①，也在中国商业特别是西北地区的商业舞台上发挥过重要作用，这是一个众所周知的事实。近代以来，正是由于"他们一年四季不断的，从祁连山青海边里运了成千上万的原料品，来屯集在包头，大批的运往天津出口；同时也不断地以他们家乡为尾闾，转运了都市的消耗品和私货，披星戴月，不辞劳苦……因为他们能这样忠诚的效劳，更使得包头的地位重要"。②

第三节　近代甘宁青地区回族商人关系网络探析

近年来，随着对商人群体研究的进一步深入，有关商人网络的研究开始日益受到国内外学者的关注，特别是具有中国传统文化特质的华商网络更成为研究的热点。③ 实际上，由于中国土地广袤，民族众多，在历史发展过程中除具有同质性的一面外，更多地具有地区性和民族差异性。美国著名的中国学家费正清等人早就意识到："通常把'中国'作为单一实体来对待的尝试，正在为详细研究所揭示的诸多情况所减弱，区别于外部世界的'中国文化的差异性'，虽仍在打动旅行者的心，但这一陈旧观念却

---

① 刘宏：《战后新加坡华人社会的嬗变：本土情怀·区域网络·全球视野》，厦门大学出版社 2003 年版，第 189 页。

② 西人：《"西人"与包头》，《新青海》1937 年第 5 卷第 4 期，33 页。

③ 相关研究主要有：刘宏：《新加坡中华总商会与亚洲华商网络的制度化》，《历史研究》2000 年第 1 期；刘宏：《战后新加坡华人社会的纽变：本土情怀·区域网络·全球视野》，厦门大学出版社 2003 年版；庄国土：《论早期海外华商经贸网络的形成》，《厦门大学学报》1999 年第 3 期；刘权、董英华：《海外华商网络的深入研究及资源利用》，《东南亚纵横》2003 年第 7 期等等。

正被国内所发现的各种亚文化群所打破。"① 任何一个民族，都有与其他民族相区别的文化传统，而经济制度又不可避免地受到所处文化环境的引导和制约。中国西北的甘宁青地区一直都是伊斯兰文化与回族发展过程中最具代表性的地区，在伊斯兰教文化的浸染下，回族穆斯林崇商、重商的价值观，与"围坊而居"的居住方式，"围寺而学"的经堂教育、族内、教内的内婚制度，及习惯、禁忌等所呈现出的在广大汉民族看来的"陌生性"，使我们发现"穆斯林在其家园之外确实有一个比汉族更为广泛的关系网"②]。正是借助这一关系网，近代甘宁青地区回族商人也将其自身网络化，从而在羊毛贸易中发挥出了重要作用。

一、市场联结中的回族商人网络

毫无疑问，要考察市场的社会结构，必须考察商人之间的关系，因为商人是商品沟通各级市场中商品经济联系的重要载体，这正如法国年鉴学派的领军人物布罗代尔所指出的："任何商业网都把一定数量的经营者个人联系在一起，他们可属于同一家公司，分布在一条或几条流通线上。贸易得以进行全靠这些中转站、这些互助和联系，商人事业愈成功，互助和联系便愈多。"③

第二次鸦片战争后，天津开埠通商，在西方资本主义国家原料需求的刺激下，甘宁青地区以羊毛为主的畜牧业产品开始大量出口。最初来甘宁青地区进行羊毛收购的是天津洋行，但是由于对西北地区的自然地理环境，特别是文化背景的生疏，"只图重利盘剥不事预先贷款供给他们（蒙藏）人民需求者，往往被他们所轻视，立时信用扫地，营业无从发展，而遭失败者，屈措难数"。④ 因此，为了很好地进行羊毛购销，他们只能委托自明清以来就和蒙藏民族有良好商业往来的回族商人来完成羊毛收购，于

---

① 费正清、费维恺：《剑桥中华民国史》（下卷），中国社会科学出版社 1993 版，第 2 页。

② ［美］乔森纳·李普曼著：《大分散、小集中的网络社会——中国穆斯林社团研究》，李吉和译，《甘肃民族研究》1990 年第 2 期。

③ （法）布罗代尔著：《15 至 18 世纪的物质文明、经济和资本主义》，顾良、施康强译（第 1 卷），三联书店 1992 年版，第 140—141 页。

④ 张元彬：《青海蒙藏两族的生活（续）》，《新青海》1933 第 1 卷第 3 期，第 63 页。

是不同类型的回族商人就开始活跃在甘宁青各级羊毛市场上。他们中既有资金较少、规模较小的行商，也有资金较多、规模较大的坐商，还有筏客、驼商等运输商。通过分析近代甘宁青地区羊毛贸易中各级市场中回族商人的类型，我们可以清晰地看到回族商人的关系网络。

首先，在产地市场。拉卜楞地区是近代甘宁青最大的羊毛产地市场之一，这里平均每年羊毛产额都二百三十万斤以上。因此，近代以来，英商新泰兴洋行、高林洋行等大都派人在此设庄委托当地羊毛商收购羊毛。现有资料表明，近代在拉卜楞从事羊毛收购的羊毛商十分之八为"临夏回民官绅之资本，多财善贾，生意较为兴隆"①。这些来自河州的回族商人在羊毛贸易中居间取利，到 20 世纪二三十年代，有些大商号的资金额已达上百万元。当然，除上述大、中商号外，还有一些小商人，他们受坐商的雇佣，通常以行商的角色出现，深入到牧区采买羊毛等畜牧业产品。从拉卜楞收购羊毛后，这些羊毛商人就把收购来的羊毛等畜牧业产品运往羊毛集散市场。

1920—1937 年拉卜楞皮毛商

店号名称	经理	籍贯	经营物品	民族	售往地点	资金（元）
天庆魁	蓝尧轩	河州	羊毛	回族	天津	10 万以上
同心店	海南轩	河州	羊毛	回族	天津	10 万以上
福顺祥	王琳	河州	羊毛	回族	天津	10 万以上
号云祥	马子什	河州	羊毛	回族	天津	100 多万
复兴隆	王慎庵	河州	羊毛	回族	天津	40 多万
隆贸和	毛福亭	河州	羊毛	回族	天津	10 万以上
德丰亨	白洁如	河州	羊毛	回族	天津	40 多万
集生西	曾得仁	河州	羊毛	回族	天津	100 多万
德生和	刘有智	陕西	羊毛	汉族	天津	10 万以上
同顺和	陈子升	陕西	羊毛	汉族	天津	10 万以上

资料来源：袁纣卫《近代回族皮毛贸易研究》，2006 年 9 月《"第二次回族学国际学术研讨会"论文汇编》（未出版），第 69 页，个别地方有改动。

---

① 丁明德：《拉卜楞之商务》，《方志》1936 年第 9 卷第 3—4 期合刊，第 218 页。

其次，在集散市场。河州是近代甘宁青羊毛市场中重要的集散级市场之一，其地距兰州二百里，"其西循化、保安、拉卜楞等地羊毛，均经此地，东南洮州、泯州等产毛亦由导河运至兰州"①。拉卜楞等地的羊毛在河州地区被集中后，就由同心店、昌心店承揽，通过陆路的骆驼或水陆的皮筏运往兰州。

1920—1937 年河州皮毛商

店号名称	经理	籍贯	经营物品	民族	售往地点	资金（元）
同兴店	王奎璋	河州	皮毛	回族	天津	100 万
昌新店	海师爷	河州	皮毛	回族	天津	100 万
德顺昌	马麒	河州	皮毛	回族	天津	100 万
步云祥	马子升	河州	皮毛	回族	天津	100 万
玉盛公	白洁如	河州	皮毛	回族	天津	40 万
福顺和	毛福亭	河州	皮毛	回族	天津	10 万
福兴隆	王慎庵	河州	皮毛	回族	天津	40 万
集生堂	曾玉亭	河州	皮毛	回族	天津	100 万
福顺祥	马肇业	河州	皮毛	回族	天津	10 万
河源	马辅臣	河州	皮毛	回族	天津	不详

资料来源：袁纠卫：《近代回族皮毛贸易研究》，2006 年 9 月《"第二次回族学国际学术研讨会"论文汇编》（未出版），第 68 页。

再次，在中心市场。兰州是甘宁青地区羊毛贸易中最重要的中心市场，但是近代的兰州却没有专营羊毛业的商人，主要是由回族经营的皮货店来从事羊毛购销和运输业务。在兰州从事运输业的筏子店或骆驼店基本上掌控在回族商人手里②，通过他们的筏子或骆驼，甘肃各地的羊毛得以源源不断地运往甘宁青羊毛市场的转运市场——包头。

最后，在转运市场。包头是近代甘宁青地区羊毛贸易的转运市场，经

---

① 梁桢：《近年来我国之羊毛贸易》，《贸易半月刊》1939 年第 1 卷第 6—7 期合刊，第 286 页。
② 潘益民：《兰州工商业与金融》，商务印书馆 1936 版，第 126 页。

营皮毛业务也主要是甘宁青的回族开设毛栈。据日本人调查，民国时期，包头地区规模较大的毛栈基本上是回族商人在经营。[①] 其中，一万元以上的毛栈有四家，除三义栈是包头回族李常清独资经营，其余三家都是合股经营的（在合股前他们可能是独资经营皮毛店），而入股者大都是来自宁夏的皮毛商人。这些皮毛店没有加入汉族皮毛商人组织的皮毛同业公会，"而是同其他同业者一道被回民公会组织起来，竟在追求商业利润中，与皮毛同业会相对抗。"[②]

包头资本额一万元以上回族皮毛店合股情况

商号	财东	年龄（岁）	原籍	备考
宝顺栈	马生基	40	宁夏吴忠堡	宁夏吴忠堡皮毛商人
	杨春园	45	宁夏吴忠堡	宁夏吴忠堡皮毛商人
	李文芹	50	宁夏吴忠堡	宁夏吴忠堡皮毛商人
	陈龄	46	包头	聚盛公副经理
	马子文	35	宁夏吴忠堡	宁夏吴忠堡皮毛商人
	张明萱	26	宣化	北京商业经理
	丁达三	37	北京	经理
德顺公	王兆之	42	宁夏吴忠堡	宁夏吴忠堡皮毛商人
	马岳州	36	宁夏吴忠堡	宁夏吴忠堡皮毛商人
	马光仁	37	宁夏吴忠堡	宁夏吴忠堡皮毛商人
	吴天保	51	宁夏吴忠堡	宁夏吴忠堡皮毛商人
	马月坡	42	宁夏吴忠堡	宁夏吴忠堡皮毛商人
	马金殿	43	宁夏吴忠堡	宁夏吴忠堡皮毛商人
	杨福寿	57	宁夏吴忠堡	宁夏吴忠堡皮毛商人
聚盛公	马海	53	包头	经理
	陈龄	46	包头	副经理
	穆生荣	51	包头	副经理

资料来源：［日］今永清二著、包金花译：《中国包头回民商业资本》，《甘肃民族研究》1991年第4期。

---

① ［日］几志直方：《西北羊毛贸易与回教徒の役割》，东亚研究所1940年版，第108—109页。

② ［日］今久清二著：《中国包头回族商业资本》，包金花译，《青海民族研究》1991年第4期。

　　可见，族缘、地缘、业缘作为回族商人联结的纽带，使之立足于包头皮毛市场。合股是商人的一种经营形态，就是以持有股份的形式进行商业经营。"股"就意味着持有股份，不仅代表经济活动中的"关系"，而且可以视为与同乡、家族、继承、生活本质相通的"关系"。在这种情况下，"股的网络"就是以股的形式分别拥有份额和责任，在此前提下大家互相协作形成信用关系。"比起不可分割的结合关系，股的特征是能够根据可计算的单位进行分割。而正因为单元可分割，由股的关系形成的个别的双边关系，可以扩大为网络关系。"① 换言之，随着合股经营，甘宁青地区回族商人间的信任关系在其族群内部得以不断扩展。

　　在包头的吴忠回皮毛商，多属伊黑瓦尼派②。他们是带财掌柜：既是财东，又是经理、副经理或坐柜的，是经营管理的重要负责人。他们经营的皮毛店的主要业务是接待甘、宁、青的西宁、湟源、兰州、临夏、临潭、中卫、吴忠堡、石嘴山等地的"西路"来的回族皮毛客。③ 这些来自甘宁青地区的回族羊毛商人，在包头地区不断发挥着他们的交换或交易功能，周而复始地从他们的家乡向包头输送着羊毛等畜牧业产品，并订购着他们家乡所需物品，在他们的家乡与包头之间建立起了生意关系的同时，也加强了甘宁青地区回族商人之间的联系。

二、加强联系以规避风险

　　虽然回族先民早在唐宋时期就来到了中国西北的甘宁青地区并落居下来，在汉文化长久包围的历史发展过程中，为了自身的发展他们也作出了一定的调适，但是在他们的意识形态里还存在一种普遍的共识，一种文化观念上的"理想类型"。特别是在明清以后，随着他们民族共同体的形成，为了维护他们自身的"边界"，他们又选择了适合他们自身的"围坊而居"的居住方式，"围寺而学"经堂教育制度及严格的族内、教内的婚姻制度，这些制度从表面看更多地体现出它的社会功能，然而正是这些社会功能，

---

　　① 古田和子著：《上海网络与近代东亚——19 世纪后半期东亚的贸易与交流》，王小嘉译，中国社会科学出版社 2009 版，第 188 页。
　　② 佘建明、袁纣卫：《绥远回族商帮的内部结构》，《回族研究》2006 年第 4 期。
　　③ 王正儒：《吴忠回商在包头》，《回族研究》2009 年第 3 期。

西北甘宁青地区的回族也得以建立了更广泛的社会关系网络，这种关系网络直接影响了近代甘宁青地区羊毛贸易中回族商人的经济行为。

首先，在雇佣关系上，近代甘宁青地区回族商人为了更好地加强本民族间的凝聚力，无论在他们开设的皮毛栈，还是运输商，一般都是从自己家族中雇佣成员。日本人几志直方调查后认为，直到民国年间，甘宁青西北地区的回族和汉族仍旧"比较多的情况是各自形成一个村落，除非必要，回汉之间各自生活在自己的村落，一般情况下是不相往来的"①。这在很大程度上表明了回族交往是相对封闭的。而皮毛行业专业性很强，一般人不经人介绍是很难进入这一行业中来的。关于这一点，有西方学者曾评价说：在近代甘宁青地区羊毛贸易中，河州、西宁等重要的羊毛集散市场中"穆斯林一般从当地或自己的家族中雇用学徒学习经商，然后自己开办，扩大垄断和关系网络，这种雇佣制思想根深蒂固，以至于汉人难与之抗衡"②。运输业中，民国时期，时《大公报》记者范长江对自己乘坐皮筏上的筏子客也做过这样的记述："筏上共有水手六名，分掌前后各三桨，水手名把式，中有一人为首领，名为拿事。……拿事对把式不但有指挥之全权，而且有保护之责任，因一个筏上之水手，大半与首领有宗族及乡里等关系，离家时所带出之人丁，必须于返家时交还其原来之家庭。首领对于筏上之安全亦负完全之责任"。③

其次，在交易过程中，"互惠的原则"也在强化着回族商人的内部联系。在近代甘宁青地区羊毛牧区的羊毛收购中，回族的小商贩们，为了能减轻"导游费和护卫费"，一般他们会以结伴而行的商队形式前往牧区。当去距离集散市场较近的游牧民族所在的地区时，他们商队的规模是比较小的，"但是如果去游牧民族居住的地区深处，商队的规模就比较大，往往四五十人为一队，其中八九人是为商队携带炊事等日常生活用品的"④。显而易见，回族商队成员之间的互惠互利及互相配合在近代羊毛收购中发

① ［日］几志直方：《西北羊毛贸易と回教徒の役割》，东亚研究所1940版，第114页。
② ［美］乔森纳·李普曼著、李吉和译：《大分散、小集中的网络社会——中国穆斯林社团研究》，《甘肃民族研究》1990年第2期。
③ 范长江：《中国的西北角》，新华出版社1980年版，第168页。
④ ［日］几志直方：《西北羊毛贸易と回教徒の役割》，东亚研究所1940年版，第117—118页。

挥着巨大作用。

与此同时，在实际交易中，回族商人也会给予本民族的交易群体提供极多的便利。范长江从河州到兰州途中过洮河渡口时，做了这样的描述，渡口为回族所垄断，他们对摆渡的回族同胞关照周切，"取价少而过渡快。独对于汉民留拦拖延，敲索重价。汉民过此者，非候两三个小时不能过，而且没人带牲口过江，须出资四五角之多。""过全国渡口已不在少数，未见有如此不合理者。"①虽然这在范长江看来是不甚合理，但是如果出于回族社会关系的考虑，我们完全可以把它看成回族社会内聚力的一种外在表现。在近代甘宁青地区的羊毛贸易中，承担着羊毛运输任务的几乎都是回族运输商，他们在承担羊毛运输任务时势必给本民族的羊毛收购商人提供极大的便利。

再次，在近代甘宁青地区西北回族社会内部，"在交通、通讯手段较为落后的年代，西北地区回族穆斯林社会就已经利用虽然落后，然而却十分有效的工具来传递信息"②。长久以来，甘宁青地区由于地处荒僻、交通落后所导致的信息不畅，在很大程度上影响了近代甘宁青地区社会经济的发展。近代甘宁青地区羊毛出口，从区域内部到转运市场的包头再到天津口岸出口，路途遥远，依靠较原始的运输工具进行皮毛购销的回族商人，却能够利用他们的清真寺等宗较场所及宗教活动所联结起来信息传递纽带，为他们的羊毛交易降低费用，而交易费用的降低无疑又为各级羊毛市场中不同类型的回族商人赢取利润创造了条件。仅就上文提到的步云祥商号经理马子升而论，由于能很好掌握天津羊毛市场的商业行情，"仅在一九三六年——一九三七年间，他的一批羊毛运抵天津时，正值起价，每百斤以银币一百元出售，一次成交四十万斤，得款四十万元"。马子升"曾购置临夏城西郊土地约 200 亩，修建了大庄园；临夏清真祁寺建修时，他捐助银币 1 万元"。号称"百万富翁"③。

① 范长江：《中国的西北角》，新华出版社 1980 版，第 56 页。
② 马平：《西北回族穆斯林的社会网络系统》，载何星亮、欧光明：《民族学研究》（第 13 辑），民族出版社 2003 年版，第 143 页。
③ 刘圃田、秦宪周：《临夏羊毛商的兴衰》，载临夏市政协：《临夏文史资料选辑》（第 2 辑），1986 年，第 21 页。

可见，在近代甘宁青地区的中羊毛贸易中，回族社会的关系网络在回族商人经营过程中发挥了重要作用。"在羊毛贸易兴旺的中国 19 世纪末和 20 世纪初，他们中的许多人都扮演了中间人这一很重要的角色。"① 在物（羊毛）的交易关系产生的同时，甘宁青地区回族社会中家族雇佣关系的存在，互惠互利的经营理念，内部信息传递纽带等也从中起着巨大的作用，这在为近代甘宁青地区回族商人积累大量财富的同时，也进一步强化了他们的亲属网络及与回族穆斯林族群社会间的联系。

三、结语

诚如戴一峰先生所指出的：任何经济主体，不论是个人、家庭、还是企业，其经济行为总是受制于一定的文化环境的；经济活动的运行机制往往由各种文化所定型和塑造。在中国传统社会里，一方面个人关系网络的建构是商人心目中一件相当重要的事。这一建构一般遵循两个基本原则，即亲疏原则和应变原则。前者勾勒出一个按血缘、地缘、业缘等顺次从里向外推衍定位的同心圆；后者则留给建构者一个因应环境变化，随机改变关系定位的灵活与变通。另一方面，传统商业网络的运作，在很大程度上是依托于商人的人际关系网络的。人际关系网络对商业活动的影响是多方面的。它不仅在节约成本、沟通信息等方面发挥作用，而且更重要的是，它是商人间非契约信用关系得以维系的一个重要基础。② 显然，在中国传统社会，商人的商业活动是嵌入到社会关系之中的，而由一定社会关系所产生的信任关系，是商人维持商业正常运转必需的"润滑剂"。作为浸染着伊斯兰教的回族商人，他们的宗教文化，在很大程度上增加了社会内部凝聚力的同时，也给民族间信任机制的建立提供了一种安全上的保障。

不言而喻，近代甘宁青地区回族商人就是通过人际关系网络来建构他们的羊毛贸易网络的。这张人际关系网络则是按照回族的家庭—家族（包

---

① ［美］詹姆斯·艾·米尔沃德著：《1880—1909 年回族商人与中国边境地区的羊毛贸易》，李占魁译，《甘肃民族研究》1989 年第 4 期。

② 戴一峰：《近代环中国海华商跨国网络研究论纲》，《中国社会经济史研究》2002 年第 2 期。

括亲属）—姻亲—寺坊—本族经营者的顺序来排列展开的。借助于这种社会关系，甘宁青地区回族商人将自身网络化，从而在近代甘宁青地区羊毛贸易中，把羊毛的购销、运输等程序像个链条一样联系了起来，这在保证了回族商人在羊毛贸易中的中坚地位的同时，也在很大程度上推动了晚清至民国时期甘宁青地区回族社会的经济发展。

第四章　区域经济发展及社会变迁

第一节　对外贸易在近代西北中心城市兴起中的作用
——以兰州、西宁为例

自秦汉以来，土地广袤的中国西北地区由于独特的地理位置和多民族交错杂居的人文形态，而受到中原王朝的重视。历代政府常常"设藩镇派使、驻重兵，或讨平变乱，或抚绥流亡，或启迪文明，恒不惜巨币，以中原之资财助西北军政费者，诚以西北一隅之安危治乱关系整个中华之统一与安定"①。在国家的强力作用下，汉唐时期西北地区便以城市数量众多、城市政治军事色彩浓厚而形成了有别于其他地区的区域城市特色。② 早在东汉时，该地区便形成了北方的朔方、北地、安定、上郡等郡，河西四郡，河湟谷地的金城、西海等郡的三条边塞城市带③。同时，陆上丝绸之路的开通与商队的连绵不断又刺激了该地区城市经济的发展，河西四郡的张掖、武威、酒泉与敦煌便因此而成为当时著名的国际城市。④ 宋元以降，随着中国政治经济重心由西北向东南的迁移、中外丝路贸易由陆上转移到了海上，西北地区的城市在中国政治经济格局中的地位发生了显著转变，

---

① 慕少堂：《甘宁青史略》，载吴坚主编：《中国西北文献丛书》（96 册），兰州古籍书店影印 1990 年版，第 7 页。

② 黎仕明：《近代视野下西部民族地区的城市发展——以甘宁青区域为考察对象》，《贵州民族研究》2006 年第 6 期。

③ 石培基、李鸣骥：《历史时期西北城市发展简论》，《人文地理》2000 年第 3 期。

④ 郑宝喜：《甘肃经济地理》，新华出版社 1987 年版，第 33 页。

明清时期西北地区城市发展的滞后性问题已日益显现，并一直延续到近代。

1840 年鸦片战争的爆发，随着外力的"傻入"，古老的大清帝国也被迫卷入了世界资本主义经济体系之中，约开商埠和自开商埠成为中国对外经济的窗口，而广大的内陆腹地则成为西方资本主义在中国掠夺原料和倾销商品的市场。在西方资本国家向中国内陆的不断拓展下，西北地区也被纳入了资本主义的经济循环系统之中，部分外商直接进入该地开设洋行，从牧区大量收购畜牧业产品，然后运送到京津地区出口，再从京津地区运回布匹、丝绸、瓷器等生活用品、时尚物品、奢侈品等进行销售。商品的输入输出客观上有利于西北地区自然经济的解体与商品经济的发展，从而为活跃市场，促进城镇的发展，注入了新的活力。"商业依赖城市的发展，城市的发展以商业为条件。"① 随着对外贸易的发展，位居西北商业贸易的中心城市的兰州、西宁等随之兴起和繁荣起来。

一、黄河上游之要津的兰州

兰州，汉唐以来就是丝绸之路的一个重镇，是通宁夏、青海、新疆的必经孔道，商贸活动比较繁荣。汉代，由于丝绸之路路经河西走廊，政府置金城郡，治兰州。隋置兰州，唐代改为五泉县。在丝路贸易发展带来的契机下，兰州也发展了起来。宋元以降，随着陆上丝绸之路的衰落，兰州作为丝绸之路商业重镇的地位随之衰落下来，这种局面一直延续到清朝末年。至清末，兰州还是一个"北临河滨，南对兰山，地面狭隘，周围五六里，户口约三千有奇"的"北五省一极小都会"。② 所以城市经济在当时而言，难起主导作用。

19 世纪 60 年代天津开埠后，天津遂成为中国北方最大的港口和出口市场，其经济腹地也不断由华北向西北内地延伸，带动了以皮毛为主要商品的西北地区对外贸易的发展。西北地区皮毛出口，肇始于外国洋行的收购。"光绪五年，外国洋行至张家口设庄，开始收购西北羊毛运津转售欧

---

① 马克思：《资本论》第 3 卷，人民出版社 1975 年版，第 371 页。
② 彭英甲：《陇右纪实录》卷八，甘肃官报局石印，1911。

美，但多为绥远所产"①。为了更多地掠夺西北畜牧业资源，英、美、德等国开始不断深入到自古以来就是中国畜牧业产区的甘肃、青海地区开设洋行。至20世纪初期，兰州开设有英商新泰兴、聚利、高林、德商瑞记、兴隆等多家洋行。② 在皮毛为大宗畜牧业产品输出的带动下，兰州作为西北地区商业中心的地位得以彰显。

兰州在近代的兴起和繁荣，首先得益于独特的地理位置。"南依五泉，北枕洪流，表裏河山，中开平壤"的地理位置，加之此地的黄河河道十分狭窄，宽仅二百公尺，自古以来就是黄河上游第一要津。③ 黄河自西从青海流入甘肃的积石峡，再向东进入寺沟峡大峡谷。在刘家峡峡内有大夏河、洮河两条支流由南向北在永靖县莲花旧址归入黄河。湟水、大通河由西北在永靖汇入黄河。庄浪河由北向南在河口流入黄河。黄河流入川尾后，在西段被突起的高山束羁，即被挤在牛鼻子峡内。当黄河进入盐锅峡中，又由西折向东北，出现第三次大转弯，接着被压入八盘峡，进入兰州。由此可见，兰州是青海、甘肃黄河主流和支流的交汇处，也是各支流物资的汇集中心和分散中心，在黄河航运中具有得天独厚的优势，所以在近代以皮筏为主要工具的皮毛外运中，兰州的地位是不容忽视的。

据相关资料统计，清末每年经兰州渡口的青海东运羊毛约700万斤，甘肃东运的羊毛767万斤。在兰州渡口停泊的皮筏数约734只以上。到1909年，兰州的黄河铁桥竣工，浮桥的渡运功能消失，兰州渡口上下十公里处成为长途航运皮筏和木筏的停泊地，兰州作为黄河大港，其港口的功能又进一步加强。据《黄河水道运输》记载："在西宁、民和等聚集的羊毛、粮食都装筏顺湟水运抵兰州……每当春秋水盛，毛贩、粮贩接踵云集，商务随之繁盛……由青海境内水运入甘肃的……货物十分可观。"1912年，兰州港较清末更加繁荣，无论是进出口的货物还是来往靠泊的船舶数量都达到前所未有的水平。④

---

① 李屏唐：《兰州羊毛市场之调查》，《贸易月刊》1943年第4卷第8期，第43页。
② ［日］东亚同文馆：《中国省别全志》（第6册，甘肃省附新疆省），南天书局1988年影印，第801页。
③ 张其昀：《张其昀先生文集》（第12集），"中国文化大学"出版部1988年版，第5917页。
④ 陈琦：《黄河上游航运史》，人民交通出版社1999年版，第160页。

1912—1937 年，除青海的羊毛继续不断运入兰州。甘肃甘南藏区的甘加、麦秀、桑科等地的羊毛在拉卜楞集中，青海循化、保安、隆务寺一带的羊毛集中在循化，然后两集中地羊毛全部驮运到河州集中，再由河州驮至永靖黄河沿岸的孙家嘴装筏水运兰州。兰州水北门河段是皮筏靠岸检修和筏工休息的重要场所，每当春、秋之际皮筏如云，遮盖河面两里有余。河岸上茶庄、钱庄、商号一字排开，熙熙攘攘。

随着西北地区羊毛等畜牧业产品对外输出的进一步加大，兰州作为一个商品集散地，在西北地区的货物中转地位愈发凸显，"平津一带粗细布匹，洋广杂货，多由东北两路运来。葡萄、棉花由西路运来，川棉、川缎、川茶由南路运来，红花、藏香、麝香、大黄、氆氇、皮毛，由西南路运来。湖南散茶、汉口砖茶，三原大布，湖北蓝布，陕西棉花，纸张由东路或北路运来，米则来自宁夏中卫一带。统计输入商品，每年在两三千万以上。输出口，以绒毛为大宗，牛皮、杂皮次之，药品、水烟、毛毯又次之，统计输出在千万左右岁。"① 1932—1933 年兰州市输出皮毛类共计5297776 斤，药材共计 7381000 斤，水烟共计 21515612 斤。同时进口的货物分别为：布匹 6670672 斤，棉花 2160480 斤，海菜 265680 斤，杂货85971360 斤。此外，还有五金、茶类、纸张、丝织、烟类等。② 由此可见，兰州进出口货物数量是相当可观的。其时，"兰州之出入口贸易总值占甘肃全省出入口贸易总值三分之二以上，由此以观，兰州为甘省之商业重心"③。这些进口物品，一部分被本地区、本省人民所消费，还有一部分则通过兰州转运到了青海，从而也在很大程度上带动了青海地区商品经济的发展。

在出口贸易的带动下，兰州商业行业的经营范围也有了大规模的发展，专门经营某种生意的新行业不断出现，例如由于骆驼在西北物资转运中的重要性，"兰州西赴青海各地及新疆，北赴宁夏、绥远、内蒙古等处，其往来货物，多赖驼运"，"遂有骆驼一行"。④ 到 20 世纪 30 年代，兰州的

---

① 廖兆骏：《兰州的金融业》，《钱业月报》1932 年第 16 卷第 5 期，第 66 页。
② 杨重琦、魏明孔：《兰州经济史》，兰州大学出版社 1991 年版，第 171 页。
③ 廖兆骏：《兰州的金融业》，《钱业月报》1932 年第 16 卷第 5 期，第 66 页。
④ 潘益民：《兰州之工商业与金融》，商务印书馆 1936 年版，第 88 页。

商行已由原来的十余行发展到四十余行，出现了京货行、过载行等。所有这些行业分布于兰州的四街八巷，"城内西大街，以钱庄、绸缎店、布匹百货军衣社，印字馆居多；省政府之南的中山林，皮货店、古玩店、照相馆、书店等多聚集于斯；中山市场在东大街，布匹洋货等摊，不下百余处；道升巷内，多西药店。其他如医院、客栈、成衣、理发店、当铺、药肆，各街都有。南关大街，行店极多。东关多烟行，规模宏大，商业精华，主要集中在此两关。尤其是南关更是兰州商业最集中、最繁华的地方。许多著名的行店就设在这里。如许多京货店，行栈店即分布于此。"① 此时，兰州一般商业店铺资本额都在千元以上，高者多达数万元，乃至数十万元之多。如京货店、杂货店的资本，最高者可达 5 万元以上，最低者也在千元左右；盐行资本额高达 1 万元，低额也有 1000 元；甚至连照相馆，资本金额也在 1000—6000 元之间不等。同时还有一些资本在数十万元以上茶销和烟丝店铺。②

1935 年前后兰州主要商行

行类	主要店号	店数	主要经营范围
京货行	协成裕、德新恒等	80 家	毛呢、羽毛纱、杭纺绸缎等
杂货行	秦源涌、敬义泰等	77 家	布匹、纸烟、杂货等
茶叶行	裕兴重等	32 家	砖茶
土布行	富兴店、自立公等	15 家	土布（完全系湖北所产）
药材行	兴盛魁、同益堂等	48 家	草红花等各类中药材
皮货行	正瑞成、万和成等	13 家	猞猁、狐皮、各类羊皮等
书籍印刷业	俊华印书馆、文化书局等	15 家	铅印、石印
骆驼行	吉顺店、天成店等	14 家	承运驮货
山货行	德盛福、三顺源等	9 家	土杂产品
毡行	天兴合、德顺合等	8 家	羊毛毡

---

① 杨重琦、魏明孔：《兰州经济史》，兰州大学出版社 1991 年版，第 170 页。

② 潘益民：《兰州之工商业与金融》，商务印书馆 1936 年版，第 39—46 页。

续表

行类	主要店号	店数	主要经营范围
过载行	富兴店、恒丰店等	6家	贸易货栈
烟行	复信永、西顺成等	37家	水烟烟丝
盐业	万顺盐栈、云集祥等	17家	各类食盐
筏子行	林盛店、全盛店等	10家	经营黄河筏运
银楼业	长盛裕、万胜明等	6家	银制首饰
饭馆业	忠信圆、杏花村等	35家	各类饮食等
照相业	宝生、华美等	7家	照相

资料来源：潘益民《兰州之工商业与金融》，商务印书馆 1936 年版，根据第 39—138 页整理而成。

这一时期兰州的商品流通，出口的大宗商品主要为皮毛、药材等农牧产品，而"进口货物，除官茶棉布外，其他各种物品，种类纷繁，不胜缕述。大概外货居多，国货甚少。如纸烟一宗，为最普通货物，某公司出品，兰州遍街皆是。其号称国货者，仅美丽牌而已，市面并不多。……总之国货有日暮穷途之悲，洋货有喧宾夺主之势"。[1] 可见，这一时期随着对外贸易的开展，作为长久以来封闭落后的西北内陆城镇兰州，外向型经济趋势也日益明显，它的商品流通开始突破区域性封闭状态而被纳入全国乃至世界范围的经济体系当中。

对外贸易的发展带动了兰州商业的发展，而商业的发展又在很大程度上带动了城市人口的发展，到 1936 年，兰州城镇人口已达 10 万以上。[2] 而店铺数量，对于 10 万人口的兰州来说，也实属可观。兰州商业水平在这一时期发展，虽然就其规模来说，还不能与同期经济发达的京津沪穗相提并论，但就其自身或以西北地区来说，其发展规模已经达到了一个较高的层次，其作为西北地区中心商业城市的功能也日益显现出来，在兰州的带动下"陇东区之平凉，陇南区之天水（旧秦州），洮西区之临夏（旧河

---

① 钱宗泽：《兰州商业调查》，陇海铁路管理局 1935 年版，第 59—60 页。

② 潘益民：《兰州之工商业与金融》，商务印书馆 1936 年版，第 2 页。

州），湟中区之西宁，河西区之张掖（旧甘州），宁夏区之宁夏，皆以兰州为枢纽，商业均甚活跃"①。

二、湟水之滨的西宁

西宁古称湟中，汉宣帝时赵充国屯田湟中，置破羌县，属金城郡。后汉建安中，分置西都县，为西平郡治；东晋末，南凉秃发乌孤据为国，后魏置鄯州，改破羌县为西都；隋为湟水县，大业初复为西平郡；唐武德初复曰鄯州，仪凤三年置鄯城县，天宝初复曰西平郡，后没于吐蕃；宋初属西夏，后复为吐蕃所据，号青唐城。宋元符二年收复，置鄯州，又改为西宁州，置倚郭县，旋废县属熙和路；元置西宁州，属甘肃行省；明初改置西宁卫，隶陕西行都司；清雍正二年改置西宁县，属西宁府。民国初属西宁道治，十七年改为青海省治。

西宁是青藏高原的东方门户，地处东西部陆上交通要道。史载："西宁万山环抱，三映重围，红崖峙其左，青海储于右，首崎昆仑，背倚黄河，其隘则水包西北，其险则山阻东南。"② 如此优越的区位条件，使西宁早在吐谷浑和唃厮啰统治时，就已成为中西贸易的重要中转地。明代凉州等地"诸番无进城之例"，"而西宁诸番旧例中茶买卖皆许进城"，"生番如牛羊毡毛之类，俱听属番引领至城两平交易"。《秦边纪略》记载，清康熙时，"西宁边外，凡西域诸国骆驼马骡往来不绝于道。""羽毛齿革，珠玉布帛，茗烟豆类之属，负提辇载，交错于道路。""西宁城内外皆福凑，而城东为最。"可见，商品交换带动了西宁作为一个商业城市的发展。③ 然而就这一时期的交换而言，就其本质来说，一般不是为卖而买而是为买而卖，而是农牧民为了得到最基本的生活物资进行的一种余缺调剂，产品流通也是一种近距离的以物易物。

19 世纪中晚期，经过咸丰、同治年间的战乱，西宁商业出现了衰落停滞的局面，直到清末民初随着青海地区羊毛等畜牧产品的大量输出才得到

---

① 张其昀：《张其昀先生文集》（第 12 集），"中国文化大学"出版部 1988 年版，第 5917—5918 页

② 苏铣篆：顺治《西宁志·地理志》卷 1，青海人民出版社 1993 年版，第 124 页。

③ 杨景福：《青海商业志》，青海人民出版社 1989 年版，第 94 页。

改观，"西宁经历了两次战乱，商业呈现出一派衰败景象，清光绪时，外地前来收购皮毛的商人增多，商业逐渐恢复"①。清末民初，青海因"西宁毛"享誉世界，丰厚的羊毛资源吸引了外国洋行的到来，西宁被纳入了世界资本主义的体系之中，成为世界瞩目的羊毛供应和商品倾销的集散中心，在羊毛大量输出的刺激下，"洋货"也随之大量涌入，西宁商业逐渐摆脱了咸丰、同治时因战乱造成的衰败景象。从民国初年到青海建省前，由于青海以羊毛为主要商品的畜牧业大量输出，带动了西宁商业城市的发展。1929年，西宁出现了照相、浴池、军装（缝纫）、剧院等行业。1931年，西宁则有了西药行、电料行等。② 这些行业的产生和发展，无疑标志着西宁近代商业规模的初步形成。

西宁由于其濒临黄河支流湟水，当时羊毛运输最主要的工具皮筏子，就是由此开始它的行程的。近代以来湟源、贵德、鲁沙尔、上五庄、大通等地收购的羊毛等物品，全部集中于西宁。《甘肃通志稿》记载："青海以西宁为中心。青海多产皮毛、鹿茸、牛黄、麝香，萃于西宁。每秋冬间，兰州商人分往收买，以行销于东南。蒙番多运青盐、马匹，以易官茶、青稞、杂货。"

西宁主要输出物品

物品名称	每年产额	价格（元）	行销地点	每年实价（元）
羔羊皮	290余担	每担200余	上海天津汉口陕西两湖等地	7100余
狐皮	12担余	每担500余	同上	6000余
沙狐皮	14担余	每担240余	同上	3360余
狼皮	21担余	每担400余	同上	8800余
山羊皮	210担余	每担40余	同上	8400余
老羊皮	500余担	每担20余	同上	10000余
羊毛驼毛	18100余担	每百斤34	天津	14769600余
马骡	1470余匹	每匹平均56	本县各地及山西陕西甘肃等	82320余

---

① 杨景福：《青海商业志》，青海人民出版社1989年版，第94页。
② 青海省地方志编纂委员会：《青海省志商业志》，青海人民出版社1993年版，第58页。

续表

物品名称	每年产额	价格（元）	行销地点	每年实价（元）
牛驴	1500 余头	每头平均 15	同上	22500 余
猪	1500 余口	每口平均 8	同上	13400 余
羊	11100 余只	每只平均 2	同上	22200 余
青油	4250 余担	每担 50 余	兰州	212500 余
猪化油	110 余担	每担 60 余	同上	6600 余
松木	260 余根	每根 7 元	本县各地及甘肃宁夏绥远	1820 余
柏木	90 余付	每付 6 余	同上	540 余
榆柳木	320 余斤车	每车 4 元	同上	1280 余
鹿茸	120 余斤	每斤 10 余	天津上海陕西甘肃等处	1200 余
大黄	6100 余斤	每斤 20 余	同上	12900 余
硫磺	12400 余斤	每斤 10 余	同上	124000 余

资料来源：顾执中、陆诒：《到青海去》，商务印书馆 1933 年版，第 304—307 页。

可见，青海地区输出的货物是以畜牧产品为主的，而在这其中又以皮毛为大宗。通过西宁输出的青海羊毛不仅数量大质量好，而且皮类出口的种类也颇多，有羔羊皮、狐皮、沙狐皮、狼皮、山羊皮、老羊皮等。在畜牧业产品输出的带动下，绸缎、瓷器等生活必需品也开始大量涌进青海地区。

西宁主要输入物品

输入物品	总量	总价（元）	备注
绸缎类	6400 余丈 18400 余匹 26700 板 700 余码	2104700 余	多来自天津、四川、两湖、两广等处
化妆品类	—	1000 余	各种香皂花露水等多系日货
梭布类	43260 余板 5000 余匹 300 余卷	960500 余	多来自湖北及陕西三原
瓷器类	48800 余个	24800 余	多来自天津、江西等处
杂货类	12500 余担	3721000 余	多来自天津、甘肃等处
药材类	—	20000 余	名目繁多、数量难考
海菜类	250 余担	386800 余	多来自天津、亦有来自四川者

资料来源：顾执中、陆诒：《到青海去》，商务印书馆 1933 年版，第 308 页。

随着对外贸易的发展，国外的香皂、花露水等现代工业国家生产的化妆品也开始输入了青海这一近代以来政治、经济、文化都相当落后的地区。当时，西宁的大商号主要集中于"道门街"（东大街），尤其是以小十字到东门一带最为繁华，小十字到大十字次之。在所有各商号中，"首推河州人所开之义源祥，资本十万元，……不仅批发京广杂货，并兼办皮毛及其他业务，可谓西宁之托辣斯（托拉斯）。又德兴店亦系河州人，资本四万元，公积三万元，经营布匹杂货，兼营皮毛"①。南、北、西大街只有少数杂货铺和熟食摊。手工及饭馆多分布在东关、石坡街、大新街、饮马街、关门街等处。"民国 22 年（1933），在新大街与饮马街之间的原贡院旧址，设立中山市场，市场两侧为二层木结构小楼，底面为铺面，楼上设茶肆或酒店雅座。市场内有商铺、食品店、饭馆、熟食摊、戏院、妓院以及说书、卜算各色人等，白天顾客络绎不断，晚上 10 时以前仍然灯火通明，叫卖之声不绝，成为西宁一个繁华的市场和唯一的夜市。"② 显然，繁华的城市景象，新奇的生活方式已经出现在这个长久以来和国际、国内疏离的地区。

由于皮毛等货物的输出和布匹、绸缎等产品的输入，同时也带动了西宁许多行业的发展，如过载行、绸缎行、布匹行的发展。在近代对外贸易中，青海的商业主要以长途贩运为主，行商占有很大的比重，因而与之有关的过载行业处于重要的地位，而按其经营范围"又分为山货过载行与布匹过载行店。山货过载行店集中在东关，清末有福盛店、庆泰店、洪顺店、义成店四家，民国初年又增加了几家，经营各种纸张、瓷器、铁及铁器、铜及铜器、大米、糯米、小米、食糖、蜜饯、调料及其他食品、日用杂品。布匹过载行店有聚益店、福益店、福兴店、德源店、永丰茶店等五家，都设在城内，经营绸缎、布匹、茯茶及其他高档杂货。"③

在对外贸易不断发展的同时，西宁内外输出的商品结构也发生了重大变化，商品流通辐射的范围也开始不断地扩大。在西宁的带动下集市也开

① 马鹤天：《甘青藏边区考记》，甘肃人民出版社 2003 年版，第 154 页。
② 杨景福：《青海商业志》，青海人民出版社 1989 年版，第 94—95 页。
③ 杨景福：《青海商业志》，青海人民出版社 1989 年版，第 95 页。

始兴起于一些偏远的牧区，广大的青海牧区不仅有一定数量的坐商，还有了一定数量的行商，他们开设店铺，出卖洋货及收购农牧产品，或从事贩运活动，把农牧产品运往各城镇，然后汇集于西宁，再购回牧民需要的日常生活物品。1929 年青海建省后，西宁著名的商号"裕丰昶"，"这时外埠进货基地扩大，从汉口、西安、成都的上货邮包已发展到一定数量，批发业务早已由本市下伸到湟源、贵德、互助、大通、湟中、上五庄、门源、恰不恰等农村牧区的县镇，业务蒸蒸日上"①。至抗战前，西宁商业辐射已经深入到了青海的藏区腹地，如都兰县"外来回汉商人，皆来自西宁、湟源一带，夏季携蒙番必需之物，如茶、烟、酒、布、针、线、糖等入境，往各帐贩卖；及冬时，则收取各类毛皮及鹿茸、麝香等以归，年只一次。输出之品，以羔皮、羊毛、狐、狼、熊、豹、野牛皮、麝香、鹿茸为大宗"②。可见，在出口贸易的带动下，青海一些偏僻的牧区已开始和世界经济体系发生联系。

繁荣的对外贸易，新的生产财富的方式促使西宁各族居民传统的价值观受到前所未有的挑战，西宁作为传统的商业城镇逐渐开始向近代商业城市转变，并成为河湟地区最为重要的民间商贸中心和商品集散中心，为青海建省奠定了经济中心。

三、结语

近代以来，在西方国家对西北地区畜牧业产品需求的推动下，兰州、西宁等中心城市的地位开始显现，城市水平不断提高，经济功能得到提升，在它们的辐射和带动下，甘肃、青海农牧区的自然经济开始解体，农牧产品商品化水平不断提高，进而引起了农牧区生产结构的变化。然而，由于近代中国海关主权的丧失，政府在国际市场面前的无所作为，使西北对外贸易几乎完全受制于西方资本主义国家原材料需求的变化。这就造成了：一方面对外贸易为兰州、西宁中心城市的发展提供了动力；另一方

---

① 天顺：《廖氏兄弟与裕丰昶》，载青海省政协学习和文史委员会编：《青海文史资料集粹·工商经济卷》，2001 年，第 168 页。
② 林鹏侠：《西北行》，宁夏人民出版社 2000 年版，第 137 页。

面，由于城市发展的驱动力主要来自外部经济的刺激，因而缺乏经济发展的主动权，这种发展模式在很大程度上限制了城市发展的规模，城市的发展始终处于低水平的状态。随着 1937 年抗日战争的爆发，天津港的被封锁，甘肃、青海等西北地区出口贸易受到了重创，城市经济的发展也受到了影响。虽然随之而来的国民政府战时西部开发又给兰州、西宁地区的经济发展带来积极的推动，但是也转瞬即逝。显然，从历史的发展看，社会经济的发展是多元的，如何利用地区因素，变不利于有利，使西北地区中心城市规模化发展，确实能带给我们很多的思考。

第二节　对外贸易与区域经济发展
——以近代甘肃河西的羊毛出口为例

　　甘肃河西走廊地区，由于"水草丰盛，冬温夏凉，宜于畜牧"[1]，因此自秦汉以来，畜牧业生产就是当地经济的一大特色。虽然至明清时期，随着人口增加，许多草地被辟为农田，凉、甘、肃所属各县不少原先以游牧为主的少数民族部落，也已转化为以农耕为主的定居生活，但传统的畜牧业经济仍然得到一定程度的发展，直到民国时期畜牧业生产依然在社会经济中发挥着巨大的作用，"灾荒之年不事畜牧之家一遇灾害立即破产逃亡。惟有兼养家畜者藉家畜收入之弥补可以减轻其害。又如农场收入多在秋季其余有收入不敷日用，在此青黄不接情形之下，不事畜牧之家不得不重利举债。追至秋收除还债外所余无几，于是又不得不更重利借贷，辗转循环破产加速，而兼营畜牧之家牲畜既多随时可以出售，能使农场金融活泼，不致有穷窘借债之举，于经济之调剂甚为重大"[2]。正因为畜牧业生产在河西地区经济中占据如此重要地位，所以，至全面抗战爆发前，河西羊毛出口在甘肃羊毛出口贸易中起着举足轻重的作用。

---

　　[1]　《汉书》卷 94《匈奴传》。
　　[2]　李扩清：《甘肃河西农村经济之研究》，美国中文资料中心、台湾成文出版有限公司、台湾"中国地政研究所"1997 年联合影印，第 26435—26436 页。

　　清末民国是中国社会从传统到近代的重要转型时期，同时也是学术界习惯所认为的帝国主义变中国为"原料供应地和商品倾销地"重要阶段，在西方资本主义国家对中国的经济侵略下，中国近代经济整体处在停滞、萎缩的状态。近刊论考也再次证实这种基本视角。美国学者黄宗智在 20 世纪 80 年代和 90 年代初先后发表《华北的小农经济与社会变迁》《长江三角洲小农家庭与乡村发展》及《中国农村的过密化与现代化：规范认识危机及出路》，得出的著名结论是：商品化导致中国小农经济的进一步加强，是非趋于资本主义的商品化，即"过密型商品化"，实即"没有发展"。这一时期对外贸易也对原始手工业进行打击，造成不发达国家的非工业化（De-industrialization）的否定视角成为中国近代经济史研究的公认理论。近年来一些英美学者如 Roman Myers（马若孟），Dwight Perkins（帕金斯），Thomas Rawski（罗斯基）等立足于出口领导成长理论（Export- Lead Growth Theory），以河北、山东地区作为对象得出了对外贸易发展了农村手工业，提高了农民生活水平的结论。[①] 这一理论，无疑为我们研究近代中国对外贸易对中国近代经济发展的动力提供了一个新的分析视角。

　　事实上，土地广袤的中国西北地区，无论是自然地理环境，还是人文习俗，都有别于近年来颇受中外史家青睐的华北平原和江南地区，这也诚如美国加州学派学者彭慕兰曾关注到的：到 18 世纪，"中国既有富裕的江南也有贫穷的甘肃"[②]。而通过不同区域近代以来经济发展路径分析，可能更加有助于对中国近代经济发展的整体把握。

一、河西羊毛产区、产量及市场分布

　　河西地区的羊毛产区按地势之高低，可分为三大地区：其一为祁连山区，该区域气候高寒，土质多属冲积层，少碱性，故而牧草分布极广，种

---

　　① 徐勇、徐增阳：《中国近代农村和农民问题研究的百年回顾》；慈鸿飞：《二十世纪前期华北地区的农村商品市场与资本市场》，《中国社会科学》1998 年第 1 期；［韩］田炯权：《清末民国时期湖南的米谷市场和商品流通》，《清史研究》2006 年第 1 期；王良行：《清末对外贸易的关联效果（1860—1911）》，《中国海洋发展史论文集》（第 6 辑），"中央研究院"人文社会科学研究中心 1997 年版。

　　② ［美］彭慕兰著：《大分流》，史建云译，江苏人民出版社 2003 年版，中文版序言，第 2 页。

类亦多，该区域藏民均以畜牧为主，羊群极多，为河西地区羊毛主要产区。

其二为平原区，平原区位于祁连山和北山山脉之间。在该区中，永登境内地势高寒宜牧，养羊者颇多。武威东北及西北，遍地黄沙，西部复多石滩，皆为不毛之地，几无畜牧可言。永昌地势特高，气候寒冷，宜于牧放。山丹之大马营，峡口一带，以至民乐以西大毛滩地区则原野茫茫，牧草丰美，畜牧繁盛。张掖除县城附近土壤较肥，可资耕种外，其西北部与临泽之东北部，则地多黄沙，牧草不生。高台弱水（即黑河）西岸，土地肥沃，宜于耕牧。至盐池一带，则全为白砂碱地，虽较平坦，而农耕畜牧均非所宜。酒泉附近耕地阡陌，畜牧亦盛，但县境南部，则多沙滩。出嘉峪关，至回回堡赤金峡一带，牧草复盛，羊群颇多。玉门至安西之间，则多为戈壁，羊群甚少。安西至敦煌百公里，几尽为戈壁，无畜牧可言。总之，河西平原区除沙滩、戈壁而外，宜于农耕畜牧之地亦非不少，为河西羊毛次要产区。

其三为北山区，甘宁之交界之北山因地势高寒，牧草繁茂，所居蒙民均赖牧羊为生，亦一重要牧区也，唯其羊毛产量则不及平原之多。[①]

20 世纪 20 年代甘肃河西地区羊毛产量巨大，成为近代河西地区对外输出的重要商品。20 世纪 20 年代俄国人克拉米息夫在甘肃调查时说：近代出口羊毛除青海西宁毛品质最优外，"甘州羊毛，质较粗，但特别适合于世界市场。除此以外，尚有平番毛及武威羊毛，为织地毯之特品，输出为织地毯之用"[②]。20 世纪 30 年代，甘肃全省产羊毛大约 80000 担，[③]约合 12000000 斤，而河西地区所产羊毛即达到 6188000 旧斤（约合市斤 1.2 斤，即 7425600 市斤）。不仅产量多，而且河西的张掖、酒泉等地还集散、转运着来自青海藏区的羊毛。因此，在近代西北地区的皮毛出口中，河西起着十分重要的作用。

---

① 张桂海：《河西羊毛产销概况（上）》，《贸易月刊》1942 年第 9 期，第 47 页。

② ［俄］克拉米息夫（W. Karamisheff）著：《中国西北部之经济状况》，王正旺译，商务印书馆 1933 年版，第 32 页。

③ 魏英邦：《中国羊毛事业之概况》，《实业统计》1934 年第 2 号，第 34 页。

抗战前河西各县羊毛产量统计表

单位：旧制斤

县别 / 年产量	祁连山区	平原区	北山区	合计
民乐	520000	200000	—	720000
永昌	380000	230000	100，000	710000
永登	500000	190000	—	690000
酒泉	300000	190000	90000	580000
玉门	150000	360000	—	510000
山丹	260000	210000	30000	500000
张掖	300000	60000	80000	440000
高台	280000	70000	50000	400000
敦煌	200000	100000	—	300000
古浪	200000	80000	—	280000
民勤	—	50000	200000	250000
临泽	150000	70000	20000	240000
景泰	—	160000	—	160000
安西	—	150000	—	150000
武威	100000	40000	—	140000
肃北设治局	—	—	100000	100000
金塔	—	50000	—	50000
鼎新	—	30000	—	30000
总合	3340000	2168000	670000	6188，000

资料来源：张桂海：《河西羊毛产销概况（上）》，《贸易月刊》1942 年第 9 期，第 47 页。个别地方有改动。

因本地羊毛产量多，且需转运来自其他地区所产羊毛，因而，河西羊毛市场得以日臻完善和成熟。河西羊毛市场依其在甘肃大的羊毛市场中的性质和地位，可以划分为产地市场和集中市场。产地市场即羊毛初次交易场所，不仅可以说是遍及河西各地县，而且青海地区一些距离甘肃河西较近地区的羊毛，也是作为河西地区羊毛产地市场而存在，如安西县虽行政上为"甘省最清闲之缺",但"每岁惟春间青海番蒙持皮毛、牲畜至此,交换粮食,人众繁杂,稍宜注意"①。集中市场,河西地区的羊毛集中市场,如永登、永昌等是"毛商筹划业务中心,而未必为羊毛交易场所"。②实际上,地理位置、运输条件、资源禀赋的差异决定了甘肃河西地区起集散市场作用的主要是甘州和肃州。

甘州(张掖)位居河西中部,地势低平,气候温和,物产丰饶,故有"金张掖银武威"的俗语。"自兰州至敦煌一千一百公里,张掖居其中途,其南祁连山之扁都口,为通青海之捷径,骆驼队则由黑河而通绥远"。③ 抗战爆发前,有大车道,通达兰州、新疆及内外蒙古各地,交通上的便利,使甘州成为河西中部的皮毛业交易中心。当时"青海、蒙古诸蒙番,岁携牛、羊、皮毛至此间以易茶、面者,为数亦多。盖此地不特为西路繁盛商场,又为汉、回、蒙、番贸易之所焉。"④ 1925 年前,"外商洋行设庄者,计有益利、兴隆、聚利等家,一时商贾云集,交易盛旺。直至抗日发生,商业之盛,仍不减昔日"⑤。

肃州(酒泉)为甘肃、新疆两省之枢纽,"甘肃极西之锁钥,以故商贾往来,蔚成大观。其繁盛次于甘州,贸易额岁在百万以上。其异于甘州者,甘州乃原料出产之地,此则转运市场也"。但是"青海蒙番则以毛皮、牲畜,换米、面、布匹以往,其情形无异于甘州也"。⑥ 县城居"洮水河南岸,西距嘉峪关仅七十华里,扼边关要塞,为河西西部商业中心,尤为皮毛交易重镇。昔日外商高礼(又称高利——引者注)洋行,明义洋行及新泰兴洋行,均派人驻庄于此。外帮毛商设庄者亦复不少。嘉峪关以外各地羊毛,亦由酒泉毛商前往收购。"⑦ 根据运输距离的远近及便利程度,河西各地及青海一些地区的所产羊毛集中于甘州、肃州,"靠驮运集中于兰州,

① 林竞著、刘满点校:《蒙新甘宁考察记》,甘肃人民出版社 2003 年版,第 133 页。
② 张桂海:《河西羊毛产销概况(下)》,《贸易月刊》1942 年第 3 卷第 9 期,第 59 页。
③ 张其昀:《张其昀先生文集》(第 12 集),"中国文化大学"出版部 1988 年版,第 5919 页。
④ 林竞著,刘满点校:《蒙新甘宁考察记》,甘肃人民出版社 2003 年版,第 112 页。
⑤ 张桂海:《河西羊毛产销概况(下)》,《贸易月刊》1942 年第 3 卷第 9 期,第 60 页。
⑥ 林竞著,刘满点校:《蒙新甘宁考察记》,甘肃人民出版社 2003 年版,第 119 页。
⑦ 张桂海:《河西羊毛产销概况(下)》,《贸易月刊》1942 年第 3 卷第 9 期,第 60 页。

亦放筏经包头、张家口，由天津出口。"①

二、中间商的兴起及渐趋成熟

市场的规模的扩大无疑会导致专业化的扩大，而专业的扩大又会引起新组织的创新。19 世纪晚期，随着天津洋行的代理人陆续进驻河西地区，皮毛等畜牧业产品开始大量出口。然而，对于这些代理人（客商）来说，无论对当地语言，还是对当地社会情况、水陆交通概况等都是陌生的，为了使交易系统得以正常运行，他们势必和当地原有的一些商业组织进行联系，于是河西地区原有的及新兴的商业组织开始应运而生，在河西羊毛出口贸易中发挥巨大作用的同时，他们自身也渐趋成熟。作为农牧业交汇地带的河西地区，其近代市场中各式商业组织的出现，畜牧业产品更凸显地商品化的同时，也带动了商品经济的发展。与近代华北地区粮食作物商品化而被众多学者称为"饥饿的商品经济"② 所不同的是，西北地区畜牧业产品在作为商品以前"仅供蒙藏人衣住之原料，余则弃诸原野，忍其腐灭而已"③。此时的中间商或中间商业组织大体可分为五种：

其一，为歇家。当时活跃在河西市场上的歇家有两类："一为无固定字号，但有特殊信用但据妥实铺保之流动商贩；一为在产地市场开始字号，经营其他业务，仅于剪毛季节，受人委托而兼营收购羊毛者。"

其二，为毛贩。他们多为各羊毛产地之贫苦农牧民，时常是在羊毛裁剪季节，即前往各地零星收购，以取微利。由于资金少，他们更多是受歇家委托收购产地羊毛，以赚取微利。

其三，为跑合。跑合是私人性质的经纪，他们没有店铺，作为一种中间人，他们只收买卖双方百分之二的手续费而生存。④

其四，皮毛经纪行。皮毛经纪行是行店性质的组织，他们专事介绍皮

---

① 王致中、魏丽英：《中国西北社会经济史研究（1840—1949 年）》（下册），三秦出版社 1992 年版，第 205 页。

② 夏明方：《近世棘途：生态变迁中中国现代化进程》，中国人民大学出版社 2012 年版，第 146 页。

③ 业：《青海羊毛事业之现在及将来》，《新青海》1933 年第 1 卷第 4 期，第 57 页。

④ 和龑、任德山等译：《〈新修支那省别全志〉宁夏史料辑译》，燕山出版社 1995 年版，第 190 页。

毛生意，从中收取佣金，并且有向财政厅纳税之义务，故不经他们介绍的羊毛交易，也要给他们缴纳一定数量的佣金。

其五，在羊毛出口贸易的不断繁荣的背景下，也在河西羊毛产地市场上，出现了较大规模的羊毛交易组织——公庄，他们为河西羊毛产地市场上回汉毛商合股经营之羊毛组织。由于规模较大，因此通常接受天津客商大批订购，每届剪毛季节，即派人携带大批粮、茶、布匹与番民交换羊毛，待收购完毕，便转至产地市场或集中市场将羊毛逕交给天津客商。①

毋庸置疑，商人是市场交易的基础，无论是歇家、毛贩、跑合，还是皮毛经纪行、公庄，这些商人组织的兴起和发展都是西北近代社会转型期社会发展的特点，也表明了商人组织在近代西北市场化进程中起着重要作用。与此同时，传统交易规则显然已不能完全满足社会转型下市场交易的需要，当西北地区交易范围与国际市场产生联系的时候，符合河西地区的自然、人文环境需要的各种交易规则便应运而生。

第一，订购交易。订购交易即是歇家、毛贩、极少数的天津客商与牧民的直接交易，"每届阴历三、四月间，彼等即赴产地订购，首先估计牧户可出产羊毛若干，然后按毛价十分之四，给予款项或布匹、茶叶，以为定钱，商定在产地市场某处交货，并按行情清付价款"。

其二，贷款交易。"每届阴历三、四月间，毛商派人赴各产毛地区，贷给牧户相当款项，将来即按议定毛价归还实物，价格涨落，均不反悔。"

第三，抵押交易。"穷困牧户，每逢阴历三四月青黄不接之际，多将未剪羊毛向人抵押，以资周转。毛商乃借机压低毛价，坐待厚利。"

第四，委托交易。委托交易是天津客商和歇家独有的交易方式。天津客商"首先对歇家之信用，慎重予以考虑，然后贷以三万或五万之款，委托收购。如需大量收购，则可同时委托歇家多人办理，其所贷款项自亦增多。歇家领款后，即赴产区向牧户直接订购。有时歇家将款项转贷给毛贩，至收购之羊毛，则由歇家负责运至指定地点。"

第五，期货交易。期货交易是公庄与天津天津客商的大宗交易。"彼

---

① 张桂海：《河西羊毛产销概况（下）》，《贸易月刊》1942 年第 3 卷第 9 期，第 62—63 页。

等签订期货契约后，交付相当款项。俟羊毛上市即由公庄将毛运至产地市场（或集中市场——引者注）交货，其价格则按当时行情，与事先付款数目而定。"

此外，还有正常交易及零星交易。正常交易，即天津客商直接通过跑合从歇家、毛贩等收购者手中购进羊毛。①

显而易见，在近代西北羊毛市场中，商人组织间各种特定交易规则的存在也成为维护交易的有序、保证市场规模进一步扩大的基础。无论是传统的抵押交易，还是现代的委托交易、期货交易，从中可以更多体现出我国著名经济史学家吴承明先生所指出的传统偏好、文化和习俗刚性等，会破坏和造成市场失灵，市场机制也随之发生变革。② 这种商业层面及市场机制的变化，也在一定程度上体现西北地区经济近代化的过程，它不仅保证了西北地区和天津近代以来的商业往来和进一步加深，而且也使羊毛等畜牧业产品商品化程度得以深化。

三、对外贸易带动下的区域经济发展

诚然，单纯的商业活动只能改变物质财富的空间配置，而不能创造出新的物质财富。年鉴学派的领军人物布罗代尔曾把贸易分为两种类型：一种低级形式，如集市、店铺和商贩；另一种是高级形式，如交易会和交易所。③ 低级形式的交易通常是与地方性的、自给自足的经济形态相联系；而高级形式的交易，无疑是突破区域界线而日益演变为世界范围内的交易活动，它在很大程度上能改变地区要素的稀缺性和资源禀赋。虽然目前所发现的资料并不能使我们看到河西羊毛在近代出口带动下具体的产量变化情况，但只从清末到抗战爆发前的具体甘肃羊毛出口数量不断增加、价格不断上涨的史实中④，可以发现羊毛出口贸易对河西地区农牧民生活的影响。在羊毛出口前，当地畜羊的主要目的是食用，而羊毛在出口之前，当

---

① 张桂海：《河西羊毛产销概况（下）》，《贸易月刊》1942 年第 3 卷第 9 期，第 63—64 页。
② 吴承明：《中国的现代化：市场与社会》，三联书店 2001 年版，第 25 页。
③ 费尔南·布罗代尔：《资本主义的动力》，三联出版社 1997 年版，第 15 页。
④ 李晓英：《双重因素制约下的羊毛贸易（1894——1937 年）——以甘宁青为中心的考察》，《西北师大学报》2011 年第 5 期。

地只是用它来编制一些日用毡毯和帐篷，并且用量很小，余下的部分则成为弃置荒野的无用之物。随着羊毛出口"羊毛的需求量猛增，羊的经营完全改变成为以羊毛为目的的饲养"①。在羊毛出口的带动下，羊毛价格提高了近10倍，饲养羊只的农牧民虽然经过各级中间商及当地政府的层层盘剥，最终落到手中的可能所剩无几，但是对于广大贫穷牧民来说还是有了较此前额外的经济收入，从而在他们的生活中有了更多的经济实力，来交换和消费新的外来商品。而交换和消费新的外来商品又进一步推动了河西地区商业组织和张掖、酒泉等商业中心城市的发展。

就前论述表明，在羊毛出口带动下，围绕羊毛出口业务，各种商业组织逐渐发展，各类皮毛商只论有商号的就达数十家之多。在张掖地区，抗战前皮毛商有15家，多为"本地帮和山西帮"，其中本地商人刘芳所开设的长兴泰皮毛店，资金达500万之多，其所拥有资金数额之大，可以说在所有皮毛商号中独占鳌头。而在酒泉地区，虽然山西皮毛商人占据主要优势，但是本地商人张积德开设的永顺源商号，萧文玉开设的和义成商号，其资金数额也都在200两以上，而王子厚开设的三义堂商号资金更是达到了300万两。仅就张积德而论，他的永顺源商号与天津德盛行联手，经营"皮毛、绸缎、布匹、日用杂货等。同时，在祁连山内建立公庄畜产基地，大力畜养牛、羊、骆驼等，经营皮毛山货。并组建了80余峰骆驼的运输队，将酒泉的皮毛行销包头、天津等地，促进了酒泉商业的发展。他还开设客栈，接待往来新疆等地的客商和驼户，大大促进了酒泉与新疆地区的贸易与交往"②。不仅如此，张掖、酒泉地区还有来自武威、民勤等河西地区的大量皮毛商人。随着河西本地商人群体的发展壮大，1925年前后，随

---

① 和龔、任德山等译：《〈新修支那省别全志〉宁夏史料辑译》，燕山出版社1995年版，第147页。

② 政协甘肃省酒泉市委员会等编：《酒泉文史资料》第7辑《人文地志专辑》，酒泉市印刷厂1994年，第122页。

着天津子口税票①的废除，客商陆续撤出东返，河西各地羊毛乃均由本地羊毛商购运至天津，转售洋行出口。②

　　20 世纪 30 年代，张掖地区"房屋鳞次栉比，人口逾万，汉人居多。城内商店林立，生意繁盛，不让皋兰"。在羊毛等畜牧业产品出口的带动下，其"日常需用亦多仰于外来．以洋货为大宗。多来自平津包头等地，用驼运经蒙古草地而至，既少税卡之刁难，故反较皋兰货价为廉"③。城中市面十分兴旺，在以"鼓楼为中心的十字街头，依然十分热闹——尤其是南街和河西街——道路是石子铺成的，都经过现代化的修整。路面有一丈来宽，略作弧形……大街的两旁，有的是规模较河西各处为大的买卖铺子。除了一部分铺子有很宽的门面之外，还有些铺子是由一个很狭的门径，把顾客引到很深的院子里，在两旁并排的台柜上做生意：商品里有源源不绝的大炮台香烟，有来自巴黎的化妆品，有价值三十五元一瓶的三星斧头老牌白兰地，以及极精的鸦片烟具，和来自东方的上品麻雀牌。此外还有很多很多'太阳牌'的东西"④。此地妇女"多敷粉涂脂"，而且与甘肃其他地区"尽是粗面"不同的是"此地有售挂面者"⑤。不仅如此，自东部地区的工业品的一部分，必然通过交换最终为周边游牧民族所消费。酒泉也是出现了"商店林立，街道宽敞，且尚整齐，商人以晋秦为多，次则天津。以其地属甘新孔道，商贾往来，百货云集，繁盛不亚张掖。商品输入来自东路者，以陕西之布匹、纸张为大宗；自西路人者，以新省之葡萄干、杏干、敦煌之棉花为主品；由包头经蒙草地而来者，为洋货、茶砖等；南路青海之蒙番，则以羊毛牲畜为大宗。酒泉向上之洋货，价反廉于

---

　　① 1860 年，中英《天津条约》第二十八款"英商已在内地买货，欲运赴口下载……在路上首经之子口输交……给票为他子口毫不另征之据。……每百两征银二两五钱"。这样，洋商从内地购得大宗产品，仅在首经之子口交纳 2.5% 的税银便可运抵口岸出口。1870 年海关又开始推行内地子口税三联单制度，即出口货在运经该口岸之前，可先向海关领取三联单，持单赴内地运货，沿途即可放行。

　　② 张桂海：《河西羊毛产销概况（下）》，《贸易月刊》1942 年第 3 卷第 9 期，第 61、59 页。

　　③ 林鹏侠：《西北行》，甘肃人民出版社 2002 年版，第 160 页。

　　④ 明驼：《河西见闻录》，载顾颉刚著，达竣、张科点校：《西北考察日记》，甘肃人民出版社 2002 年版，第 143 页。

　　⑤ 林竞著，刘满点校：《蒙新甘宁考察记》，甘肃人民出版社 2003 年版，第 111 页。

兰州者，以由草地来少经关卡也"①。

　　河西地区对外贸易的发展，不仅带动了商业的繁盛，而且在皮毛出口贸易的刺激下，当地交通运输业也随之发展起来。20 世纪 30 年代张掖地区南经民乐、扁都口、俄卜至西宁的道路经过修筑，已可通行汽车；而经凉州到兰州、肃州赴安西两段道路联结起来，就成为横贯河西的干路。②在河西羊毛产地市场，主要依靠的是牦牛运输，因为其力大能"引重致远也"。在河西区域内部，大车包括木轮车和铁轮大车也随之有了发展，而河西市场向外运输的工具，主要是骆驼，随着驮运的发展，像张掖地区的"北出仁宗口，经阿拉善旗地、磴口等包绥"全程约四十天③的北方草原之路也得以发育成熟起来。道路的畅通，反之又为河西地区对外贸易的繁荣提供了运输上的保障。

　　经济史学家林刚曾指出经济的发展道路，一条即为"外向的、通过市场交换发展经济的道路"，另一条则为"内向的，以农为本的经济发展取向"，这是"中国传统经济发展的道路"④。显然，随着中国传统向近代的变迁，西北内陆地区也渐趋走向了一条"外向的、通过市场交换发展经济的道路"。

四、结语

　　无论是西方学者马士（H. B. Morse）笔下的"停滞的帝国"，还是1953 年墨菲（Rhoads Murphey）的《上海：近代中国的钥匙》出版，他们关注到的是中国沿海贸易，忽略了对中国其他地区，特别是西北内陆地区的考察，认为土地广袤的中国西北地区长久以来一直自足自给的自然经济状态，而交换也只是近距离的余缺调剂。这是不全面的，其结论也难免失之偏颇。通过上面的论述我们发现，近代以来，在羊毛等畜牧业产品的出

---

① 林鹏侠：《西北行》，第 173 页。
② 明驼：《河西见闻录》，载顾颉刚著，达竣、张科点校：《西北考察日记》，甘肃人民出版社 2002 年版，第 144 页。
③ 明驼：《河西见闻录》，载顾颉刚著，达竣、张科点校：《西北考察日记》，甘肃人民出版社 2002 年版，第 143 页。
④ 林刚：《关于斯密型动力及其对中国经济的影响》，《中国经济史研究》2006 年第 4 期。

口带动下，农牧民收入得以增加的同时，也带动了地区社会经济的发展。因此通过对西北内陆的甘肃河西地区羊毛出口贸易的考察，可以得出结论：半殖民半封建，"帝国主义的原料供应地和商品倾销地"，"停滞的帝国"的命题是不适合近代西北社会发展的，至少可以说这种分析是片面的。

第三节　强制性变迁主导下的兰州
近代金融业：1906—1945 年

根据诺斯的制度变迁理论，新制度的产生必须存在强烈的制度需求因素。1840 年鸦片战争后，中国从沿海到内地先后被纳入了资本主义市场经济体系之中，在这样的大背景下，地处内陆的广大西北地区也受到了冲击，随着农牧产品日益商品化的同时，兰州这一西北重要城市中心市场地位的功能也日渐突出，在市场规模不断扩大的刺激下，原本的货币、钱庄、典当等致使市场交易成本增加的制度安排显然已不能适应市场发展的需要，在市场要求节省交易成本的制度需求下，在政府主导下，兰州传统金融制度开始发生变迁。在西北近代金融史的研究中，有学者已从不同角度涉及了近代兰州的金融发展问题。[①] 兰州作为代西北金融的中心，省内外大宗货物之交易，"甘省（——指甘宁青，引者注）各地汇兑率之高低，金融之活跃疲滞，物价之贵贱，恐慌安全，皆视兰州为转移"[②]。

一、1906—1931 年：近代银行业的初创阶段

鸦片战争之后，伴随着商品经济的发展，中国近代金融组织——银

---

① 杨旭东：《西北地区封建金融的衰败和近代金融雏形的产生》，《宁夏党校学报》2009 年第 2 期。杨旭东、王娟：《西北近代银行的产生和金融业的初步发展》，《宁夏师范学院学报》2009 年第 2 期。王颖：《西北农村金融现代化转型初论》，《史林》2007 年第 2 期。王坚：《西北近代金融业的产生和发展》，《开发研究》2006 年第 6 期。向达之：《论近代末期西北地区的金融财政危机》，《甘肃社会科学》1994 年第 5 期。
② 廖兆骏：《兰州的金融业》，《钱业月报》1934 年第 16 卷第 5 期，第 65 页。

行，开始在东部沿海省份设立并逐渐发展起来。但作为西北地区重要商业中心的兰州，直到光绪初年，与周边地区的商业往来却仍旧"大多是各货帮以物易物"，商业往来清算也是以"标期"为准，现银结账。如在西宁的商家必须以每月21日为"标期"收足现银，再由几户大商号汇总，于23日用"标骡"驮往兰州结账①，既不安全，又不利于商业发展。显然，传统的金融业已经严重阻碍了兰州乃至周边地区社会经济的发展。

19世纪末20世纪初期，随着西方资本主义国家不断入侵，地处内陆的广大西北地区也被迫纳入了世界经济体系循环系统之中。在皮毛、水烟等地方土特产品开始大量输出，东部沿海物资大量输入的刺激下，兰州地区工商业获得了前所未有的发展，而此时的满清政府却在内忧外患中国库空虚，因此号召各省设立官银钱号，推行钞票，以补国库。光绪三十二年（1906），兰州道台彭英甲以"银根短绌，银价日增"为由②，在兰州设立了甘肃官银钱局。甘肃官银钱局是兰州最早的近代金融组织，是由政府直接投资开设，时资本为兰平银30万两，由甘肃藩库和统销局库各承担二分之一，并在上海订印了1两、2两银票各10万张，合银30万两，由于这种银票携带方便，又能十足兑现，因此信誉大增，其价高于现银，银票的发行额也随之增至50万两③。辛亥革命后，甘肃官银钱局并没有随着清王朝的垮台而退出兰州金融市场，它仍然照常营业，至民国二年始改组为甘肃官银钱号。

1914年，袁世凯为巩固自己的政权，派亲信张广建来甘主持甘肃政务，"省署为维持兰州及西宁官银钱局，令甘肃总商会会同警察厅评订兰州物价"，④ 委财政厅长雷多寿为监理官，赵治堂为经理，王兴州、王锦文为副经理，将甘肃官银钱局改组为官银钱号，发行纸币，并代理省金库，

① 翟松天：《青海经济史（近代卷）》，青海人民出版社1998年版，第281页。
② （清）经济学会编：《甘肃全省财政说明书》，第49—51页。
③ 张令琦：《解放前四十年甘肃金融货币简述》，载中国人民政治协商会议甘肃省委员会文史资料研究委员会编：《甘肃文史资料选辑》第8辑，甘肃人民出版社1980年版，第130页。
④ 甘肃省地方史志编纂委员会编纂：《甘肃省志》第53卷《外经贸志》，甘肃文化出版社2005年版，第72页。

"彼时甘肃全省军政统一，所有全省税收，完全解缴省库，军政费由省库经手支付，全省现金集中省城，当时官银钱号将旧龙票收回，改发银票，计分一两、二两、三两、五两、十两四种，十足兑现，信用最佳，其发行数在四百万两左右"①。1914—1915 年，甘肃官银号银川、西宁等地分号也相继成立。甘肃官银钱号成立之初由财政厅长主其事，"该号之资本，虽由省库拨付，而业务之经营，并不受省府干涉，金融与财政完全分立；官银号之经理人，得以尽量发展业务，故营业尚佳"②。

1920 年，北洋军阀直皖派系间的混战导致的甘肃争督风波，使甘肃财政当局大量向官银号透支，"总额达三百万两之巨"。③ 甘肃官银钱号因支付的军政开支过大，且"所有公私借款"，又均不能按期偿还，导致"现金准备空虚，以致官银钱号所发出之银票，不能兑现，而票价乃大为低落，虽财政厅派人澈查，然已无可挽回"④。1923 年，张能怡（张维）任财政厅长，委任戴午山在"财政公开，会计独立"的旗号下，着手筹备了甘肃银行，甘肃官银钱号自此正式退出了兰州的金融舞台。

1924 年，由张能怡任监理官，白雨三、牛载坤为协理的甘肃银行开始正式营业，发行 7 钱 2 分银元票，分 1 元、5 元、10 元三种，发行额达 70 万两。⑤ "时甘肃官银号旧纸币信用日坏，而流通市面者，近 90 万两。每票面一两，实际仅兑现三四钱。经会议决定，每两银票以四钱兑现，一月兑完，毁之于市。"⑥ 正当甘肃银行营业兴盛之际，1925 年冯玉祥的国民军入主甘肃。冯系刘郁芬担任甘肃督办（后改为主席），对甘肃银行大加改易，将其改组为甘肃农工银行，由于"行内人事，受政局影响，屡经变

① 潘益民：《兰州之工商业与金融》，商务印书馆 1936 年版，第 160—161 页。
② 郭荣生：《近代中国史料丛刊续辑》卷 190《中国省银行史略》，文海出版社 1975 版，第 116 页。
③ 张令琦：《解放前四十年甘肃金融货币简述》，载中国人民政治协商会议甘肃省委员会文史资料研究委员会编：《甘肃文史资料选辑》第 8 辑，甘肃人民出版社 1980 年版，第 134 页。
④ 潘益民：《兰州之工商业与金融》，商务印书馆 1936 年版，第 161 页。
⑤ 郭荣生：《五年来之甘肃省之银行》，《财政评论》1944 年第 12 卷第 6 期，第 74 页。
⑥ 甘肃省地方史志编纂委员会编纂：《甘肃省志》第 53 卷《外经贸志》，甘肃文化出版社 2005 年版，第 72 页。

更，营业遂一蹶不振"①。

除甘肃农工银行外，在国民军统治甘肃期间，还于 1925 年 12 月在兰州成立了以姬奠川为行长的西北银行兰州分行。虽然该行属分行，资本无定额，但由于该行首次把银行机构由兰州扩展到周边地区，不断在秦州（天水）、平凉、肃州（酒泉）、甘州（张掖）、凉州（武威）、西宁、河州（临夏）、宁夏诸地设立办事处，所以"十六、七两年，营业颇佳"。但至 1930 年，国民军离甘东下，从西北、农工两行透支 200 余万元，未曾偿还。该行受此影响，于三月停止兑现。②

1931 年，马鸿宾出任甘肃省主席后，将西北银行兰州分行改组为富陇银行，实行董事制，选举董事及董事长。该行成立后，即将原西北银行纸币加盖富陇银行戳记而发行。发行总额为 360 余万元，仍不兑现。1932 年春，"陕军入甘，乃将该行停止营业"。③ 随着陕军孙蔚如入甘，陕西省银行为适应军政需要，在兰州设立了分行，委任罗雨亭为经理，并在天水、平凉设立办事处。发行 1 元、5 元、10 元带有"兰州"字样的银元票，发行 385000 元，但该行仅维持了数月，就因陕军杨子恒部与甘肃地方军阀马青苑在天水火并，抢夺银行，造成现金枯竭，挤兑纷至而宣告破产。④

在富陇银行停止业务之时，甘肃农工银行亦因冯玉祥系在中原大战的失败而歇业，但由于该行发行之纸币，流通市面者甚多，"省政府为维持市面商业流通起见，决定成立甘肃平市官钱局"，发行定期流通券。⑤ 综上所述，1906—1931 年，兰州地区所创办的近代金融组织最初无疑是近代商品经济不断发展诱致下而发展起来的，它们的创办对于改变近代

---

① 郭荣生：《近代中国史料丛刊续辑》卷 190《中国省银行史略》，文海出版社 1975 版，第 117 页。

② 重琦、魏明孔：《兰州经济史》，兰州大学出版社 1991 年版，第 150 页。潘益民：《兰州之工商业与金融》，商务印书馆 1936 年版，第 162 页。

③ 潘益民：《兰州之工商业与金融》，商务印书馆 1936 年版，第 163 页。

④ 甘肃省地方史志编纂委员会编纂：《甘肃省志》第 40 卷《金融志》，甘肃文化出版社 1996 年版，第 40 页。

⑤ 甘肃省地方史志编纂委员会编纂：《甘肃省志》第 40 卷《金融志》，甘肃文化出版社 1996 年版，第 40 页。

中国区域金融机构分布不合理状况也起了一定的积极作用，但是由于兰州的近代金融机构完全被中央、地方政府或各种军事力量所创办和操纵，因此在其发展过程中并没有考虑兰州地区的经济发展情况，无论是钱币的发行兑换，还是银行的借贷，都没能纠正兰州乃至整个西北地区金融市场存在的弊端和不合理状况。虽然官僚、军阀们表面上也以"开发西北""调剂地方金融"为目的，但实际上多是为应付地方财政不足，便利各级军阀军事费用调拨垫支等而聚敛和调拨资金，从而导致的后果是上述金融机构不断在政府、军阀势力的左右下而发生更迭，而且由于各级金融机构所发行钞票并没有随各派军阀力量退出甘肃政治舞台而完全兑换和销毁，许多仍流通于各地，这不但在很大程度上造成了兰州金融市场的紊乱不堪，也给当地人民带来了巨大的经济损失。

二、1932—1939 年 5 月：地方与中央博弈下的兰州银行业

1928 年南京国民政府成立后，在中央政府力量的渗透下，甘肃地区的政局逐渐出现了较为稳定的局面，兰州地区的近代银行业也有了稳步发展的空间。

1932 年 2 月，甘肃省政府为整理跌价的铜圆票及调剂本省金融，决定在兰州重设甘肃平市官钱局，发行定期流通券，但因基金无着，铜圆票不能兑现，价格跌至 40 余串兑换银币 1 元。是年 6 月，谭克敏继任财政厅长后，改委马钟秀为经理，"一面筹集基金，一面另印新钞票，缓至二十二年四月间，始拟定办法，以农工银行之旧钱票四十吊，换新钱票（即铜圆票）四吊。新钱票四吊，另加贴水铜圆六枚，可换现洋一元，旧钱票收回后，悉行销毁。新钱票遂流通市面"，信用甚佳，时为甘肃一良好之金融机关。[①] 至 1938 年 1 月，为适应抗战建国需要，官钱局由财政厅长梁敬錞筹划加以改组、整顿，成立董事监察人会，增加资本为 100 万元，充实发行准备，厘订各项业务章则，设总局于兰州以统一管理，在全省设立分局及办事处 22 个单位。

---

① 秦孝仪：《革命文献》第 90 辑《抗战前国家建设史料：西北建设（三）》，（台北）"中央"文物出版社 1982 年版，第 315 页。

甘肃平市官钱局的主要业务：（1）发行兑换券：1933 年 4 月，官钱局发行的铜圆票有 10 枚、20 枚、40 枚、50 枚、100 枚五种。"除销毁数目，至 1938 年 12 月间，流通市面者尚有 424853 元。"[1] 1938 年 9 月 13 日起，遵照财政部颁布发行兑换券第十条之规定，20% 现金留存本局，40% 为现金准备，40% 为保证准备，缴存中央银行。另外，该局于 1936 年至 1937 年间，还报准财政部印刷红色辅币券 500 万元。于 1938 年以前发行了 3597420 元，尚余 1402580 元，于 1939 年 6 月 1 日改组为甘肃省银行以后继续发行。（2）存款。甘肃平市官钱局经过改组后，大量吸收存款，种类有定期存款、往来存款、特别往来存款、暂时存款、存款票据、同业存款等 6 种。1938 年 12 月，存款金额达 5591272 元之多。（3）放款。主要有定期放款、抵押放款、贴现、往来透支、农村贷款、储粮押款等 6 种。（4）汇兑。该局代理省金库，各省解交财政厅的税款或财政厅支付给各县的经费、旅外官商的赡家款和异地学生的学费均通过此方式结算。（5）代理国库。该局代理省金库，到民国二十四年时，已设立代理国库支库 52 处，县库 69 处，代收各税局经征的税款。此外，该局于 1938 年还代甘肃省政府发行建设公债 200 万元，规定 5 年内还本付息。由于甘肃平市官钱局业务范围较广，因此很快得以在调剂地方金融、扶助农工矿商等各业的发展中发挥出了应有的作用，1938 年，"该局资本增加为一百万元，充实内部组织，扩张营业范围，极力发展地方生产事业，其分局及办事处计有二十二单位"[2]。

在地方银行发展的同时，南京国民政府政权在得以稳固中，也日渐向西北地区渗透，进而极力染指甘肃的金融流通业，以加强对西北地区的控制。1931 年九一八事变后，在开发西北的呼声下，西北金融业建设更日益受到国民政府重视，"金融事业者，谓中央组织金融机关，调节资金，以辅助开发西北事业。因西北金融枯竭，币制紊乱，实无资力以谋经济之建设，必须移入东南之富力，以为经营西北之母财"[3]。1933 年中央银行兰

---

① 南秉方：《甘肃平市官钱局之发展》，《新西北月刊》1939 年第 1 卷第 5 期。

② 黎遇：《甘肃金融业之过去与现在》《西北资源》1941 年第 2 卷第 2 期，第 34 页。

③ 时伯齐：《开发西北与设计问题》，《开发西北》1934 年第 1 卷第 5 期，第 4 页。

州分行成立。1935 年 2 月，中国农民银行兰州分行成立。1936 年 7 月，中央信托局兰州分局成立。

就南京国民政府来说，不言而喻的是其控制了地方银行就等于控制了该地区的经济命脉，因此中央银行兰州分行成立前，"已函请财政部分别谙令甘肃各机关将公款悉存本行矣"，并欲将"存款分离银本位币及兰洋两户，以示区别"①。这一谙令毫无疑问暴露了中央金融势力试图控制兰州这一西北经济枢纽地区金融业的企图。中央银行兰州分行设立之初以代理国库经收税款为主要业务，但甘肃省的各项税收实际上仍是由甘肃平市官钱局收缴而未上缴中央银行兰州分行，因此，兰州分行代理国库实徒有虚名。换言之，央行兰州分行在与甘肃平市官钱局的博弈过程中，并没有发挥出应有的作用。从中也可以看出，由于甘肃地方政府不配合，中央政府控制甘肃金融的这一计划并没能从根本上得到有效实施。

1934 年 10 月 18 日，甘肃省政府决定以平市官钱局为基础，加以扩充后在兰州设立甘肃省农民银行，以发展农业生产。该计划已由甘肃省政府报请财政部批准，但终因中国农民银行兰州分行在兰州成立，即停止筹备，"其已印未发行之纸币，亦全部销毁"。② 显然，中国农民银行兰州分行设立，使甘肃省农民银行胎死腹中。由平市官钱局为基础成立省农业银行计划的流产，可以进一步看出中央与地方势力的较量。

兰州地区长久以来人民生活困苦，贷款不仅利率高，而且经常无处可贷，"在金融季节，甚有高至三分以上者"，即便如此，"仍无处可借者，足见社会经济枯竭，农民生活艰难之一斑，典当业者现所存者，惟中当一项，月息五分，取赎期限一年"③。甘肃平市官钱局成立后，随着地方政府的支持而聚集的资金开始广泛运用于工商业贷款，如定期放款，期限为 3 个月至 1 年。至 1938 年 12 月，放款额高达 543278 元。其中 80% 为工商业

---

① 《关于拟筹备兰州支行计划分别核示函》（1933 年 8 月），甘肃省档案馆藏，档号：56 - 1 - 9。
② 张令琦：《解放前四十年甘肃金融货币简述》，载中国人民政治协商会议甘肃省委员会文史资料委员会：《甘肃文史资料选辑》第八辑，1980 年，第 140 页。
③ 佚名：《兰州之金融与货币》，《新亚细亚》1934 年第 7 卷第 6 期，第 70 页。

贷款，20% 为私人、机关、团体贷款。① 商业贷款在支持了工商业发展的同时，也在很大程度上助长了当地人的商业投机活动。

在农贷上，由于甘肃平市官钱局基础上成立的省农民银行流产，兰州及其甘肃地区的农贷完全为中国农民银行兰州分行所承担。1935 年农行兰州分行在距离兰州较近的皋兰、榆中二县地发放了第一批农业贷款。② 1936 年甘肃发生旱灾，广大农村受灾严重，当年，农行兰州支行农贷扩大到临洮、陇西、定西、平凉、天水等十县，发放贷款 25.1 万多元。到 1937 年，又有扩充，"农行拨出专款救济，前后凡三次，均由合委会负责，组织互助社贷款。第一期定额五十万元，第二期定额一百万元，第三期为三百五十万元，总计五百万元"。③

在汇兑业务上，甘肃平市官钱局设立后由于没有开展汇兑业务④，因此兰州汇往"本省繁盛之区，如平凉、天水、凉州等处，汇水每一千元自二十元至六十元不等。甘州、肃州一千元自四十元至一百三十元不等"⑤。至于省外汇兑，"以天津一埠，汇兑最为盛。盖甘省货物，大率为黄河下运，直走包头、绥远，转京绥铁路以至天津，其次为上海、天津等处，汇水每千元自十余元至数百元不等"。⑥ 汇水如此之高，势必给当地生产带来极大的不便，正如时人调查所言："汇水一项，其高昂每出人意想之外，在此情势之下，发展商业，开发农村，皆属梦想。"⑦ 中央银行兰州分行成立后，上述情况得到极大改善，"以往兰州汇往津、沪之款，每千元汇水达二、三百元，该行（指中央银行兰州分行）成立后，每千元汇水只收汇水十余元。"同时该行对降低市场利率也起来了一定作用，在该行成立前，"一般利率为月息千分之三、四十，成立后月息降至千分之十五、六"⑧。

---

① 南秉方：《甘肃平市官钱局之发展》，《新西北月刊》1939 年第 1 卷第 5—6 期合刊，第 72 页。
② 成冶田：《甘肃农贷之回顾与前瞻》，《中农月刊》1945 年第 6 卷第 10 期，第 30 页。
③ 林嵘：《七年来中国农民银行之农贷》，《中农月刊》1940 年第 1 卷第 1 期，第 97 页。
④ 1938 年，甘肃平市官钱局改组后开始汇兑业务。
⑤ 佚名：《兰州之金融与货币》，《新亚西亚》1934 年第 7 卷第 6 期，第 70 页。
⑥ 佚名：《兰州之金融与货币》，《新亚西亚》1934 年第 7 卷第 6 期，第 71 页。
⑦ 李亦人：《甘肃兰州金融概况》，《钱业月报》1934 年第 14 卷第 6 号，第 3 页。
⑧ 甘肃省地方史志编纂委员会编纂：《甘肃省志》第 40 卷《金融志》，甘肃文化出版社 1996 年版，第 46 页。

无论是甘肃地方政府控制下的官钱局，还是中央政府操纵下中央银行兰州分行、中国农民银行兰州分行，它们对当地乃至整个西北地区的经济发展无疑都起了一定的积极作用，但是在地方与中央势力的博弈中，兰州金融业显然是无法沿着正常健康的轨道上发展。仅就兰州市面上流通的货币而言，尽管1933年3月，南京国民政府宣布实施废两改元的币制改革，开始废除银两改用银元，然而兰州这一西北经济重镇，货币混乱情况依然存在。就硬币来说，就有两种。一种为银本位币，即"袁头币、孙币及本省造币厂所铸之袁头币（即俗所所指大洋者是），市场流通者为正牌，流行无阻。次为各省所铸者，称为杂牌"①。杂牌银币在市面流通时，"每一元，须贴水一角"。此外为铜辅币，"兰州市所最流通者为当十铜圆，至当二十铜圆，间有流通者，但为数不多"②。在兰州市流行的纸币有三种。第一种本位币券，"甘肃最通行者为中央银行所发行之各种纸币，因该行在在兰州设有分行，可以随时兑现"，而其他各银行"如中国银行、交通银行、中南银行所发行之纸币，市面极少，偶有发现，每一元须贴水二分或三分不等"③。第二种为辅币券。"中央银行发行的一角、二角、五角之十近辅币券"在兰州市面上也有使用。④ 第三种是铜圆辅助券，"即本省官立平市钱银局所发行者，分十枚券、二十枚券、五十枚券，百枚券四种，统称之为铜圆票"。⑤ 1935年11月4日，南京国民政府决定实行法币（纸币）政策，9日，兰州颁发通告，停止银币流通法币随之流入兰州各地，但是直到1939年，兰州市面上依然是国家银行发行的纸币及官钱局所发行的铜圆票及辅币券参与流通。⑥ 币制混乱，给当地社会经济造成的不利影响是显而易见的。

三、1939—1945年：近代金融业的大发展时期

1937年抗战全面爆发后，广大的西北地区成为战时大后方，"抗战军

① 李亦人：《甘肃兰州金融概况》，《钱业月报》1934年第14卷第6号，第2—3页。
② 李亦人：《甘肃兰州金融概况》，《钱业月报》1934年第14卷第6号，第2—3页。
③ 李亦人：《甘肃兰州金融概况》，《钱业月报》1934年第14卷第6号，第3页。
④ 李亦人：《甘肃兰州金融概况》，《钱业月报》1934年第14卷第6号，第3页。
⑤ 李亦人：《甘肃兰州金融概况》，《钱业月报》1934年第14卷第6号，第3页。
⑥ 姜宏业：《中国地方银行史》，湖南出版社1991年版，第137页。

兴，政府西迁，沿海各省沦为战区，西北遂成为抗战建国复兴民族的根据地。于是开发西北的宝藏，发展西北的产业，以增强抗战的力量，厚植建国基础，乃成为全国一致的要求"。而"开发西北最主要最根本的一环，还在于西北金融网的建立。"① 于是，总挽西北商业总枢纽的兰州地区，金融组织系统开始日益完善，较为完备的金融网络体系日渐形成。

1938 年 6 月，国民政府召开了全国第一次地方金融会议，财政部正式提出要敷设内地金融网，同年 8 月拟定了《筹设西南西北及邻近战区金融网二年计划》。1939 年 3 月财政部召开第二次地方金融会议后，财部通令中国、中央、交通、农民四行积极推广分支行处，同年 9 月，又颁布《战时健全中央金融机构办法》，原来的四行联合办事处即遵照此法令改组为四行联合办事总处，并设理事会，由政府特派之主席综揽战时金融政策的制定与实施。

对大后方金融网络的建设，国民政府的思路是以国家银行为主，以省银行配合来进行。为此，1939 年 6 月，甘肃省银行正式成立，规定资本额1000 万元，以后，财政部又加入官股 300 万元。② 1940 年 1 月，中央、中国、交通、农民四行联合办事处在兰州成立。

太平洋战争爆发以前，四联总处敷设金融网的重心在西南。1942 年，日军占领缅甸，进攻滇西，西南国际运输线中断，"西北对外交通，益形重要"，国民政府开始把更多的注意力集中在了西北。1942 年 9 月四联总处第 240 次理事会议通过《扩展西北金融网筹设原则》，以加强西北金融网的建设。该原则决定以兰州为建设西北的起发点，迅速建成陕、甘、宁、青、新疆五省金融网的新要求。③ 在此大背景下，一些地方银行、商业银行也开始在兰州广铺分支机构。

---

① 李京生：《论西北金融网的建立》，《经济建设季刊》1944 年第 2 卷第 4 期，第 156 页。
② 郭荣生：《五年来之甘肃省之银行》，《财政评论》1944 年第 12 卷第 6 期，第 76 页。
③ 郭荣生：《战时西南西北金融网建设》，《财政学报》1943 年第 1 卷第 1 期，第 48 页。

1937—1945 年成立的兰州近代金融组织

名称	成立日期	资本	主要业务
中中交农四行联合办事处兰州分处	1940 年	无资本经费由四行两局分摊	指导监督四行两局一切业务
中国银行	1939 年 7 月		国内外汇兑
交通银行	1940 年 1 月		工矿业放贷
邮政储金汇业局	1942 年 1 月		储蓄及汇兑
甘肃省银行	1939 年 6 月	800 万元	扶植地方生产事业调剂地方金融兼办信托及代理国库
绥远省银行	1942 年 7 月		专办汇兑并代理绥远省府及十二战区军政款项调拨事宜
兰州市银行	1944 年 1 月	资本 2000 万元	代理市库并办理普通银行银行一切业务
中国通商银行	1943 年 1 月	营运基金 25 万元	经营商业银行一切业务
四明银行	1943 年 8 月	营运基金 20 万元	经营商业银行一切业务
兰州商业银行	1943 年 1 月	资本 5000 万元	经营商业银行一切业务
山西裕华银行	1942 年	营运基金 100 万元	经营商业银行一切业务
永利银行	1943 年 9 月	营运基金 25 万元	经营商业银行一切业务
亚西实业银行	1943 年 7 月	营运基金 10 万元	经营商业银行一切业务
长江实业银行	1942 年 4 月	营运基金 25 万元	经营商业银行一切业务
上海信托公司	1942 年 11 月	营运基金 25 万元	经营商业银行一切业务
大同银行	1943 年 11 月	营运基金 25 万元	经营商业银行一切业务
华侨兴业银行	1944 年 3 月	营运基金 30 万元	经营商业银行一切业务
甘肃省合作金库	1943 年 12 月	资本 2000 万元	经营合作及存放汇业务
实丰保险公司	1941 年	资本 500 万元 *	以火险为主要业务
太平洋保险公司	1943 年 4 月	资本 100 万元 *	经营各种保险业务

续表

名称	成立日期	资本	主要业务
中国保险公司			经营各种保险业务
中国农业保险公司	1945 年 1 月		经营农产物保险
合众保险公司	1943 年 6 月	资本 500 万元 *	经营水火险业务

注：带 * 系总公司资本。

资料来源：中央银行兰州分行：《兰州市金融业概况》，《中央银行月报》1947 年第 2 卷 4 期，第 73—74 页。

可见，抗战时期除国有金融组织在兰州设立外，一些地方性金融组织也纷纷在兰州设立分支行处，而所有的分支又不断地向周边地区扩散，从而在兰州地区形成了以国有银行为核心、以地方银行及商业银行为辅而向周边扩展的战时金融组织网络。如 1940 年交通银行在兰州设立支行后，便于当年在天水、武威，次年在酒泉、平凉等地设立了办事处。1942 年 1 月，邮政储金汇业局兰州分局成立后，1943 年 8 月平凉、1944 年 5 月天水、武威办事处先后成立。① 保险业务、信托业务也在落后的兰州地区得以从无到有地发展起来。

在金融网络陆续构建下，兰州地区从中央到地方的各级各类银行的业务活动范围较以前也有了明显的变化。以甘肃省银行为例，在其成立之初，国民政府即以协助经济建设为原则，对其业务活动提出了几项要求：配合经济建设；辅助农村金融；辅助小商业资金，经营平民贷款；辅助手工业；代理三级（国库、省库、县库）库务之收支，便利财政之用；举办信托业务，经营联合产销，购办平价物资及代客运输；代国库、省库发行并销纳各种公债；扩大存款、放款和汇兑业务，活跃市场。② 其他银行也大体如此，这显然比抗战前业务范围扩大了许多，也说明银行在当地经济建设过程中作用的不断增强。

在 1939—1941 年最初的几年间，银行业在兰州的发展无疑对活跃地方

① 甘肃省地方史志编纂委员会编纂：《甘肃省志》第 40 卷《金融志》，甘肃文化出版社 1996 年版，第 48、50 页。

② 张令琦：《解放前四十年甘肃金融货币简述》，载中国人民政治协商会议甘肃省委员会文史资料研究委员会编：《甘肃文史资料选辑》第 8 辑，甘肃人民出版社 1980 年版，第 147 页。

经济，促进西北内地经济发展起了重要作用。1939 年中国银行于兰州设行后，即开始办理农贷业务。设专员一人，奉经理之命主持辖内各区内外勤一切农贷事宜，内勤设办事员若干人，处理内部工作；外勤于各集中之农贷县份设工作区，派主任辅导员一人，主持该区农贷事宜。下设各县农贷通讯处，驻辅导员若干人，办理调查、贷款、辅导工作，因而到 1941 年 6 月底就取得了明显的经济社会效益，正如《中国银行甘肃省历年来农贷业务概况》所言："1. 减少了高利贷按甘肃省高利贷普遍在月息四分以上，甚至有对本利者（借国币壹圆，月底还国币贰圆），本行放款已达七百多万元，倘按月息四分计算，计息二十八万余元，而本行现以月息八厘计，约为五万余元，无形中减少农民无谓负担年约国币二百七十余万元。2. 增加了农产。3. 提高了农民对政府的信仰如购买储券、服从兵役、缴纳正当税捐等。"[1] 1940 年中国银行又与甘肃省合作在兰州成立甘肃水利林牧公司，资金 1000 万元，其中，中国银行出资 700 万元，省政府筹资 300 万元。"该公司成立后 5 年内，以甘肃省黄河流域为工作重点，相继完成洮惠、湟惠、溥济、油丰等 11 条水渠建设，灌田 50 万亩，收益数千万元。"[2] 1941 年中中交农四行联合办事处兰州分处与甘肃省政府合办甘肃矿业股份有限公司，资本 1000 万元，由四行联合办事处与省政府共同分担。

但是，由于抗战时期兰州金融组织网络的建立，是战时特殊大背景下发展起来的，而根据国民政府财政部规定，银行贷款主要用于支持工矿生产建设、交通公用事业和日用小商品生产等方面，但由于生产建设投资周转慢，效益低，远不如商业投资获利大。如果说兰州各级金融组织在 1942 年前的发放贷款中，对扶持生产、活跃市场的还起到一定的积极作用的话，那么这之后，各银行机构却在竞相贷放商业、支持商业投机中愈来愈多地发挥作用。到 1945 年仅甘肃省银行的商业贷款就占贷款总额的 55.70%，而交通公用事业贷款和教育文化及公益事业贷款则仅分别为

---

① 转引自李贵义、施斌：《陇原记忆：百年中行在甘肃创多项第一》，《西部商报》2012 年 2 月 20 日。

② 黄河水利委员会编：《民国黄河大事记》，黄河水利出版社 2004 年版，第 156 页。

3.57% 和 3.08%。① 对此有时人评论说：西北金融业（主要集中于兰州）投资于农业者最少，投资于工业者次之，投资于商业者最多，"除诸商业银行以外，既国营商业银行业也多多少少投放相当数额之资金到商业上去，这也不外是为了利，结果把资金全用来做买卖，刺激物价，对大众生活有损无益"②。

与此同时，国民政府为应对日见浩繁军费及日常开支不断扩大法币的发行量，通货膨胀加剧。"自去年（1939年）九月一日起，始则各项外来货品先行暴涨，亦步各项物品之后飞涨不已，多数日用必需品价格在二十天内涨百分之五六十，最低亦涨百分之二十，且有一部分货物如砖茶等涨至百分之百以上，殊属骇人听闻。有一日之间三易其价者，继则本省出产之食粮、燃料、清油及一般日用品价格。"③ 对此，兰州各级各类银行不仅没有采取任何措施减轻通货膨胀的压力而抑制物价，反而不断地把物价上涨转嫁到当地人民身上，"自物价高涨后，兰州的银行实行实物贷放，美其名曰合作贷款的新路线"。1944年，甘肃省府主席谷正伦指使甘肃省银行、甘肃省合作金库合办实物贷款，在皋兰等23县，"从民国33年—34年（1944—1945年）共贷出 70190042 元，月息 1 分 7 厘，另加仓租 1 分，两年中连同本息共掠夺粮食 2040000 余公斤"④。在银行机构的推波助澜下，兰州市的物价不断高涨，远远超过了全国的平均水平，仅就影响国计民生最重要的粮食价格而论，从 1939 年始到 1945 年 7 月，兰州市场的粮价就上涨了1757 倍之多⑤。如此高昂的粮价，已使百姓无米下锅。

总之，1939 年以后兰州金融组织网络无疑是为了适应抗战时期内地资金向大西北转移的需要而铺设的，在大量资金不断融通的刺激下，兰州地区乃至整个西北地区的农工商业都获得了一定程度的发展。诚如时人所评

---

① 王恭：《解放前夕的兰州金融》，载《兰州文史资料选辑》（第 10 辑），中国人民政治协商会议兰州委员会文史资料委员会 1989 年版（内部资料），第 223—246 页。
② 刘永乾：《西北区银行动态之偏向》，《西北论坛》1947 年第 1 卷第 1 期，第 27 页。
③ 《甘肃办理平值情形卷》中国第二历史档案馆藏经济部档案，全宗号 4，案卷号 29346。见魏丽英：《抗战时期甘肃物价档案史料试析》，《档案》1991 年第 6 期。
④ 姜宏业：《中国地方银行史》，湖南出版社 1991 年版，第 388 页。
⑤ 甘肃地方史志编纂委员会：《甘肃省志》第 52 卷《粮食志》，甘肃文化出版社 1995 年版，第 83 页。

论的：“在抗战期间，随着战事的向西推移，中国的金融业已向西部地区发展，不再偏聚江、浙沿海、沿江地区了，即使偏僻边远地区也开始建立起现代银行业。这对中国西部地区的开发和各种行业的建设，都能得到现代化金融业的资助和调济，是非常有利的。”① 但是由于所有的金融机构主要着眼于战时需要，而不是关注兰州乃至西北地区社会经济的发展，因此随着抗战即将结束，国民政府失去了对西北地区的关注，兰州地区的金融业发展开始弊端丛生。

四、结语

兰州近代金融事业的开发是以近代银行的产生为主要标志。从 20 世纪初期到抗战胜利的 1945 年，兰州地区的近代金融组织几乎全部是政府和握有兵权的军政要员创办的，虽然这些金融组织的主要作用是为地方官僚和统治集团服务，有时也是他们掠夺地方财富的工具。但是，与此同时，这些金融机构的创办客观上对于兰州乃至整个西北地区的经济发展无疑起了一定的积极促进作用，虽然这种作用是有限而且暂短的。

从清末兰州近代金融业的起步，到北洋政府时期兰州金融业发展的乱象丛生，直到抗战时期兰州金融业飞速发展，实际上都不是一种常态下的发展，而是在特定环境下依靠政府大力推动的结果，是典型的强制性制度变迁。制度变迁的强制性，无疑是有悖于社会经济的自身发展规律，其基点是统治者的偏好和政府在追求自身利益最大化过程的有限理性；这种强制性变迁，虽然在一定程度上带来了兰州乃至整个西北地区的经济发展，但是这种发展毕竟十分有限，并且它所持续的时间也不可能长久。这也诚如杜恂诚先生所说：不以诱致性变迁为基础的强制性变迁，是所谓“逆向交替”。相对“有限政府”而言，主导此类强制性变迁的是所谓“无限政府”，即他们认为自己是全能的和万能的，他们不是为了纠正市场的缺陷，而是从执政者的利益出发，为了解决政府自己的问题，而设计出一套蓝图，强制地加以推行。②

---

① 董长芝、马东玉主编：《民国财政史》，辽宁大学出版社 1997 年版，第 379 页。
② 杜恂诚：《近代中外金融制度变迁比较》，《中国经济史研究》2002 年第 3 期。

第五章　抗日战争时期西北社会概况

第一节　抗日战争时期兰州的粮食市场

　　抗日战争全面爆发后，中国的经济中心转移到了西北和西南，地处中国西北的甘肃也成为战时重要的后方，作为甘肃省会的兰州，更成为西北的重镇，它在"西北发生着模范作用，它的经济动态，可以影响到整个的西北"。"物价问题是经济上的严重问题，而粮价问题又是物价问题的中心。"① 1937 年，抗日战争全面爆发，在最初的两年多时间里，兰州粮食市场上的粮食价格虽然有所上扬，但涨幅不大。1939 年到 1941 年，随着太平洋战争的爆发，兰州粮食市场的粮价开始急剧飙升，到抗日战争即将取得最后胜利的 1945 年 7 月，兰州市场的粮价竟比 1937 年下半年上涨了 1757 倍之多。② 如此高昂的粮价，已严重影响了兰州市民的正常生活。众所周知，粮食问题直接影响到民生问题，然而，到目前为止，学术界对兰州粮食市场却鲜有研究，为此，本书依据时人的一些调查资料③，对抗战时期兰州的粮食市场做一些初步的探索，以力图从一个新的视角来探讨抗战时期西北地区的经济发展问题，不妥之处，望方家指正。

---

　　① 王泰管：《兰州之粮食市场与价格》，《西北经济通讯》1941 年第 1 卷第 3 期，第 18 页。

　　② 甘肃地方史志编纂委员会：《甘肃省志》第 52 卷《粮食志》，甘肃文化出版社 1995 年版，第 83 页。

　　③ 王泰管：《兰州之粮食市场与价格》及《甘肃粮食之运输》；王新之：《甘肃粮食产销之研究》；庄星书：《六年来的甘肃粮价》等。

一、兰州粮食的来源

甘肃地处中国西部，是中国粮食生产开发较早的地区之一。早在西汉武帝时期，政府在这里大规模实行移民屯田，"置张掖、酒泉郡，而上郡、朔方、西河、河西开田官，斥塞卒六十万戍田之。"[①]"汉渡河，自朔方以西至令居，往往通渠，置田官吏卒五六万人。"[②]"元朔二年夏，募民徙朔方十万口。"[③] 由于大规模的屯垦，河西走廊的粮食生产得到了前所未有的发展。隋唐之际，特别是至开元盛世，甘肃经济更是空前繁荣，粮食年年有余，家给人足，"人家储粮，皆及数岁"[④]。随着明清两代粮食生产的发展，甘肃一些地区的粮食生产已开始由自然经济向商品经济过渡，敦煌、甘州、凉州、河州、秦州等地出现了一批以粮食贸易为主的集市，兰州则成为当时最重要的粮食市场。到民国时期，兰州的粮食市场网络已经初具雏形。

如果按生产市场和消费市场来划分，兰州应该是粮食的消费市场。如果按照施坚雅对明清时期中国市场层级体系来划分，兰州又可以作为粮食的终点市场。"兰州南依五泉，北枕洪流，表里山河，中开平壤。此地河道甚狭，宽仅二百公尺，上架铁桥，乃古来黄河第一要津。水运上起西宁，下达包头，陆路东抵潼关，西通新疆。"[⑤] 四通八达的地理位置，使抗战时期兰州粮食市场的粮食依然来自东、南、西、北四路。

（一）东路粮。所谓东路粮是指兰州以东各县输入的粮食。抗战爆发后，兰州的粮食主要来自该区，包括榆中、会宁、定西等地，其中以定西粮为大宗，甘草店、金家崖为主要转运地。东路粮的品种，以小麦为大宗，约占东路粮总输入的一半，其次为黄小米、凉谷米、大米、豆类、糯米等。在米类中，金家崖的大米，尤为有名，此外，秦安一带的大米，每年也有相当数量输入兰州。

---

① 《史记》卷 30《平准书》。
② 《汉书》卷 94《匈奴传》。
③ 《汉书》卷 6《武帝纪》。
④ 元次山：《问进士第三》，载《全唐文》卷 308。
⑤ 张其昀：《张其昀先生文集》（第 12 集），"中国文化大学"出版部 1988 年版，第 5917 页。

（二）南路粮。南路粮是指兰州以南各县输入的粮食，南路粮也是抗战时期兰州粮食市场粮食的主要来源。这一路包括的区域较广，有洮沙、临洮、康乐、宁定、渭源、陇西、武山等地，其中临洮、渭源的粮食较多。临洮不仅直接为兰州输入粮食，同时也为其他地区的粮食提供转运，因而又成为南路粮重要的转运市场。抗日战争爆发以前，"兰州粮食市场饱和，粮价较低，南路粮则因运费较高缺乏竞争力而无从插足。此后因抗战关系，兰州粮价节节看涨，南路粮才大量行销于兰州"①。南路粮也以小麦为主，其次为豌豆、蚕豆、青稞，来自武山的则全为稻米。

（三）北路粮。北路粮也叫北山粮，因为该地区的粮食主要产自北山山脉中，包括的地方主要有皋兰县北乡、景泰、永登、古浪等县，而大靖、平番、红水、一条山等处为粮食的集散地，粮食中的十分之七为小麦，小米、黄小米及豌豆等占少数。此路粮为抗战时期兰州市场粮食的主要来源，仅1941年其输入到兰州粮食市场上的粮食数量就占兰州粮食市场粮食总数的36%。

（四）西路粮。西路粮主要来自青海的西宁和甘肃的永靖。因为东、南、北三路的粮食都是都是通过陆路运输到兰州，而只有这一路的粮食是通过黄河水路运到兰州的，因此西路粮又被称为水上粮。西路粮也以小麦为大宗。

抗战前西宁顺黄河支流湟水筏运兰州之粮，是西路粮的主体。1927—1934年，自西宁运往兰州的粮食一般为五六千石（每石600斤）。甘肃若遇灾年，市面粮价暴涨，"青海各地输出的粮食数量便成倍于平常年景，粮商活跃，粮运繁忙，年运量高达五万石以上"②。由于水运费用低，粮价低廉，曾使其他三路粮受到不同程度的排挤。据记载，抗战前，兰州每年上市的粮食，近一半来自青海。抗战全面爆发后，青海开始禁止粮食出境，1941年，兰州粮食市场上来自青海的粮食仅占5.76%。

---

① 甘肃地方史志编纂委员会：《甘肃省志》卷52卷《粮食志》，甘肃文化出版社1995年版，第74页。

② 翟松天：《青海经济史（近代卷）》，青海人民出版社1998年版，第41页。

1941 年兰州市各路来粮所占百分比

来源	数量	百分比
东路粮	152000	31.20
南路粮	130500	26.86
北路粮	175300	26.08
西路粮（水上粮）	28000	5.76
总计	485800	100

资料来源：王新之：《甘肃省粮食产销之研究》，《粮政季刊》1947 年第 4 期，第 148 页。

上表是 1941 年兰州粮食市场上四路来粮所占比例的情况，实际上，各路来粮的比例每年都是各不相同。因为甘肃是典型的大陆性气候，地形复杂，自然灾害频发，"各地的气候都变幻莫测，两个相邻的县或相连的山地与河水，而每年的收成大有差异，……兰州的东南西北在平常，很少同是丰年，或同是歉收。东南面丰收了，西北面也许苦旱。反之，东南面苦旱或水时，西北面也许风调雨顺，此歉彼丰常不尽同，因而各路来粮所占的比例很难年年相同"①。

二、交易组织、交易时间、季节及交易办法

（一）交易组织

抗日战争全面爆发后，在兰州粮食市场从事粮食交易者主要有粮行、零售商和面粉商。

在兰州粮食市场上，粮行通常是以经纪商的身份出现，他们与经纪人不同的地方就在于规模大小，"在正常情形下，他们只尽经纪人的职能，即撮合交易，担保交易与过斛，俟交易成功后，向卖方抽取定额的佣金。但在有利的场合下，他们也常自买自卖，有时还派人到产地市场去收购"。但是，他们主要还是尽经纪的职责。② 具体而言，在兰州粮食市场上经纪商又可以分为四类：一种是普通经纪商，他们只代买卖双方尽经纪的职责。第二种是所谓的"车行"，他们和普通经纪商的不同之处是他们兼营

① 王新之：《甘肃省粮食产销之研究》，《粮政季刊》1947 年第 4 期，第 147 页。
② 王泰管：《兰州之粮食市场与价格》，《西北经济通讯》1941 年第 1 卷第 3 期，第 21 页。

车行和粮行的两种职业，因为"车行"所招揽的粮食贩运商是从南路（临洮一带）用马车贩运粮食来兰州，"粮食到兰，'车行'为之经纪出售，是以经纪商的姿态出现。回程时为之招揽其他的货物，又是以车行的姿态出现。"第三种经纪商是筏店，他们只经营从水上用皮筏运来的粮食。第四种是米店，专门经营从张掖运来的大米。这几种经纪商中，第一种经纪商占绝大多数，第二种、第三种次之，第四种最少。[①]

经纪商的组织结构比较简单，"通常是经理一人，管账一人，另外有斛手一至三人，学徒二人做其他杂物。规模较小的经纪商，人数还没有这样多，经理也亲自记账和过斛"[②]。

兰州粮食市场的零售商分布于全城各处，而以横街子（今静宁路南段）为最多，这些零售商"是一种有组织的专门的粮食零售商，大都是一间或两间店门口，用箩筐盛着各种粮食，任客选购"。其粮食来源，或得之粮贩，或得之于产粮的农民，或从粮行批发而来，或从产地市场买来。零售商与消费者交易粮食的数量虽然很小，大多在一石以下，[③] 但是，兰州地区一般消费者所需要的粮食，主要还是来自这些零售商的。

除了有组织的零售商以外，兰州粮食市场还有面粉商，这些面粉商没有固定的市场也没有店面。具体而言，面粉商又可以分为两种：批发兼加工的面粉商和面粉零售商，而以前者为最重要。批发兼加工的面粉商，是派人到粮食产地市场直接收购小麦，利用产地水磨加工成面粉后回兰销售。面粉零售商则是从兰州本地市场买到小麦磨制成粉后，卖给消费者。

当然，在兰州粮食市场上，也有粮贩和农民直接把粮食卖给消费者的情况。

（二）交易时间、季节和交易办法

在兰州粮食市场上，零售商是日日交易，交易时间自清晨至天黑。由经纪商撮合的交易，则是每天早晨九点以前完成，这种交易还存在着集市的性质。

---

① 王新之：《甘肃：粮食产销之研究续》，《粮政季刊》1947 年第 5—6 期，第 130 页。
② 王新之：《甘肃省粮食产销之研究续》，《粮政季刊》1947 年第 5—6 期，第 127 页。
③ 王泰管：《兰州之粮食市场与价格》，《西北经济通讯》1941 年第 1 卷第 3 期，第 21 页。

交易季节，除筏店外，以每年十一、十二、一月为旺季。因为这几个月是农闲时节，一方面以贩粮为副业的农民可以有空闲时间利用车马把粮食运到兰州销售；另一方面是由于旧历年关临近，农民需要钱款，有余粮的自然会拿出出售。至于西路粮，则由于此时黄河结冰，皮筏不能航行，来粮反而减少。

兰州粮食市场的交易办法通常是以直接交易为主，交易形态以现货交易最为普遍。而通过经纪商撮合的交易，当经纪商为买卖双方撮合成功一宗交易时，经纪商从每市石粮食中抽佣金四分，佣金由卖方负担。经纪商是按量抽取佣金，粮价高涨或低落，对于经纪商不产生任何影响。当然，在粮食市场中，有时经纪商也直接吃进粮食，然后卖给消费者。

除现货交易外，抗日战争时的兰州粮食市场也存在着较为简单的期货交易，期货交易只在面粉商和消费者之间存在。一般而言，面粉商和熟悉的消费者之间约定供给面粉，双方约定价格后，定者要预先付款，然后面粉商拿这笔钱到产地市场购买小麦，利用当地水磨磨成面粉后，回兰后陆续送交定户，至于具体的交割日期，双方并没有明确的规定。

三、粮食的分级、价格及运输

（一）粮食的分级、价格

在兰州粮食市场上的粮食分级，多是按照粮食的来源或色泽而分。以米为例，在兰州粮食市场上，有金家崖米（也称皋兰大米）、秦州米、甘州米。金家崖米品质最佳，秦州米和甘州米次之。如以小麦而论，则水上运来的小麦品质最差，因其在运输途中潮湿所致。兰州小麦的品种，大体都是红小麦。北山所产的小麦最佳，东路次之，西路的最差。同一来源地粮食的等级差别，只有靠购买者自己去观察。可见，兰州粮食市场上的小麦虽然品质上有所差别，但是并没有精确的分级，兰州人的粮食消费是以小麦为主的。因而，在兰州粮食市场上的粮食价格通常指的是小麦价格，当然主要指的是北路和东路小麦的价格。

1930—1941 年兰州的小麦价格

单位：元/市担

月别 年别	一月	二月	三月	四月	五月	六月	七月	八月	九月	十月	十一月	十二月	平均
1930 年	16.50	17.00	16.83	16.83	15.17	14.70	16.50	15.13	14.70	16.33	19.00	19.33	16.46
1931 年	20.07	20.07	21.33	21.50	22.31	21.67	20.50	29.13	32.33	14.43	12.23	11.20	20.56
1932 年	11.43	11.67	11.20	10.33	9.77	8.93	9.10	8.37	8.50	7.77	7.30	6.33	9.23
1933 年	6.30	6.17	6.27	5.60	5.97	6.23	6.13	5.70	6.17	6.00	5.53	5.50	5.96
1934 年	5.70	5.70	5.93	5.73	5.63	6.17	5.83	5.57	5.30	5.37	5.20	5.20	5.27
1935 年	5.33	5.33	5.27	5.47	5.80	5.83	5.90	5.37	4.87	4.50	4.27	4.27	5.18
1936 年	4.17	4.70	5.33	5.67	5.40	4.53	5.10	4.77	5.50	5.77	8.20	10.33	5.79
1937 年	10.93	10.43	9.60	10.43	9.00	7.87	9.27	11.07	11.83	12.87	13.30	12.60	10.77
1938 年	12.95	13.05	13.05	12.75	12.00	14.00	14.75	16.00	15.00	15.54	14.50	14.25	13.98
1939 年	15.75	17.70	17.00	16.00	16.00	17.00	18.00	18.00	19.00	20.00	21.00	21.00	17.98
1940 年	22.25	22.58	21.25	20.00	19.00	20.00	23.33	24.66	28.00	36.67	39.33	39.33	26.36
1941 年	53.33	60.00	65.67										

资料来源：王泰管：《兰州之粮食市场与价格》，《西北经济通讯》1941 年第 1 卷第 3 期，第 24 页

　　显然，抗战全面爆发前，兰州的粮价也出现过一些波动，其中 1930—1931 年粮价居高的原因是由于 1928—1930 年西北地区出现的毁灭性的大旱灾所导致的，这次大灾持续时间之长，影响范围之广，实属罕见。"甘肃遍地皆旱，因历次歉收，饥馑死亡甚众，即以灾情较轻之兰州而论，每日饿死达三百人。"① 这次旱灾导致的农业歉收，直接影响了兰州粮食的价格。旱灾过去以后，兰州粮食市场上的粮价开始回落。

　　1937 年抗日战争全面爆发后，青海省开始禁运粮食出境。此后，随着太平洋战争爆发，战事不断扩大，国民政府为应对日见浩繁军费及日常开支而开始大量发行法币，通货膨胀日益显现。1937 年 6 月国民政府法币发行额为 1407 百万元，1939 年底达 4287 百万元，1940 年底达 7874 百万元，1941 年底达 15138 百万元，1943 年底达 75379 百万元，1944 年底达 189461 百万元，到 1945 年 12 月更猛增至 1031900 百万元。② 1945 年法币

---

① 《上海华羊义赈会披露豫陕甘大旱之奇缘》，《申报》1929 年 4 月 28 日。
② 杨菁：《试论抗战时期的通货膨胀》，《抗日战争研究》1999 年第 4 期。

发行额是 1940 年的 131 倍之多。如果说 1940 年前，通货膨胀尚属缓慢发展，那么，1940 年后通货则越发庞大，通货膨胀渐向恶性发展。通货膨胀加剧，公众对货币的信用危机日渐明显，物价飞涨就成为不可避免之势。作为战时大后方的西北内陆的兰州地区，对通货膨胀带来的刺激远不如其他地区那样灵敏，但在"迭遭敌机轰炸"，沦陷区的人口大量涌入，粮食产量下降，供需矛盾加剧的情况下，"粮食因而只见上挺，不见下跌"①。"人口增加，需要（粮食）较多，而又没有新的供给源泉，加以抗战时的运输困难，更增长了粮价的涨风。" 1939 年北山没有收成，1940 年，甘肃也没 "十足的收成"。② 1937 年兰州中等小麦价格指数是 107.9，以后逐年攀升，1938 年为 121.4，1939 年为 175.5。1940 年后更是扶摇直上，1940 年兰州市中等小麦价格指数为 276.4，1941 年为 879.8，1942 年为 2297.8，1943 年为 6564.0，1944 年更为 13282.0。如此高昂的粮价，使当地百姓无力购买。③ 1940 年前，法币发行速度高于兰州粮价的上涨速度。1941 年开始出现逆转，后者超过了前者。显然，非货币因素也对兰州的粮价产生了重要影响。

（二）粮食的运输

兰州粮食市场上的粮食来源于东、南、西、北四路，来源地区不同粮食的运输方式也不相同。

东、南、北三路的粮食是靠陆路的马车和牲畜驮载。具体而言，东、北两路以车运为主，驮载为辅，南路则以驮载为主，车运为辅。抗战时期，甘肃通行的马车主要有两种，一种胶轮马车，在公路上通行；另一种是铁轮马车，只能在乡间行进。显然，在公路上行进的马车运输效率较高，但是由于甘肃公路建设的滞后，所以运往兰州的粮食，通常仍是铁轮马车。驮载，是甘肃农村剩余劳动力最大的出路，驮粮的牲畜十分之七八是驴子。每头驴平均驮载的粮食为 100—120 市斤。这些运输工具，或属农

---

① 庄星书：《六年来甘肃的粮价》，《新西北》1943 年第 6 卷第 8 期，第 50 页。
② 王泰管：《兰州之粮食市场与价格》，《西北经济通讯》1941 年第 1 卷第 3 期，第 26 页。
③ 许道夫：《中国近代农业生产及贸易及贸易统计资料》，上海人民出版社 1983 年版，第 110 页。

民所有，或属粮食贩运商所有。

西路的永靖和青海的粮食主要是依靠牛皮筏运输。皮筏是甘肃特有的运输工具，有牛皮筏和羊皮筏两种。通常运载粮食的是 30 个牛皮胎组成的皮筏，运输时，把粮食分别装入皮胎，然后吹足气，放入湟水（黄河的支流）或黄河中，顺流而下。三十只皮胎的皮筏，载重量为 100 市石。这种运输工具是属于粮食贩运商所有。

就运输费用而言，不同地区，不同的运输工具，在不同的年份，运费也是不同的。

定西等七处运往兰州粮食运费表（民国二十六年至民国三十年）

地名	距离（里）	运输工具	历年运费（元）				
			二十六年	二十七年	二十八年	二十九年	三十年
定西	240	马车	18.00	40.00	60.00	120.00	240.00
甘草店	120	马车	10.00	20.00	30.00	60.00	120.00
临洮	210	马车	40.00	60.00	80.00	115.00	220.00
永靖	200	皮筏	50.00	96.00	200.00	420.00	830.00
西宁	480	皮筏	140.00	80.00	120.00	160.00	320.00
大靖	40	马车	40.00	40.00	60.00	80.00	160.00
永登	210	马车	20.00				

注：马车平均每车载重十市石，皮筏平均每筏载重一百二十市石。

资料来源：王泰管：《甘肃粮食之运输》，《粮政月刊》1944 年第 2 卷第 2—4 期，第 73 页。

上表是按 1937 年到 1941 年定西等七处运往兰州的粮食运费的实数而列的。但是由于各地距离兰州的距离不同，运输工具的载重量的差距，所以上表并不能很清晰地看出每种运输工具每市石粮食每里的运费。当然，如果我们从运输工具的运输费率来观察，就可以很明显地看出不同运输工具的运输价格。

定西等七处运往兰州粮食运输费率表（民国二十六年至民国三十年）

地名	距离（里）	运输工具	历年运费（元）				
			二十六年	二十七年	二十八年	二十九年	三十年
定西	240	马车	0.0075	0.0167	0.025	0.05	0.10
甘草店	120	马车	0.0083	0.0167	0.025	0.05	0.10
临洮	210	马车	0.0190	0.0236	0.038	0.055	0.105
永靖	200	皮筏	0.0021	0.0040	0.084	0.0175	0.035
西宁	480	皮筏	0.0024	0.019	0.0285	0.038	0.076
大靖	40	马车	0.0025	0.019	0.0285	0.038	0.076
永登	210	马车	0.0095				

资料来源：王泰管：《甘肃粮食之运输》，《粮政月刊》1944 年第 2 卷第 2—4 期，第 73 页。

根据上表可以看出以下几点：首先，运输工具落后，价格昂贵；其次，皮筏是兰州粮食市场价格最低廉的运输工具；最后，随着抗战的全面爆发，粮食运费也是节节攀升，其"上涨率超过了一般物价的指数"。[①]

可见，抗战全面爆发后，特别是 1940 年后，兰州市场的粮食价格持续飙升。粮价上涨，一方面是由于国民政府战时货币政策失误导致的通货膨胀的影响；另一方面战时物资紧缺，供需不调，战争造成的交通运输的种种困难等非货币因素也直接影响了粮食价格。

四、结　语

抗战时期，围绕着兰州的粮食交易，兰州粮食市场的粮食价格波动与中转市场、农村基层市场有明显的关联，这在很大程度上表明兰州粮食市场网络已初步形成。在抗战时期的兰州粮食市场上，不同的粮食交易组织扮演着不同的角色，它们或撮合交易、或自买自卖，通过它们交易的粮食最终被当地居民所消费。

1937 年抗战全面爆发后，兰州也是迭遭敌机轰炸，虽然作为我国战时大后方的重镇之一，但是由于长期以来该地区经济基础薄弱，加之青海省

---

① 王泰管：《甘肃粮食之运输》，《粮政月刊》1944 年第 2 卷 2—4 期，第 76 页。

粮食的禁运出境，沦陷区人口大量涌入，国民政府法币大量发行、通货膨胀加剧，兰州粮食市场的粮价出现了巨大波动，而粮价的稳定与否对于以农业为主的国家来说是至关紧要的，无疑会影响整个社会的物价水平，虽然国民政府也采取了一系列的措施①来平抑粮价，但收效甚微。

显然，在中国惨遭日本帝国主义的侵略，整个社会大动荡的情况下，落后的社会经济环境，依靠较原始的交通工具而建立起来的粮食市场体系是很难完善起来的。

第二节　抗战时期陕甘宁边区的过载栈

过载栈是一个古老的行业，曾在中国商业舞台上发挥过重要作用。抗日战争时期，陕甘宁边区由于人口增加、物资匮乏，国民党政府的经济封锁，使边区的经济有着很强的对外依赖性。为改善边区人民生活、稳定边区市场，陕甘宁边区政府提出了一系列旨在推动社会经济发展的商业贸易政策，从而为边区公私商业的发展奠定了基础。

一、抗战时期陕甘宁地区过载栈的发展

据《辞海》，过载栈也叫"行栈"，唐时叫"邸店"，明代以后通称"牙行"。② 抗战时期的陕甘宁边区，过载栈也被称为骡马店。③ 过载栈（行）的主要业务包括：住宿，组织买卖双方进行交易，接受代买、代卖或代运业务，也有很少的一部分是同时兼营自营业务。显然，过载栈是集客栈、货栈、中间商于一体的商业贸易组织，是区域商品交易的媒介。在传统中国社会，过载栈的活跃与否能直接体现区域商品经济发展的程度和

① 1941 年 7 月，国民政府定甘肃为《非常时期违反粮食管理治罪暂行条例》实施区域；同月，甘肃省政府公布了《甘肃省禁用粮食酿酒暂行规定》；12 月，公布了《甘肃粮食登记办法》，以粮食登记的手段，控制民间存粮；1944 年，为加强粮食管制，防止囤积居奇，甘肃省政府更进一步修正了 1941 年 6 月公布的《甘肃省管理粮食暂行办法》等等。

② 辞海编辑委员会：《辞海（缩印本）》，辞书出版社 1989 年版，第 797 页。

③ 陈俊岐：《延安时期财务工作的回顾》，中国财政经济出版社 1987 年版，第 106 页。

水平。然而，正如有学者指出的那样，直到民国年间，过载栈一类的牙行在陕北地区依然十分稀少，这表明该地区商品经济发展非常缓慢。① 1936年红军三大主力陕北会师，此后在苏维埃政府的积极努力下，陕甘宁革命根据地的商品经济有了一定的恢复和发展，"所有的集市均已恢复起来了，尤其是子长——除将过去原有集市，恢复起来外，并在镇武洞亦建立起来集市，现有不少白区商人来此集市买卖货物，所以比前更加繁荣。此外，在其他各县集市（如白庙岔、安定市，李家岔、蟠龙市等）都比过去强的多了"②。

1937年9月，陕甘宁边区政府正式成立，借助于边区与友区贸易发展的契机，过载栈获得了迅速发展，并成为抗战时期陕甘宁边区的市场经济中占主导地位的商业机构，当时的陕甘宁边区面临的"一个是乡村，一个是封锁"，与"大城市、不封锁的地方不同"，战时乡村商业的"中心环节就是过载行的、跑街的，商店里的东西都是经过过载行卖出去的"③。一方面边区所需求的各种物资需要从"外边"运进；另一方面边区自己所出产的一些土特产品又需要运出，不同的市场层面、不同的交易主体，是需要一个联结纽带的，显然"内外差异"是抗战时期陕甘宁边区过载栈得以广泛存在的前提和基础，它的发展和壮大又与边区贸易的发展是分不开的，而贸易规模的扩大又与边区的政治经济环境有着密切的关联。

第一，人口增加。陕甘宁边区成立后，特殊的政治经济环境吸引了大量的人群来到这里。从1937年到1940年这四年间，陕甘宁边区共接受移民170172人，平均每年移民42543人。④ 边区人口的逐年增加势必引起商品供求关系的变化，人口骤增，消费量增多，但由于边区长久以来自然环境生态环境脆弱："放眼望去，除了几处肥沃的河谷，其余都是贫瘠的黄土地，四处见不到树林，只有深谷纵横。这里常常遭受干旱和洪水的侵

---

① 张萍：《从牙行设置看清代陕西商品经济的地域特征》，《中国经济史研究》2008年第2期。

② 马佩勋、惠志明：《陕北省国民经济部三月份报告》，载陕甘宁革命根据地工商税收史编写组、陕西省档案馆：《陕甘宁革命根据地工商税收史料选编》第一册（1935—1940年），陕西人民出版社1985年版，第73页。

③ 中共中央文献研究室编：《陈云文集》（第一册），中央文献出版社2005年版，第378页。

④ 严艳、吴宏岐：《陕甘宁边区移民的来源与安置》，《中国历史地理论丛》2005年第2期。

袭，坚硬如石的土地，即使被开垦出来，收成也少得可怜。"村庄相隔很远，"一般有四五户人家，比较大的村子也不超过十二户。只有城市人和大地主才能住上房子，农民毫无例外地和牲口一起都住在窑洞，这种窑洞就像是在土坡上挖的坑道。这里，不单单吃穿很差，有的地方还严重缺水"①。落后的社会经济环境，使边区建立之初，不但没有机器工业，连手工业也很薄弱，1938 年以前，边区的布匹完全依赖从外部输入，此后，边区虽然自己能生产诸如纸张、肥皂、毛巾、食油、鞋袜等生活日用品，但不能满足边区人民全部日常生活所需。②

第二，边区政府的支持和奖励。抗战全面爆发后，陕甘宁边区的财政收入主要依靠外援和国民政府发放的军饷，"外援（包括海外华侨的捐款、国内民主人士和抗日团体的捐助，以及国民党给八路军的军饷等）在边区财政收入中所占的比例极大，据统计，外援所占的比重：一九三八年为百分之五十一点六，一九三九年为百分之八十五点七九，一九四〇年为百分之七十四点七"③。边区除粮食能够部分自给外，其余大量的党政军所需均需外来供给。边区这种财政对外的严重依赖，对于边区政治上的独立自然是十分不利的，"因而大力鼓励和发展边区贸易、开发税源就成为一个十分迫切的任务"④。边区政府成立后，为鼓励边区贸易，发展私营商业，边区政府制定了团结与保护私营工商业者，奖励外地商人到边区经营工商业的政策。1939 年 2 月，李富春在延安生产运动大会上明确指出，"欢迎工商业家来到我们边区来投资"，边区政府对他们实行保护和奖励。⑤ 同年 4 月 4 日，在边区政府颁布的《陕甘宁边区抗战时期施政纲领》中规定："保证商人投资"，"保证商人自由营业，发展边区商业"⑥。此后边区政府

---

① ［德］奥托·布劳恩著：《中国纪事》，李逵六等译，东方出版社 2004 年版，第 201 页。
② 李强：《陕甘宁边区工业的生产》，载西北五省编纂领导小组、中央档案馆编著：《陕甘宁边区抗日民主根据地（回忆录卷）》，中央党史资料出版社 1990 年版，第 232—233 页。
③ 李维汉：《回忆与研究》（上册），中共党史资料出版社 1986 年版，第 501 页。
④ 李建国：《陕甘宁边区的食盐运销及对边区的影响》，《抗日战争研究》2004 年第 3 期。
⑤ 《李富春同志关于生产运动的报告》，载陕甘宁边区财政经济史编写组、陕西省档案馆：《抗战时期陕甘宁边区财政经济史料摘编》第二编《农业》，陕西人民出版社 1981 年版，第 201 页。
⑥ 《陕甘宁边区抗战时期施政纲领》，载陕甘宁革命根据地工商税收史料编写组、陕西省档案馆：《陕甘宁革命根据地工商税收史料选编》第一册（1935—1940），第 243 页。

更是提出了"对内自由贸易，奖励发展私人商业。对外调剂输出入，鼓励
土产输出商及无代用品的必需品输入；限制迷信品、奢侈品的输入，及边
区自给有余的必需品输出；发展商业合作，便利人民交换，抵制商业资本
的过分剥削"①的旨在发展私营工商业的商业政策。在边区政府的积极支
持下，山西、济南等外地商人纷纷来边区设店经商。

第三，交通运输业的发展。便利的交通运输是商业经济发展的命脉，
抗战全面爆发前，陕甘宁地区沟壑纵横、道路崎岖，交通运输极其不便。
边区政府成立后，为了加强对外商品交流，开始积极着手大力改善交通道
路。1938 年 1 月，修通了延安姚店子至延川王家屯 40 公里的公路，使咸
榆公路全线贯通；同年延安至安塞 32 公里的大车路也修筑完成。为更进一
步改善交通运输条件，1938 年 4 月，边区政府在建设厅下专门设立运销
处。1939 年 1 月，陕甘宁边区第一届参议会上边区政府提出了"发展交通
运输，改善公路便道，发展合作事业、繁荣市集"的发展目标。② 1940 年
至 1941 年的两年间，边区共修建大车路干支线 7 条，全长 1035.5 公里。③
1942 年至 1944 年边区形成了以延安为中心的公路和大道交通运输网络。
公路里程也由 1937 年的 221 公里发展到 1943 年的 1680 公里。此外，驮运
道路也有了较大发展，据 1944 年统计，边区的驮运道路共计 2730 华里。④

显而易见，抗战时期，由于陕甘宁边区人口大量增加，大量军需民用
物资需从国统区输入，交通运输的相对便捷，其时边区政府实行的休养生
息政策，商业不仅未收税，而且边区政府又制定一系列团结保护私营工商
业者，鼓励私人经营商业，奖励区外商人来边区经商的政策，这一切都大
大刺激了区外商人来边区做生意的欲望，延安等地"一时商旅云集"⑤，带

---

① 海燕：《陕甘宁边区经济建设概况》，载陕甘宁边区财政经济史编写组、陕西省档案馆：
《抗战时期陕甘宁边区财政经济史料摘编》第四编《商业贸易》，陕西人民出版社 1981 年版，第
281 页。

② 《陕甘宁边区第一届参议会对陕甘宁边区政府工作报告的决议》，载陕甘宁边区财政经济
史编写组、陕西省档案馆：《抗战时期陕甘宁边区财政经济史料摘编》第九编《人民生活》，陕西
人民出版社 1981 年版，第 439 页。

③ 内田知行：《陕甘宁边区的运输事业》，《抗日战争研究》1993 年第 1 期。

④ 黄正林、闫庆生：《抗日战争时期陕甘宁边区的交通运输业》，《甘肃高师学报》2001 年
第 6 期。

⑤ 师锐、李忠全：《延安时期统一战线问题研究》，陕西人民出版社 2000 年版，第 123 页。

有客栈、货栈、中间商性质的过载栈也随之发展起来。①

二、私营过载栈的经营模式

从 1937 年 9 月陕甘宁边区成立到 1941 年 1 月"皖南事变"之前，边区的贸易是完全自由的，当时边区和国民党统治区之间的贸易往来还没有受到限制，"边区军民所需要的棉花、布匹、纸张、医药和五金等日用品，主要是从外地购进。以延安为中心，西安，碛口为主要路线，可以说四通八达，货源畅旺，私人商业逐渐发展起来"②。所以就过载行业而言，抗战时期最早在边区发展起来的也是私营过载栈，当时商人从边区外卖货变成收庄，然后"经过载行卖给门市部，再由商店到背包生意人"，最后分散到消费者手中。③

过载栈的主要业务是代客运货，同时也代客出卖粮食、盐和其他商品，并供应客商食宿和客商的牲口草料等。黄炎培在其《延安五日记》对过载栈有过这样描述：在延安新市场中"排列着好几家大规模的北方式的商店，叫'过载行'，是一个大院落，养着不少驴马，问过他们，知道是代客运货，运到的货，也代客买卖"④。他们代客运货，同时也代客出卖粮食、盐和其他商品，并供应客商食宿和客商的牲口草料等。显然，过载栈为买卖双方的物资资源的整合提供了较为便捷的交易渠道的同时，又通过它的"中介"为交易各方建立起了良好稳定的商业往来关系。

由于抗战全面爆发前陕甘宁边区经济发展缓慢，过载栈十分稀少，仅以延安而论，除 1927 年开设的天太和及 1928 年开设的天德栈，其余的都是抗日战争全面爆发后陆续由山西商人开设的。陕甘宁边区政府成立后，延安成为边区进出口货物的重要集散市场，过载栈的发展日益突出。至 1941 年延安已有过载栈 18 家，即：天太和、天德栈、泉生成、兴隆店、

①　星光、张杨：《抗日战争时期陕甘宁边区财政经济史稿》，西北大学出版社 1988 年版，第 95 页。

②　吕扬炬：《陕甘宁边区商业工作概述》，载商业部商业经济研究所编：《革命根据地商业回忆录》，中国商业出版社 1984 年版，第 8 页。

③　中共中央文献研究室编：《陈云文集》（第一卷），第 377 页。

④　黄炎培：《延安五日记》，载穆青主编：《中国新文艺大系 1937—1949 报告文学集》，中国文联出版公司 1996 年版，第 465 页。

福太成、顺长源、同益永、永兴栈、天顺长、复兴店、万生店、庆发长、福顺利、万福店、正谊和、吉星店、义顺店、复兴店，这18家行栈的总资本当时已达七十万元之多，占延安市商业资本相当大的部分。① 当然，由于资金不同，各过载栈的主营业务也呈现出些许的不同，换言之，他们的经营各有侧重。

一般情形下，资金较大的过载栈，他们的生意主要是靠"批发"及向边区以外活动。他们在边区外有很大的活动能力，他们消息灵通，熟悉市面，了解商品的购销情形，知道哪些商品可能脱销，哪些商品可能滞销，"与外面的大商有关系，与外面的盐商、布商、棉商、烟商等有来往"②。这样一来，这些过载栈的老板，"知道什么地方来什么东西，来多少东西。他也知道什么人要卖什么东西，那里要多少，这里要多少。他也知道哪个地方的货便宜，哪个地方的货贵"③，所以他们"有一万元的资本可做两万甚至三万元以上的生意"。当时在延安市场上，资金较大的过载栈主要有天顺长、同益永、顺兴源、天德店、天太和等，他们在西安、蒲城、三原、榆林、三边地区都有分号，实行联号经营，"当延安商业好的时候，他们就运货来延安，专做批发。延市商业下落时，他们就在外面各商业据点之间做输运与批发。所以这样的过载栈对延市的商业经济，关系比较大"。资金较少的过载栈，由于资金有限，因此他们对外商业往来较少，经营商业的花样也较少，他们一方面"靠外面的活动，一方面靠卖饭"为生，而规模再小些的过载栈，一般主营业务是卖饭。④ 这些以卖饭为生的过载栈，有的是按季节开设的，他们兼有半农半商的性质。⑤

过载栈内有一定的行市，每日挂招牌。⑥ 当货物卖出时，过载栈收取

① 星光、张扬：《抗日战争时期陕甘宁边区财政经济史稿》，第95—96页。

② 刘潜：《延市私营过载栈》，载陕甘宁边区财政经济史编写组、陕西省档案馆：《抗战时期陕甘宁边区财政经济史料摘编》第四编《商业贸易》，第340页。

③ 中共中央文献研究室编：《陈云文集》（第一册），第378页。

④ 刘潜：《延市私营过载栈》，载陕甘宁边区财政经济史编写组、陕西省档案馆：《抗战时期陕甘宁边区财政经济史料摘编》第四编《商业贸易》，第340—341页。

⑤ 邓文卿：《陕甘宁边区的骡马店》，商业部商业经济研究所编：《革命根据地商业回忆录》，中国商业出版社1984年版，第42页。

⑥ 刘潜：《延市私营过载栈》，载陕甘宁边区财政经济史编写组、陕西省档案馆：《抗战时期陕甘宁边区财政经济史料摘编》第四编《商业贸易》，第340页。

斗捐，即手续费。如果卖出的是粮食和食盐，每斗分别收取粮食和盐三合，就是值百抽三。其他商品则按价收款，一般是值百抽二。当然，为了自身的商业利益，过载栈有时也会采取撒合子或低价收买，高价卖出的办法来剥削外来客商。撒合子就是在用斗过粮或盐时，撒在斗外的粮食或盐归商人，撒的多少完全在商人手中掌握，其收入一般比斗捐多。① 除此之外，客商住宿还要交伙食费用，牲口则要交草料钱，客商的伙食基本上一日三餐以馒头为主，普通菜，每日折合法币八元到十元，每头牲口出草钱十到十二元。② 由于陕甘宁边区政府最初对私商是不征税的，因此过载栈在商业经营中赚取的利润是较大的。1941 年，随着边区政府商业正常所得税的征收，一些外来客商，便和他所熟悉的过载栈通谋，逃避税费，而过载栈为了拉拢客商，发展营业，也总是愿意给客商方便的。③ "将货物货物迅速的成交并迅速的离去，使税局不能发现，以图全部逃税"。可见，当边区政府进行商税征收后，一些不法的私人过载栈还充当着帮客商逃税的"任务"。

皖南事变前，私营过载栈在陕甘宁边区特别发达。当时在边区与友区的区间贸易中，"输入的多为洋布、棉纱及化妆品、奢侈品，输出的多为食盐、皮货等土特产"。但是由于一些私人过载栈从事投机买卖，常常囤积居奇，因此，当时"区间贸易中的不等价交换是很严重的。出现这种情况，既有历史的原因，也是因为边区经济总的说来尚在恢复之中，边区自己的工业尚处于初创阶段；此外，也因为边区政府注意了发展私营商业，但尚未注意到对私营商业进行必要的管理的缘故"④。

三、公营过载栈的经营及其特点

1941 年皖南事变之后，国民党政府对边区实行经济封锁，"边区人民

---

① 陕西省工商管理局：《陕甘宁边区的工商行政管理》，工商出版社 1986 年版，第 179 页。

② 刘潜：《延市私营过载栈》，载陕甘宁边区财政经济史编写组、陕西省档案馆：《抗战时期陕甘宁边区财政经济史料摘编》第四编《商业贸易》，第 340 页。

③ 《陕甘宁边区税务总局对延市税局之调查总结》，载陕甘宁革命根据地工商税收史料编写组、陕西省档案馆：《陕甘宁革命根据地工商税收史料选编》第四册（1943 年），陕西人民出版社 1986 年版，第 244 页。

④ 星光、张扬：《抗日战争时期陕甘宁边区财政经济史稿》，第 96 页。

的负担无疑的是比以前数年加重了"。① 外货来源的缺乏，成本增加，运输风险的加大等诸多因素导致大批私营过载栈破产，其中也有一些从边区撤走，从而使边区的商业陷于停顿和瘫痪状态。法币在边区已经不能自由流通，边区政府不得不发行自己的货币，"同时储备稀缺的法币用以进口当地无法生产的物资，其结果就是大规模的通货膨胀"，1940 年花 500 元就能买到的东西，到 1941 年需要 2200 元才能买到。②

如何应对困境，打破国民党对边区的经济封锁，成为摆在边区政府和人民面前的紧迫任务。"毛泽东的对策就是强调自力更生的重要性。如果物资无法顺利进出边区，同时又缺少可兑换的货币，那么边区就只能自给自足。"③ 毛泽东说："如果不发展人民经济和公营经济，我们就只有束手待毙。"④ 党中央、毛主席很快发出了"自己动手，丰衣足食"号召，在"以边区之有易边区之无，以输出边区外所必需的物品，来换入边区内所必需的物品，一方面达到输出入平衡，一方面防止市场操纵。不妨碍自由，又非放纵自由"⑤ 的贸易政策下，由边区物资局（后改为贸易局）、各部队、机关、学校等经营各类过载栈开始大规模地发展了起来。

陕甘宁边区第一家公营过载栈，是由边区政府的第一家公营商店——光华商店创设于 1939 年在延安设立的天成过载栈。⑥ 此后，边区公营过载栈如雨后春笋一般地发展了起来，到 1943 年，靖边区已有过载栈 2 家、临镇 4 家、三边分区定边县 5 家、绥德市 6 家、延安市 13 家。其中延安市的 13 家分别为军委系统创办的大成永、河口、晋绥过载栈、永亨行、新华栈、大龙、复兴永、继兴德等 8 家，党政民系统的供销栈、运合栈、公裕、

① 林伯渠：《陕甘宁边区政府对边区第二届参议会第一次大会的工作报告》，载西北五省编纂领导小组：《陕甘宁边区抗日根据地（文献卷）》（下），中共党史资料出版社 1990 年版，第 92 页。
② ［英］拉纳·米特著：《中国，被遗忘的盟友：西方人眼中的抗日战争全史》，蒋永强等译，新世界出版社 2015 年版，第 274、222 页。
③ ［英］拉纳·米特著：《中国，被遗忘的盟友：西方人眼中的抗日战争全史》，蒋永强等译，第 274 页。
④ 《毛泽东选集》第三卷，人民出版社 1991 年版，第 891 页。
⑤ 中国社会科学院经济研究所：《革命根据地经济史料选编》（下册），江西人民出版社 1986 年版，第 538 页。
⑥ 《边区银行向西北局提供的材料》，载陕甘宁边区财政经济史编写组、陕西省档案馆：《抗战时期陕甘宁边区财政经济史料摘编》第五编《金融》，陕西人民出版社 1981 年版，第 73 页。

大生、公益栈等 5 家。据统计，到 1943 年 4 月，这 13 家过载栈拥有固定资本 468.4 万元，流动资本 919.3 万元，纯利润 89.7 万元。①

公营过载栈的运营机制与私营过载栈基本是一样的：一是接待南来北往的客商和脚户，为他们安排人畜的住食；二是代客买卖，收取佣金。由于战时形势的变化，最主要的是为突破国民政府的经济封锁，适应军队和机关的需要，公营过载栈在皖南事变后的发展规模远远超过了私营过载栈，这一方面是大生产运动使公营商业得到了边区政府较多的支持，从而为公营过载栈的发展带来的契机；另一方面公营过载栈能在对买卖双方都照顾的前提下，更多地坚持公平交易，他们在代客推销时能保证做到两个一样：即人在和人不在一样，关系熟和关系不熟一个样，因此赢得了客商的广泛信任。他们还廉价供给客商牲畜草料，足秤足斗，从不缺斤短两，也绝不卖坏草坏料。为了照顾顾客，招揽生意，他们会走出一二里外去接客，"顾客一进店，立即帮助他们卸驮子、喂牲口；为了顾客休息好，第二天好走远路，冬天总是把炕烧得暖暖和和的，有时职工还把自己的热炕让给顾客睡"。他们还会及时解决客商所遇到的一些困难，有时客商自带草料借宿，他们也从不拒绝，并且当客商遇到路费有困难时，他们也会借钱给他们。② 因为这些来自友区的商人"有的是同国民党的党政军界的要员有密切交往，有的是用钱买通了国民党封锁线上的驻军，有的甚至还自带武器。所以尽管国民党的封锁很严，但这些人一般都是有办法通过的"。无论是边区所需要的棉花、布匹、染料、西药，甚至枪支、弹药他们都能买到。③ 因此，公营过载行在买卖双方都照顾的前提下，"从当时的实际情况出发，首先对卖方负责，负责，他一次吃了亏下次就不来了，于是断了货源。有时，某种货物滞销，一时卖不出去，而卖主又急于要走"，就

---

① 《六个市区的机关商业调查》，载陕甘宁边区财政经济史编写组、陕西省档案馆：《抗战时期陕甘宁边区财政经济史料摘编》第四编《商业贸易》，第 273—276 页。

② 邓文卿：《陕甘宁边区的骡马店》，载商业部商业经济研究所编：《革命根据地商业回忆录》，第 47 页。

③ 梁爱民：《对陕甘宁边区商业情况的一些回忆》，载商业部商业经济研究所编：《革命根据地商业回忆录》，第 30 页。

"按市价把货买下来，或答应他代销"①。良好而便利的服务，为公营过载栈在与客商的友好商业往来奠定了基础。

虽然公营过载栈在边区建立的时间较短，但是由于他们本着为买卖双方负责的态度，因此使良好的信任关系很快在交易各方中广泛地建立起来，到1943年9月，延安市的过载栈公营的已占到全部过载栈二分之一以上，"在资本上亦占优势"②。10月16日，延安几个大过载栈合股成立南昌公司，1944年，南昌公司又在绥德、安塞设立分公司。公司下设12个经营单位、8个门市部，资金达2亿元。③公营过载栈的发展，不仅为打破国民党的经济封锁，沟通与边区外的商品流通起到了重要作用，也为边区的机关、部队、学校的物资供应提供了方便，满足了边区民众对日常生活用品的需求。

陕甘宁边区在积极推动公营过载栈发展的同时，一些没有从边区撤走的私营过载栈依然在边区政府的支持下得以正常运行和发展。仅就上文提到的天德店而论，1941年2月，由于该店一个高姓股东撤资造成店中资金紧张，八路军留守处得知消息后立即注资2万元，派人与该店合作经营光纸、熟宣纸、青市布和文具用品，并于当年三次去碛口进货，至年底本利已达18万元，获纯利15万多元。④1942年，天顺长、同益永、天泰和等私人过载栈因为推销购买商品成绩优异，由劝储总团各奖给锦旗一面。⑤

四、结 语

特定的时间、空间催生了特定机构的发展和壮大。抗战时期，陕甘宁边区具有客栈、货栈、中间商多重角色的过载栈是在边区人口增加、消费

---

① 邓文卿：《陕甘宁边区的骡马店》，载商业部商业经济研究所编：《革命根据地商业回忆录》，第47页。

② 《陕甘宁边区税务总局对延市税局之调查总结》，载陕甘宁革命根据地工商税收史料编写组、陕西省档案馆：《陕甘宁革命根据地工商税收史料选编》第四册（1943年），第210页。

③ 中共延安市委统战部：《延安时期统一战线研究》，华文出版社2010年版，第247页。

④ 陕西省地方志编纂委员会：《陕西省志》第二十九卷《商业志》，陕西人民出版社1999年版，第52页。

⑤ 《花生贩张福禄得奖三千元储蓄奖券昨发奖》，载魏协武：《陕甘宁边区金融报道史料选》，陕西人民出版社1992年版，第194页。

量增多、边区政府政策刺激、交通运输日趋便利等情形下发展起来的。在抗战这一大背景下，过载栈承担边区"内外"商品流通"媒介"的作用，它的存在和发展为满足边区人民的生产、生活所需发挥着重要的作用是毋庸置疑的，它在维护自身运行的同时，也为拉动边区工业、农业、手工业及交通运输业发展做出了应有的贡献。

抗战时期，陕甘宁边区私营过载栈，虽然从表面上是为追求商业利润而存在，他们中的一些甚至采取囤积居奇的投机买卖，加重居间剥削，使广大边区人民深受其苦，但即便如此，私人过载栈在抗战初期对陕甘宁边区社会经济稳定依然起着重要的保障作用，而皖南事变后公营过载栈的发展，在为边区突破敌人经济封锁中发挥着巨大作用。显然，无论是私人过载栈，还是公营过载栈，在抗战时期，都为陕甘宁贸易圈的扩大、为边区的经济建设起了积极的推动作用。

第六章 历史的借鉴

第一节 尊重与互惠：道德共同体的建构
——伊斯兰教西道堂处理社会关系的实践与启示

在古希腊的观念体系中，城邦具有神圣性。其成员公共美德的核心体现是参与城邦、服务城邦和献身城邦，并通过关心他人和城邦，建构起个人道德和社会公德形成互洽的道德共同体，实现个人最高的善和社会秩序的和谐。这与中国传统政治文化中和谐社会的理想模式"礼之用，和为贵"①，"均无贫，和无寡，安无倾"② 等相对应。本章借用道德共同体的概念，透过考察伊斯兰教西道堂在处理社会关系中的实践，为审视当代民族地区的民族、宗教关系提供新的角度，并将此议题和社会科学的相关经典理论进行联结。

西道堂是清末民初出现于甘肃省临潭县的一个伊斯兰教社团。其组织模式源于伊斯兰教创始人穆罕默德传教初期创立的穆斯林公社——"乌玛"③ 精神。在实践层面，其将"乌玛"精神与当地实际相结合，开展农、林、商、牧、副等产业，共同生活，平等消费，既是一个以伊斯兰教信仰

---

① 《论语·学而》。
② 《论语·季氏》。
③ 乌玛（阿拉伯语，Ummah，原意义为民众、民族，引申为群体、社团。公元 622 年，穆罕默德经过对历史的回顾与思索，总结经验、面对现实，从当时的实际出发，创建了一种融政治、经济、文化、生活和宗教为一体的具有社会团体性质的伊斯兰宗教公社——"乌玛"。它破除了传统的仅仅以血缘、家族或部落为基础的单一联结方式，而以宗教信仰为核心，扩大联结范围，把所有穆斯林团结在"乌玛"内部，构建了一个强大的社会群体。

为核心纽带的宗教团体，又是各族穆斯林相互协作，全面发展的经济实体。

临潭县位于甘肃省甘南藏族自治州东南部，古称洮州。全县辖 3 镇 13 乡，141 个行政村，722 个生产合作社。其县城被民间称为旧城，藏语称为"哇哉"，是中国西北地区一个以回族为主的小镇。从民族结构而言，临潭县现有汉族、回族、藏族、蒙古族、东乡族、维吾尔族、苗族等 15 个民族。从人口数量看，汉族、回族和藏族构成了临潭三个主要民族。根据 2006 年最新人口统计，全县总人口 153266 人，其中汉族 101162 人，占总人口的 67.6%；回族 26014 人，占总人口的 17.4%；藏族 13689 人，占总人口的 9.1%。其中，旧城社区总人口为 24268 人，汉族 7765 人，占社区总人口的 32%；回族 15046 人，占社区总人口的 62%，占全县回族总人口的 57.8%；藏族 1450 人，占社区总人口的 6%。回族是旧城社区人口最多的人群，旧城社区也成为全县回族人口分布最集中的地区。在宗教文化类型上，临潭呈现了多元宗教共存的生态景观，几乎包含了藏传佛教、汉传佛教、基督教、伊斯兰教等各主要宗教和宗教内部分化而出的各支系的历史遗存，反映了文化交流和竞相生长的盛景。

一、道德共同体建构的社会背景

明清时期，中国穆斯林知识精英王岱舆、马注、刘智、马德新等掀起了在中国传统文化框架内译介和书写伊斯兰文化的第一次历史高峰。他们创作的"汉文译著"不仅为伊斯兰文化在汉语语境中的传播打开了通道，而且为后人树立了范例。出生于清末的西道堂创始人马启西（1857—1914，字慈祥，经名叶海亚，道号西极园，生于临潭旧城）就是这一历史传统的继承者和践行者。然而，用中国传统文化传播伊斯兰教对当时的西北穆斯林社会而言较为陌生。所以，由此引发了马启西及追随者在旧城传统穆斯林社会内部的认同危机。其实，这是任何新生事物都不可避免的处境。我们知道，他讲学依据的经典是"汉克塔布"，这与西北回族经堂教育传统有所不同；而更值得注意的是，西道堂宗教影响力的增强必将对旧城穆斯林社会结构和宗教资源分配产生重要的影响。

光绪三十一年（1905），受"乌玛"精神的启发，马启西的追随者马正隆、敏学礼、丁重明等，将家产的大部或全部充公，过集体生活，以抗拒外部的重重压力。他们在旧城设立天兴隆商号，开始了坐商和行商相结合的商业经营。行商范围逐渐从旧城向外不断扩展。光绪三十三年（1907），马启西从中亚回来后确立了"西道堂"之名，并明确提出了西道堂的学理传统和抱负："介廉①种子，官川②开花，我要结果。"这标志着中国伊斯兰教西道堂的正式创建。

西道堂创建后，甘肃回族军阀马安良政治势力在旧城的介入使得当地本已复杂的伊斯兰教团体之间争斗的局面更为混乱和错综难解。当马启西开始独立宣讲宗教思想并开展集体生活时，马安良想借西道堂打击临潭其他教坊，企图以此将自己的势力伸向旧城。于是，在宣统元年，他派人将马启西接到河州。然而，马启西拒绝了马安良的要求，说："我是劝善规过的人，不能这样做。"这确立了西道堂始终以"善"处理社会关系的基调。马安良十分恼怒，但无奈只好将马启西送回旧城。不幸的是，马安良记恨在心，西道堂为此付出了沉重的代价。

1914 年，农历闰五月十九日清晨，马安良寻找借口指使其部下将马启西及其兄弟、子侄和部分西道堂穆斯林等 17 人枪杀于旧城西河滩。同一日，他还将和政台子街西道堂教民马英贤等 8 人逮捕杀害，造成了西道堂教内最大的"5·19"惨案。这成为西道堂延续至今的最惨痛的历史记忆。

由于军阀马安良雄踞甘肃，势大权重，再加上袁世凯怀柔西军，以及其后黎元洪执政，都依托地方军阀来实现中央政权向地方社会的延伸。虽然西道堂赴省上告，甘肃省都督张广建派姚统领对"5·19"惨案进行调查处理，但迫于马安良的权势，只是表示了惋惜之情，惨案不了了之。民国三年底至民国六年初，西道堂第二任教长丁全功、第三任教长马明仁和第四任教长敏志道先后赴京控告，但案沉海底，冤屈难伸。西道堂近十年积累的商业资本被马安良军阀洗劫一空。

当时，由于国家权力的柔弱和频繁更替，致使西道堂依靠国家力量获

---

①　介廉为明清时期中国伊斯兰教汉文译著家刘智的字。

②　1762 年以来，华寺第二代教主马国宝与哲赫林耶创始人马明心发生矛盾，迫其离开循化、河州地区，迁居定西官川山中。从此，官川成为哲赫林耶的传教中心。这里喻指哲赫林耶创始人马明心。

得自身立足社会的期望落空。对西道堂来说，要使群体获得相对稳定的地位，只能不断地向地方社会的外部寻求发展，通过建立互惠性社会经济文化网络来开拓生存空间和论证自身的合法性，建构起跨文化基础上的道德共同体。

二、尊重与互惠：道德共同体的建构

尊重文化多样性，将传统的宗教文化资源转化为总体性社会和谐的资源，共建人类共同发展的和谐世界是全球历来普遍关注的重大命题和追求的目标。同时，在某一道德基础上创造一种社会精神，并维持世界多元文化的共存与发展是人类的一项重要任务。宗教作为人类社会发展进程中特殊的文化现象，构成了整个社会文化的重要组成部分。长期以来，宗教传统在界定和影响信众社会规范、价值观念及生活意义中扮演着极其重要的角色，为宗教社群的集体生活提供了丰富的伦理道德基础，是塑造宗教群体之间相互协作、和谐共处的文化基础。西道堂作为一个宗教团体，其社会文化关系网络的建设主要通过其商业实践得以实现。它倚重商业的深层原因自然是对自身在当地社会文化结构中位置与处境的慎重考虑。经济人类学认为，商业活动建构社会关系，并依附一定的社会关系而存在和发展，二者相互影响。每个群体都有自己的一套文化图式，文化构成了一群体的信仰、价值观念系统，形成一套规范行为的宇宙观或生活方式。西道堂人对于商业活动意义的认知不仅反映了他们对自身群体生存的现实考量，而且渗透着他们对伊斯兰教信仰的实践和"两世（今世和后世）并重"生命本质的深刻体悟。

民国时期，行商是西道堂主要的商业形式之一，驮队是行商的载体。其内部结成严密的组织，高度制度化。从临潭进入藏区时，各个商队结伙出发，相互协调性和凝聚力极强。到中途，根据各自的行商路线进行分帮。行进中，驮队郭娃（掌帮）要求每个成员各司其职，渎职者根据严重程度给以相应处罚；骑马有特定的形象要求，着装整齐，精神饱满，不能打瞌睡，缰绳不能掉落在地上；坐姿要盘腿席地；睡姿侧身呈弓形。所有这些要求是为了展示驮队应有的威严和自尊。尤为重要的是，驮队经过村庄和寺院时，不能策马狂奔，以示尊重；不能和当地人发生摩擦。驮队每行进四五天要进行一天的休整。其间，驮队的掌帮则与地方土司、活佛通好，各成员拜访各自结交的藏族朋友，进行礼物的交换。驮队向对方呈献哈达、布匹、茶叶、核桃等，对方热情款待，赠酥油、曲拉（干酪素）、羊、厥麻等礼物作为回馈。这种友好关系的建立预示着驮队拥有了一把相对安全的保护伞。而地方土司和当地住户也通过这种互惠关系的结成获得了一条源源不断销售土特产与购置生活消费品的通道，并通过商品交易从中赢利。由于驮队的流动性特点，决定了这种关系网络边界具有一定的广延性和变动性。这一边界也决定着道德共同体的范围。这里，西道堂驮队把尊重藏族等群体的价值观和文化特性作为驮队成员一种基本的文化修养和道德规范，形成超越文化观念的价值共享和利益互惠的社会团结。

1914 年和 1929 年，在地方变乱中西道堂遭到重大劫难后，甘南碌曲、玛曲，青海同德、果洛等藏区的藏族头人、活佛朋友以牛马、资金的形式无偿或无息贷款援助西道堂商业的重建；帮助转移和保护西道堂信众与财产。1929 年后，西道堂的总商号天兴隆，由旧城迁移到了夏河，借拉卜楞寺院的囊欠①为营业场所。同样，从遥远的牧区，藏族同胞们前往临潭购粮买物时，西道堂则为他们提供温馨的安居之所。同时，西道堂通过兴办新式教育免费招收各族儿童入学作为回馈社会的一个重要途径。另外，民国时期，落户临潭的陕西汉族商帮"万镒亨""恒顺昌"号、山西汉族商帮"永德全"号及北京尹哲臣先生的"公记"号等，都是当时西道堂商号的合作伙伴，互相进行大宗商品的交换和巨额资金交易。后来，西道堂在内蒙、河北、北京、天津等地商业网点的建立和商路的开拓与上述几个外籍汉族商号的互惠性交往有着直接的关系。

西道堂和安多藏区塔尔寺、拉卜楞寺等举行重大宗教仪式时，互相邀请，出席对方的纪念仪式，形成经常性的互动和交往。这种传统延续至今，如西道堂与青海同德的大活佛——香萨班智达佛之间建立了深厚的友谊。青海塔尔寺是安多藏区的藏传佛教格鲁派主要寺院之一。1945 年，第十世班禅额尔德尼·确吉坚赞活佛的册封坐床仪式在青海湟中塔尔寺举行，西道堂第三任教长马明仁应邀专程参加了庆典。另外，甘南碌曲唐古

① 藏传佛教寺院的经堂。

儿、舍海地、尕秀、群古尔四个部落的头人，藏南十二头（十二个部落），四川阿坝的土司华尔贡成列，青海河南亲王衮葛环觉和达参老爷等等都曾是西道堂的知交。1982 年，全国人大常委会原副委员长、十世班禅额尔德尼在甘南考察期间，专程安排前往西道堂的中心寺——西大寺与西道堂现任教长敏生光等进行了交流。1993 年 4 月 15 日，中国佛教协会副会长、藏传佛教拉卜楞寺第六世嘉木样到西道堂视察访问期间，和敏生光教长就共筑良好的民族关系亲切交谈。拉卜楞寺是藏传佛教格鲁派六大寺院之一，在藏区具有很强的影响力。西道堂曾和嘉木样活佛、贡唐仓活佛、阿莽仓活佛等之间，建立了友好的关系，并长期交往。2004 年，西道堂举行马启西归真 90 周年纪念活动，临潭县、临夏市、兰州市等地的伊斯兰教各教坊，汉传佛教、藏传佛教、基督教和民间宗教团体均被邀参加了纪念活动。它把不同文化的群体凝聚起来，形成地方性的有机团结，创造了一个各群体平等对话，友好交流的神圣氛围，建构起地方性各群体的和谐关系。2008 年和 2009 年，笔者在青海省西宁市，西藏昌都地区贡觉县、江达县，四川省甘孜县、成都市等有西道堂商人分布的地区做调查时发现，举行"5·19"纪念仪式是各地西道堂商人时间制度中长期坚守的内容。在纪念活动中，西道堂商人不仅会邀请西道堂外部的各族穆斯林，而且会邀请各地与自身在商业往来中结成友好关系的藏、汉族同胞参加。2011 年6 月 13 日和 14 日，西道堂在临潭县城和鹿儿沟风景区分别举行马启西归真 97 周年纪念活动时，邀请的人员中同样包括了当地各民族和宗教团体的代表。由于在维护民族团结和宗教和谐中做出的突出成绩，西道堂教长敏生光先生先后荣获国务院"全国民族团结进步模范"和甘肃省政府"全省民族团结进步模范"光荣称号。这显示了西道堂人所具有的开放性和包容性，表现出对一种跨越宗教团体的道德共同体建构的努力。可以看出，西道堂将自己置于当地整体社会关系网络中进行自我定位和开展社会行动。

西道堂人在生意来往中，始终恪守互惠互利的原则，从不以高价借贷，牟取暴利，博得了广大藏族、汉族同胞的认可和赞许。人们在经济行动中建构的各种社会网络反过来使自己的行动深深"嵌入"网络之中。"嵌入理论"提醒我们，经济行动并非独立于社会，而是嵌入特定的社会结构和人际关系网络之中。

既往的西道堂商业研究多描述其发展的盛况和在民族商贸流通与文化交流中的功用，基本没有回答它何以如此倚重商业的原因，更没有将其商业实践置于地方社会文化结构中进行分析。笔者认为，只有对此的尝试性解释，才能揭示其通过商业实践与外部世界频繁互动与广泛联系的深层动因。

三、"主道观"：道德共同体的精神内涵

宗教思想的熏陶，集体生活的实践，困境中的相依为命容易使西道堂形成为公奉献的神圣观念。笔者在长期的调查时发现，"主道"① 一词是一个被西道堂人反复提及、永远铭记和广泛实践的重要语汇。在西道堂人看来，任何为西道堂集体、社会和国家所作的善功和付出的辛劳都被视为是为"真主的道路"的奋斗。在西道堂，参与社会、奉献社会的行为被赋予一种深刻的宗教意义和精神内涵。

西道堂创建者马启西曾经书写过一副著名的对联："忠厚留有余地步，和平养无限天机"。这副对联也是他唯一留存于世的真迹。它几乎在西道堂所有教众的家中被珍藏和悬挂。它恰似言说的符号，成为西道堂人实践"主道观"和处理社会关系的指南，以及集体道德观的基点。可以说，"忠厚和平"是西道堂长久保持的道德修养和精神气质。2011 年，马启西归真 97 周年纪念活动上，中国社科院世界宗教研究所赠送的匾额："大中至正伊斯兰，忠厚和平西道堂"就反映了西道堂人长期秉持的这一精神内涵。

马启西曾对体现"主道观"理念的伊斯兰教"两世并重"思想做过一段精辟的论述。他说：

> 尔众天民也，要知浮生之无常，而后世乃无圬，即当力撇今世，紧保后世。须知今世勤劳，乃后世之田园，后世乃今世之收获，所获即其所种，未有种善而得祸者，亦未有行恶而得福者，须知此一身，乃是两世的宝库，两世之美好，尽藏一身②。

---

① 主道：阿语"团然格"，原义为"道路"，遵循穆圣的道路，引申为真主喜悦的道路。
② 青海民族学院民族研究所、西北民族学院西北民族研究所：《西道堂史料辑》，1987 年，第 9 页。

这不仅论述了伊斯兰教今世和后世之间的辩证互通关系，而且体现了马启西及西道堂的宗教务实思想。争取生存的商业实践和生活态度与穆斯林奉献"主道"的世界观之间存在着非常密切的关联。如果我们仅从宗教观念和经济实践之间讨论二者的互动关系，显然是无法认识到经济实践在特定历史背景和社会结构中的复杂性，而应将文化观念化约为理解影响人群社会行为多元因素中的一极。

他还说：

> 名实兼收不独润身还润屋；经营俱到真能成己更成人。[①]

群体与个人关系在公共场域得到了重新的诠释，即个人并非是被群体和社会所异化或消解，而依然是具有独立意志的实践主体，所不同的是，个体效能的最大化是通过对集体、他人和全社会的忘我奉献得以实现的。对于任何社群而言，个人、群体和社会同等重要，三者相互依存，个人通过群体得以与社会实现接续，群体基于个人而得以存续。而在西道堂和马克斯·韦伯笔下新教徒实践的场域里，由于神圣观念（为主道奋斗，"入世禁欲"和"预定论"）的塑造和浸染，个人与群体融为一体，实现了个人在信仰层面的境界提升，即穆斯林"吉哈德"[②]（Jihad）的实践和新教徒的被"救赎"。"吉哈德"被西方学者误解为是一个完全具有圣战意象的概念，但是，伊斯兰教学者指出，实践"吉哈德"的方式有 4 种：用心、用舌、用手、用剑。[③] 可以说，任何有利于人类发展的善行都可被视为是对"吉哈德"的实践。基于这样的理解，西道堂商人持续忘我的奉献集体、社会和国家就是实践"吉哈德"的一种途径。

马克斯·韦伯将"资本主义"理解成横贯现代经济、政治、法律、科学等各领域的总体性制度安排，在现代国家力量的组织下，理念的制度化

---

① 《马启西楹联》，西道堂印，1994 年。

② 吉哈德：在阿拉伯文中的原义是"尽力""奋斗"。伊斯兰教经典用其引申义"为安拉之道而奋斗"。西方学者对此意译为"圣战"。这是对该词赋予意识形态的解释。正如美国著名记者托马斯·李普曼早在 1982 年就指出的，"吉哈德这个词在当代伊斯兰教中肯定是最被滥用和曲解的一个词"。

③ 转引自张中复：《清代西北回民事变——社会文化适应与民族认同的省思》，台北：联经，2001 年，第 5 页。Majid Khadduri, War and Peace in the Law of Islam (Baltimore: The Johns Hopkins Press, 1955), pp. 56 – 77

和利益的制度化相互配合。他的讨论给我们的一个重要启发是，透过他具有历史感和时代精神的分析，形成我们对自我生活世界的关怀。即顺着他的思路，我们也试图追问，穆斯林商业成就与其文化观之间有着怎样的关联？但是，由于社会、历史情境和文化观念的差异，我们无法简单地套用他的理论来解释我们的问题。伊斯兰教既强调穆斯林在现世辛勤耕耘的义务和对财富、荣耀享受的权利，不存在新教的"入世禁欲"思想，更注重以现世实践来获取后世的永久安宁。但是，和"入世禁欲"思想对新教徒"天职观"生活伦理的形塑一样，伊斯兰教"两世并重"思想对西道堂群体"主道观"生活伦理的形成产生了重要的影响。或者说，"主道观"构成了西道堂人处理社会关系时的精神内涵。

四、几点启示

人类学对商业活动的关注远远超出了经济学意义的内涵。商品的流通和商业网络的建立必然使不同的区域结合成紧密联系的社会体系，或者说商业行为使相对单一的区域通过商品的流动和交换实现了社会的完整和参与各方的共赢。作为交换物的"商品"不仅满足了人类的现实需求，而且成为不同人群互动的重要媒介，物被赋予了生命和灵魂，不同人群的互惠性交往关系具有社会生命的意义。当前，中国正在加快成为现代高度复杂的社会，社会分化和分层加剧，产权向多元化发展。这就意味着，在一定的社会结构中，群体之间的资源竞争关系以物质利益的争夺、文化的形式和象征符号进行综合性呈现。这一现象在多民族地区表现得尤为突出，传统的民族关系面临新的挑战。本章透过伊斯兰教西道堂道德共同体建构的经验为处理新型民族、宗教关系提出几点有益的启示。

（一）西道堂表述与实践的道德规范具有文化的超越性

涂尔干（Durkheim）在其名著《社会分工论》提出了"有机团结"概念。这是他面对当时西欧社会急剧的分化使人们处于一种混乱的局面后，提出使社会形成内部平等、合作和互惠的公共规范的一种思维方式。有机团结源于社会成员在活动层面的互补性和意识层面的共生性①。这一理念正好可以解释西道堂社会道德观的实践。西道堂在一个动荡、复杂的时代产生，在多元社会文化情境中发展壮大。它作为一个相对弱小的群体，要在一个充满异质的社会当中生存、发展，既需要在信仰和文化的层面形成内部的凝聚，又必须依赖同处一地的其他群体，在道德的层面实现跨文化的社会团结。在当地的社会结构中，历史上各民族群体的社会分工②十分明晰，当前，其社会分工虽然有所变动，但基本的结构依然没有变化。分工必然形成交换，交换使行动者在功能上互补，意象上共生。西道堂表述和实践的忠厚和平的道德规范，显然超越了既有的群体分界，将所有与之互动的人群都纳入了道德共同体的内部；其在道德规范基础上开展的商业实践形成地方社会分立条件下的联动关系，并通过互相之间礼物的流动关系，创造了差异前提下互相尊重、认可和接纳的心理意识。这让我们看到，群体之间原本在地理、社会和文化上具有的隔阂和距离，因道德共同体的建构而得以整合和超越。它还让我们看到了全球化和多元社会的可能性。

（二）西道堂与其他群体的交往、合作关系具有自利利人的互惠性

作为经济团体，西道堂通过经济上的交往与合作获取生存资源和论证自身合法性的社会资本和关系网络，同时，与合作对象结成利益互惠的亲密关系，相互成全，共同催生和维护社会秩序，促进共同体良性发展。在这一道德共同体中，合作的各方是具有独立性的多元利益主体，在互动中求同存异，结果上自利利人，意识上和谐共生，使大家共处于有机团结的社会再生产的过程中，凝聚了利益主体的自由意志和尊严的精神价值。

（三）西道堂尊重他者、奉献社会与实践信仰具有内在的一致性

对西道堂而言，"乌玛"不仅提供了其组织形式的蓝本，而且规定了西道堂人看待世界、处理人与社会关系的宽泛视野。它与西道堂人实践信仰的核心理念——"主道观"密切相关。任何对人类和社会有益的言行，

---

① 高丙中：《民间文化与公民社会》，北京大学出版社 2008 年版，第 263 页。
② 藏族以牧业为主，汉族以农为本，回族等穆斯林以商业为优势。

对西道堂人而言都被视为是对真主之道的践行。所以，在西道堂建构的共同体内，奉献集体，尊重他人，服务社会等在内在性上都是实践信仰的基本路径。即以宗教的意义进行群体成员的道德教育，保持神圣的道德良心，以纯真的个人情感进入社会，实现个体修养和社会公德的高度契合。

我们必须看到，社会转型中旧有民族经济关系的解体与新的民族经济关系和社会整合秩序的建构同时发生。关系整合的实质是从关系中谋取各方利益的最大化。社会主义市场经济是再分配权力整合与市场利益整合的共存体。其间，反映出层级意义上的国家、地方政府、社会精英、普通老百姓和横向的民族、职业、性别等等利益群体的纷纷在场。社会类型整合理论强调一个社会、社区和群体的人际脉络以及人与群体之间的联结关系。这对应了滕尼斯关于共同体，涂尔干关于有机团结的论述。滕尼斯认为："共同体主要是基于自然意志，例如情感、习惯、记忆等，以及血缘、地缘和心灵而形成的社会组织，包括家庭、邻里、乡镇或村落。这种社会组织是属于一种有机的整体。人们在整体中扮演着不同的角色，是社会成员的身份，彼此之间有着亲密的互动，相互依存，并寻求归属感及深入的了解"①。涂尔干等强调，社会学是一门有助于"道德共识"（人心）生成的学科。共同体也由此从一种社会公识而上升为分析概念，道德是其中的核心关怀。与这些社会科学经典理论相呼应的是，西道堂处理群体关系的经验为和谐社会秩序的建立，尤其是为民族地区多元社会群体的友好共存提供了实践层面的道德关怀。

第二节　民国时期甘青地区蒙藏民族的现代教育

甘青地区蒙藏民族长久以来僻居于幅员广阔、交通不便的高原山地，常年过着逐水草而迁徙的游牧生活。他们的饮食、服饰、住居完全依靠畜类的副产品，没有固定的生活住所，其生计来源主要依靠畜牧业，除了打

---

① ［马来西亚］陈美萍：《共同体（Community）：一个社会学话语的演变》，《南通大学学报》2009 年第 1 期。

猎之外，基本上没有什么副业可言。至于教育，由于信奉藏传佛教，佛寺就成为蒙藏人民文化教育的重心，所以"除了他们谁都虔诚信仰以外，凡是他们生了孩子，在可能的范围内必须送孩子到佛寺作僧侣，使子弟深究佛学，与尘世隔绝，希望着他们静修通道"。对他们而言，宗教即是教育，教育即是宗教；佛寺即是学校，学校即是佛寺①。由于地理环境和人文因素等方面的影响，甘青地区的蒙藏人民在很长一段历史时期中没有受到过现代正规的学校教育，这种状况直到民国成立后才发生了根本性的改变。民国时期，在政府大力推行边疆教育和一系列措施的积极实施推动下，甘青地区蒙藏人民的现代教育才得以真正开展起来。在现代学校教育的影响下，甘青地区蒙藏民族在民族意识、思想观念、语言文字等方面都发生了一些根本性的变化，这些变化推动蒙藏人民迈出了向现代社会前进的步伐。

一、甘青地区近代教育的兴起

1905 年科举制的废除，标志着新式教育在全国的确立。随着新式教育的兴起，甘青包括民族地区在内的广大府、厅、州、县也都改设和新设了一批小学堂。宣统二年（1910），理藩部催办蒙古两盟教育，西宁办事大臣庆恕即奏准以西宁马坊街镇镖前营三圣公为校址，设立蒙古半日学堂，由西宁办事大臣公署领导。办学初期，该校有教习 1 人，学生 10 余人。课程以《三字经》为主，采用汉语文授课。当时蒙古半日学堂仅接受蒙古王公子弟入学，学生名额按期分配。为了吸引贵族子弟入学，学校对入学的学生，每月发给伙食费 1—2 两作为补助。但是，在这一时期由于"各蒙古王公深恐自己的子弟入学后被留作人质，又怕子弟进洋学堂后被'洋化'，因此多不愿送子弟入学"②。所以，当时入学的蒙古子弟数量很少，收效甚微。

辛亥革命后，孙中山先生提出了国内各民族一律平等，积极扶助边疆民族，在开发边疆的政策推动下，民国政府也逐渐开始了对包括甘青地区

---

① 张元彬：《青海蒙藏两族的经济政治及教育》，《新青海》1933 年第 1 卷第 10 期，第 147 页。
② 朱解琳：《甘宁青民族教育史简编》，青海人民出版社 1993 年版，第 296 页。

蒙藏等边疆各民族的文化教育事业的重视。1912 年 3 月底，中华民国政府设立教育部，直隶于大总统，并在教育部首次设立蒙藏教育司，分管全国少数民族教育事业。1913 年，教育部公布《蒙藏学校章程》，附了补习专科和预备科章程。在《蒙藏学校章程》中，提出"本学校以开发蒙藏青海人民学识、增进蒙藏青海人民文化（为）宗旨"，"学校收学生不分种族，惟因西北闭塞"而"重在多收蒙藏青海学生"，以发展蒙藏教育。这一章程成为政府推进边疆教育、兴办边地学校的参阅蓝本。

　　为了更进一步地促进边疆地区民族教育的发展，1923 年，教育部令各县改设教育局。甘肃省于 1925 年将包括整个甘宁青民族地区在内的各县劝学所一律改为教育局。各局设局长一人，县督学及事务员若干人，分别管理全县学校的设立、经费的划拨、教师的聘用以及学务的督导等事宜。同时，又在各县乡镇设立学区，每个学区有教育委员 1—3 人，办理本学区的教务。①

　　南京国民政府成立后，更加重视西北边疆民族地区的教育。1929 年 6 月，国民党"关于蒙藏决议案"指出，在首都设立蒙藏学校，并附设蒙藏研究班，专门研究关于蒙藏事情，大力兴学，发展蒙藏教育。由蒙藏各地选送优秀青年应试入学，还特别规定国立及省立之学校优遇蒙、藏、西康等地学生办法。② 1929 年 7 月南京国民政府制定和公布了《待遇蒙藏学生章程》，规定了蒙藏学生的入学程序、蒙藏学生的待遇、教育部对蒙藏学生的管理方式等。同年 12 月，教育部通令蒙藏邻近的东北、西北等 14 省教育厅注意调查蒙藏教育情形③。通过这次大规模的调查，人们认识到："绥远、察哈尔、青海、宁夏、西康、云南等处，为我国边陲要地，所在之地方政府，或则缺乏远识，或则限于财力人力，对于教育素极忽视，往往有数千百里，或数十里无一政府设立之学校，无一以汉文为教材之学校，国难如此严重，此实极大危象。……基于上述情形，边地风云日形恶

---

　　① 朱解琳：《甘宁青民族教育史简编》，青海人民出版社 1993 年版，第 237 页。
　　② 吴晓蓉：《内地西藏班（校）民族教育政策的流变及成效》《西北师大学报》2013 年第 5 期。
　　③ 中央教育科学研究所：《中国现代教育大事记》，教育科学出版社 1988 年版，第 196 页。

劣，而欲固我疆圉，必须推进教育，培植其团结御侮之意识。"① 因为开发边疆的关键不是由外力强加的，而是要让边疆人民认识到"开发确与本身有利，自然心悦诚服，然后可以言共同开发"②。所以"由教育实施来开发边疆，是可以收事半功倍的成效，否则新知识无由输入，虽说开发，也是徒劳无功"③。

在国民政府一系列边疆教育政策的推动和部分有识之士的奔走呼吁下，甘青地区蒙藏民族教育逐渐发展了起来。1913 年，原清末设立的蒙古半日学堂被改为"青海蒙番小学校"，1919 年，该校扩充为师范学校，此后"又在玉树千卜六果密等处，设立小学数处。在镇署设立专科，以司其事。蒙藏教育，至此渐具规模"④。青海蒙番小学校改为师范学校后，前后毕业的学生有 60 多人，这些人虽然能真正担任蒙藏教育推行之责的人为数不多，"然玉树卡布卡、都兰、果密（即共和县）各地蒙藏学校之成立，皆为该校之师范生所首创。"民国十四年，边事专家朱锦屏担任蒙藏师范学校校长，对该校进行了大力整顿，"添招中学生一班，分教育、垦殖二科，以造就实用人才。并请地方政府令二十九旗王公选送学生入校，于是附小蒙籍学生，骤增至五十余名之多，次年更收师范本科学生一班，并各扩大使命计，改为青海筹边学校"⑤。同时，又招收师范科学生一个班，其所设的课程，都以培养开发青海实业人才为宗旨，包括藏语、英语、国语、养羊学、森林学、矿物学等新型实业学科，并聘请内地部分专业教育人才讲学，教育内容和形式都有很大改革，为开发青海培养了一批新式的殖边人才。朱锦屏的举措和努力，促成了新中国成立前青海蒙藏教育的一个极盛时期。1928 年青海建省后，青海筹边学校改名为省立第一中学。1930 年，为使青海民族教育事业不致中断，又附设了蒙藏师范科一班，继续培养造就蒙藏师资。此后，从这些学校毕业的一些学生被陆续派遣到玉树、柴达木，环湖蒙古族、藏族地区及海东农业区筹办民族教育，他们在

---

① 《教部拟订发展边疆教育计划》，《肇和》1935 年第 10—11 期，第 32 页。
② 马鹤天：《开发西北的几个先决问题》，《开发西北》1934 年第 1 卷第 1 期，第 15 页。
③ 刘曼卿：《边疆教育》，商务印书馆 1936 版，第 6 页。
④ 青海省教育厅：《青海民族教育》，《新亚细亚》1934 年第 8 卷第 3 期，第 103 页。
⑤ 青一：《筹办中央蒙藏学校青海分校计议》，《新青海》1934 年 2 卷第 3 期，第 44 页。

教学中推进全新的教学方法，开创了青海民族教育的新局面。

在国民政府推动边疆教育政策的影响下，甘青地区的民族文化促进会也先后成立。1926 年藏民文化促进会在甘肃兰州成立，不久，临潭、岷县、永登等县也相继成立了藏民文化促进会分会，这些藏民文化促进会成立后，积极开展了针对藏族群众的办学活动。1927 年藏民文化促进会从兰州迁到拉卜楞，开始正式创办藏民学校。青海分省后①，1931 年，青海蒙古、藏族人士洛桑香趣（又名田思雨），阿福寿等人，积极发起成立本省蒙藏文化促进会。同年 7 月，经国民政府蒙藏委员会批准，青海蒙藏文化促进会成立。青海蒙藏文化促进会成立后，也积极开展了办学活动。

二、近代以来甘青蒙藏地区举办教育的措施

直到民国时期，在政府边疆教育政策的推动下，蒙藏民族才开始受到现代教育。然而由于地理环境、历史传承等诸多方面的影响，民国初年的甘青蒙藏民族地区，仍是一个被人们视为"幽荒绝域""蛮夷不化之邦"，在这些地区开展现代教育仍然有相当的难度，因此国民政府为了促进甘青地区蒙藏人民现代教育的发展，在办学过程中，又采取了一些措施以适应甘青蒙藏地区特殊环境和蒙藏民族的特殊需要。

首先，免除学费，并免费提供书籍、文具及一些日常生活必需用品。由于甘青地区的蒙藏民族生活贫困，无力提供子女的上学费用，政府为鼓励蒙藏同胞子弟上学，规定蒙藏学生在衣、食、住方面都享有比较优厚的待遇。如玉树地区，该地虽为青藏康川之通衢，但是由于交通闭塞，生产落后，故世居这里的藏族人民生活十分贫困。因此，为发展该地区的教育，玉树建县后，于 1929 年创办了一所小学，为鼓励当地藏族学生入学，这里的学生不但全部享受官费，而且每月发给每个学生青稞 3 桶，每年发给冬、夏衣各一套。②

其次，教学过程既注意现代教育又重视民族传统文化的学习。国民政

---

① 自明代设行省以来，青海在行政区划一直属于甘肃省。1928 年 9 月 5 日，国民党中央政治会议第 153 次会议决议将青海改为省。
② 《玉树藏族自治州概况》，青海人民出版社 1985 年版，第 147—148 页。

府的边疆小学教育，要求必须争取实现现代教育，使学生成为有文化有知识的人才，但是在现代教育要求的前提下，必须尊重各民族的传统文化，以优秀民族传统文化为内容，编撰教材，教育学生。

再次，采用符合蒙藏民族语文习惯的教材，国文与民族语文并行教学。最初，国民政府对边疆地区各学校教材，特别是小学教材，都是简单地搬用内地的一套，这种教材不仅不能适用学生实际，而且严重脱离民族地区的实际情况，于是教育部决定根据蒙藏教育发展的实际情况，编印汉藏文合璧的教科书及有教科性质或补充性质的民众读物。在教学过程中，根据各地实际，国文（汉文）和民族语文可同时进行教学，如青海的果洛小学的教材就采用了藏文译注本教学。①

在国民政府的努力下，甘青地区的蒙藏民族地区现代学校从无到有，从多到少地发展了起来，风气所及，包括一些去过内地的，思想开明的寺院活佛也开始积极兴办现代教育，如青海门源县广慧寺的明珠尔活佛于民国二十一年创建的广慧寺小学就是典型的例子②。据不完全统计，1933 年，夏河县小学有 7 所，卓尼有小学 5 所。又据 1934 年的统计，甘南地区学龄儿童入学率，夏河县为 3.1%，西固县为 3%，临潭县为 23.9%。③ 青海蒙藏文化促进会，1935—1937 年间，在化隆、湟中、互助、乐都、门源等县设立蒙藏小学 15 所，其中乐都最多，达到了 7 所。④

民国时期，甘青地区蒙古、藏民族教育事业的发展，标志着蒙古、藏民族现代学校教育的出现，这种教育逐渐取代宗教寺院教育，给蒙藏民众创造了诸多接受现代教育的条件，通过现代教育，甘青地区蒙藏人民中出现了一批具有新思想、新文化的知识分子。

20 世纪 30 年代有学者专门对拉卜楞的藏民学校做过调查，从中可以发现，这一时期的藏族学生通过现代的学校教育，他们的思想意识已经有了很大的变化。

---

① 朱解琳：《甘宁青民族教育史简编》，青海人民出版社 1993 年版，第 265、239、368 页。
② 李自发：《青海广慧寺小学的回顾与前瞻》，《新青海》1933 年第 1 卷第 11 期，第 32 页。
③ 《甘肃民国日报》1934 年 5 月 1 日。
④ 朱解琳：《甘宁青民族教育史简编》，青海人民出版社 1993 年版，第 304 页。

1932 年拉卜楞藏民受教育情况调查表

学生姓名	读汉书你懂吗	老师说汉语你懂吗	你会说汉话吗	你要做喇嘛吗	你爱做什么	为什么做那个	你是哪国哪县人
吴振刚	懂	懂	会	不	公务长	藏族解放	中国甘肃
万邦兴	同上	不全懂	不全会	同上	大总统	保护中国	同上
赵光华	同上	懂	会	同上	教番子读书	提倡番民教育	同上
张景华	同上	不全懂	同上	同上	当学生	多读书	同上
白瑜	同上	同上	同上	同上	同上	同上	同上
黄培德	同上	同上	不甚会	同上	同上	同上	同上
康永年	同上	同上	同上	同上	同上	番民不同化	同上
罗长奇	同上	懂	会	同上	商人或学生	同上	同上
邵德宇	同上	同上	同上	同上	干差事	同上	同上
罗永芳	同上	同上	同上	同上	同上	同上	同上
罗永恭	同上	不全懂	会	同上	同上	同上	同上
罗園南	同上	同上	不甚会	同上	同上	同上	同上
华德福	同上	懂	会	同上	同上	同上	同上
李迪民	新生						
黄文原	新生						

附注：（1）李迪民、黄文原均未测验，因为只本年入学（指1932年——引者注），已测验各生，入校均五年。（2）番民无姓，各生入校，由教授指定之。

资料来源：顾执中、陆诒：《到青海去》，商务印书馆1933年版，第98—99页。

通过上表，我们可以看到拉卜楞地区的一些藏族学生，通过现代学校教育，他们已基本上能说汉话，能读汉文书籍。由于文化水平的提高，他们已经开始有了国家、民族、地区的概念，知道了他们世代生活的地区是中国领土的一部分，他们思想开始向现代社会迈进，并具有了保护祖国、藏民解放等现代民族意识。

藏民族的学生不仅文化水平进步很快，而且对他们原来生活中的一些自身社会的状况也开始有所认识，通过拉卜楞小学藏民学生的"谈谈拉卜楞的风俗"，可以很清楚地看到这一点。

谈谈拉卜楞的风俗

拉卜楞虽地处万山之中，交通不可谓不便，惟人民习惯风俗，和
内地各省不同。拉卜楞的风俗，吃的是炒面、酥油、牛羊肉，并且吃
生的。穿的是羊裘，四季不换，男女都不穿裤子。在比较从前进步些
的，冬天穿羊裘，夏天穿布衣，男子完全穿裤子，女子也有穿裤子
的。可是住的是帐幕，街衢的人民住房屋，到草地四季住在帐房里，
并迁移不定，没有什么交通利器，富家人往来骑马，穷人骑牛或步
行。此地风俗比较内地高出万万的，就是妇女不缠足，男女善于骑
马，很有尚武精神。不良的风俗，信奉喇嘛，迷信很深。一家有两三
个儿子，不教入校求学，送到寺院当和尚，不讲究卫生，不识字。这
是今天拉卜楞寺风俗之大概状况。①

由于对自身社会状况有着较为现实的认识，他们就能在以后的社会发展中
推动本族人民的进步。

三、近代以来甘青地区蒙藏教育的成效

民国时期，在中央政府的努力和推动下，甘青蒙藏地区各级教育，尤
其是初等教育，有了一定规模的发展。各级学校虽然数量有限、规模大小
不等，同内地相比，各类教育还非常落后，民国政府所实施的一系列教育
措施也远远不能满足甘青地区蒙藏民族社会发展的需求，但在开发民智、
传播新思想、加强与汉民族之间相互理解和交流方面起到了积极的作用，
在一定程度上也积极推动了甘青边远民族地区社会文明的进步，这些都为
以后蒙藏民族地区的社会发展奠定了基础。

首先，众所周知，教育是人才的保证，是推动社会进步的巨大动力，
与现代化发展相适应的教育现代化是社会发展的必然趋势。民国时期甘青
地区蒙藏民族处在一个剧烈变化的时期，他们的思想、价值观念的更新往
往都与现代教育有关。美国学者罗兹曼在其著名的《中国的现代化》中，
从政治、经济、社会整合、教育等几个层面来谈中国的现代化。书中有一
个十分重要的观点，就是罗兹曼把教育也放在了一个和其他层面等同的范

---

① 顾执中、陆诒：《到青海去》，商务印书馆 1933 年版，第 99 页。

围之内，他把科举制的废除看成是"大致相当于 1861 年沙俄的废奴和 1868 年明治维新后不久的废藩"①。显然，作者把教育（特别是科举制的废除）看成是中国走向现代化的重要指标。虽然民国政府所推动包括甘青地区蒙藏民族在内的边疆教育，远远不能与科举制废除对于中国社会的影响相提并论，而就国民政府来说，推行边疆教育也是时代的需求和社会进步的趋势所导致的必然结果，但对民国初期甘青地区的蒙藏人民来说，这次现代教育所起到的巨大社会影响却是民国以前任何历史时期所无法比拟的。

其次，语言文字作为传递信息的工具，它在各民族交往中，能起到很大的作用。"语文之沟通，可使内外文化交流，各宗（族）感情融洽，吾人实施边疆教育，亦可因此而减少困难，不必专靠舌人通译失真，而增加教学上之效率"②。因此，通过现代的学校教育，通过汉语、汉字的学习，蒙藏族学生基本上都能说汉话，读汉文书籍，写汉语文章。汉语、汉字的传播毕竟能带来汉语、汉字的逐渐普及，这样就可以逐渐消除蒙藏民族同汉民族交流的困难，这对于融洽蒙藏民族和汉民族感情，便利他们之间的经济往来，促进蒙藏民族地区经济、文化的发展起到了极大的作用。

再次，随着民国时期甘青蒙藏边疆地区现代教育的展开，蒙藏人民的思想意识也开始发生转变，这些改变也逐渐推动着他们自身向人文现代化轨道上的发展。我们知道一个完整的社会，无论是政治、经济、社会还是文化的最终发展，其中起主要作用的还是人类自身，因为人是社会生产力当中最活跃的要素，只有人类的自身发展，才能带动整个地区的社会进步，借用英格尔斯在评述国家现代化时所说的："一个国家，只有当它的人民是现代人，他的国民从心理和行为都转变为现代人格，它的现代政治、经济和文化管理机构中的工作人员都获得了某种与现代化相适应的现代性，这样的国家才可称之为现代国家。否则，高速稳定的经济发展和有效的管理，都不会得以实现。即使经济已经开始起飞，也不会持续长

① 罗兹曼：《中国的现代化》，江苏人民出版社 2003 年版，第 490 页。
② 余书麟：《战后我国边疆教育建设途径》，《教育杂志》1947 年第 32 卷第 2 期，第 86 页。

久。"① 因此，在一定程度上可以说，正是由于民国时期甘青蒙藏人民所受教育的影响，在推动了他们自身的发展和进步的同时，也推动了甘青边疆蒙藏民族地区向现代化道路上的前进。

第三节　西北军政委员会与中华人民共和国成立初期的西北农林建设

1949 年 12 月，西北全境解放。1950 年 1 月 19 日，经中央人民政府批准，在原陕甘宁边区政府的基础上成立西北军政委员会，委员会驻地为西安市，下辖陕西、甘肃、宁夏、新疆、青海等地。彭德怀任主席，习仲勋、张治中任副主席。1950 年 10 月，彭德怀赴朝鲜作战，习仲勋代理西北军政委员会主席，全面主持西北地区党政军工作。西北军政委员会是新中国成立初期西北最高政权机关，而彭德怀、习仲勋等人又有多年经略西北的经验，因此面对西北地区的农业经济残破不堪的局面，西北军政委员会为增加粮棉等农作物产量，促进西北地区农业发展，早在西北军政委员会成立后的第 4 天，即 1950 年 1 月 23 日，就对陕西、甘肃、宁夏省人民政府发出了《关于发放农贷的指示》，"发放有关粮棉增产之耕牛、农具、肥料及改良种子等项款项，共计小米四千九百五十万斤（包括预备数在内），各省分配数目计陕西省三千四百八十三万斤，甘肃七百七十四万斤，宁夏四百零五万斤。贷款对象主要是增产粮棉之劳动人民"，并且一定要"按时发放不违背农时"②。1950 年 1 月 26 日西北军政委员会成立后的第一次会议，彭德怀在会上做了《关于目前西北地区的工作任务》的报告，指出："在一定时期内，西北地区的经济建设应以农业和畜牧业为主！在农业方面，必须提高农民生产热情，改良种子和农作法，恢复和发展水利，并注意森林和草原的保护与培植，防治灾害。"③ 显然，西北军政委员会从

---

① 参见英格尔斯：《人的现代化》，四川人民出版社 1985 年版，第 8 页。
② 西北军政委员会：《关于发放农贷的指示》，《甘肃政报》1950 年第 2 期，第 30 页。
③ 《关于目前西北地区的工作任务》，新华书店西北总分店 1950 年印行，第 4 页。

建立初期，就明确了西北地区以发展农林牧业为主的经济建设方针。

西北军政委员会从 1950 年 1 月成立到 1953 年 1 月撤销，短短 3 年的时间里，为促进西北区农林经济的稳步发展，相继制定了一系列方针政策，提出了诸多的保障措施和指导意见，从而为中华人民共和国成立初期的西北农林经济建设做出贡献。

一、农业方面

中华人民共和国成立初期的西北五省，除陕甘宁边区外，绝大多数是新解放区。新区群众对共产党和人民政府还存有疑虑，农村借贷一度停滞，贫苦农民告贷无门。针对这一情况，1950 年春，西北军政委员会除及时颁布"提倡劳动，奖励生产"的政策外，还贯彻执行了"谁种谁收""自由雇工""自由借贷""合理负担"的政策法令，合理地调整了农业生产关系，打消了群众疑虑，稳定了生产情绪。[①]

为获得占人口大多数的广大的农民群众对新生政权的支持，1950 年下半年，西北军政委员会着手进行土地改革的准备工作。7 月 10—11 日，西北军政委员会二次会议着重讨论了这个问题，习仲勋做了关于西北地区土地改革计划的报告，指出西北地区于 1950 年秋后，将在"陕西省关中四十一县和榆林分区的部分新区（约六百七十万人口），西安市郊区（约十二万人口），甘肃省庆阳分区的新区（约四十万人口），以及宁夏省的盐池、宁朔两县（约七十万人口），共约有人口七百三十一万"的地区，有领导、有秩序、有步骤地实行土地改革。其他地方秩序尚未完全安定的地区，群众工作基础和干部力量尚不充足，今年都不进行土地改革。少数民族居住地区何时进行，要看各族人民的自觉要求如何而定。[②] 经过各方面的充分准备，循序渐进的土地改革运动在西北新区逐步展开。

新中国成立初期西北区的土地改革是分三批进行的。第一批从 1950 年秋开始，到 1951 年 4 月结束，在这期间完成土改的共有 1095 个乡，占全

① 西北区农林部：《西北区一九五零年农业生产工作的总结及一九五一年的展望》，《中国农报》1951 年第 3 期，第 21 页。
② 习仲勋：《关于西北地区土地改革计划的报告——习仲勋副主席在西北军政委员会二次会上的报告》，《甘肃政报》1950 年第 5 期，第 40 页。

部土地改革地区三分之一强，计陕西省关中地区及榆林专区乡，甘肃省庆阳专区 171 乡，宁夏省宁朔、盐池两县 51 乡，西安市郊 5 个乡，共完成了约 700 万人口地区的土改。① 第二批土改从 1951 年秋开始，至 1952 年春结束，共完成了约 1500 万人口地区的土地改革，主要包括陕西省陕南地区各县，甘肃省 61 个县 4 个市，宁夏 10 县 2 市及青海省 5 个县 1 市的改革。从 1952 年冬到 1953 年春，在新疆的 62 个县、400 万人口的农耕区顺利完成第三批土地改革。② 西北军政委员会从西北五省的实际出发，按轻重缓急分三批进行土地改革的方式，是西北区土地改革得以稳步推行的关键。

对那些暂时还不具备土地改革的地区，为改善农民生活，恢复与发展农业生产，西北军政委员会在包括陕南全部，甘肃、宁夏大部，青海省的 5 县 1 市，共 1200 余万人口的地区开展减租运动。③ 为了能使这些地区顺利地推行和有效地实施减租，1950 年 8 月 15 日，西北军政委员会主席彭德怀，副主席习仲勋、张治中发布西北军政委员会命令，规定了《西北军政委员会关于减租的办法》，明确了："凡地主、富农和祠堂、庙宇、寺院、教堂、机关团体以及工商业家在农村出租之土地"，"无论定租或活租，一律实行二五减租，减租之后，出租人所得，不得超过土地当年产量之三七五。土地副产物，均归承租人"。由于西北地区近代以来灾害频仍，该办法也提出了"若因不可抗拒之灾害，致歉收或全无收成时，承租人得减付或免付应交租额"④ 等符合西北地区自然环境特征的规定。

土改及减租运动，在保证了农民对土地所有权的同时，也减轻了农民生产的负担，促进了农民生产的积极性，提高了农作物的产量，仅仅一年的时间，西北全区粮食产量已达"一百三十三亿九千余万市斤，较一九四九年增产十二亿一千余万市斤，及一九五〇年较一九四九年提高百分之十"，其他如麻田、油料、糖料及各种特种经济作物的产量，也均有不同程度的恢复和增加。⑤

---

① 习仲勋：《为继续开展土地改革而斗争》，《人民日报》1951 年 4 月 17。
② 杜润生：《中国的土地改革》，当代中国出版社 1996 年版，第 366—367 页。
③ 习仲勋：《为继续开展土地改革而斗争》，《人民日报》1951 年 4 月 17 日。
④ 《西北军政委员会关于农村减租办法（附说明）》，《甘肃政报》1950 年第 5 期，第 91—92 页。
⑤ 《一九五一年新西北的四大任务》，西北人民出版社 1951 年版，第 31 页。

　　与此同时，为与土地改革及减租运动相配合，西北军政委员会还采取了多种措施，以保障农业生产的健康稳步地发展。西北军政委员会从 1950 年起在西北地区进行了改变耕作方法及新式农具、药械、肥料的推广，并进行了选种的种子的消毒及良种的推广。①

　　1951 年 2 月 14 日，当春耕季节即将到来之时，西北军政委员主席彭德怀，副主席习仲勋、张治中就联合下发了《关于西北区一九五一年农业生产的指示》提出西北区的农业增产任务，即增产原粮 8800 万斤，扩大棉田 50 万亩，增产皮棉 258 千担。为保证计划的完成，要求西北区各级人民政府认识到，西北"部分地区仍然存在着不同程度的灾荒，不少农民在春耕生产中还有许多困难问题，土改区分到土地的农民，生产条件还很薄弱，这些问题，都要各地人民政府发动与领导群众，予以具体帮助解决，特别重要的是春耕期间的籽种问题，必须用各种办法大力调剂，保证解决。其次今年新增加的劳动力不如去年多，就要求我们更好地进一步发动与组织劳动力，以提高生产热情与耕作水平"②。而完成农业增产的关键，对西北区来说无疑是春耕生产，为此，2 月 16 日，中共中央西北局又发出了"关于号召西北全党动员春耕的指示"，明确指出在土改中来不及确定地权的地区，应先指定人耕种。"无粮吃、无劳动力、无牲口者，应发动农民互相调剂；地主故意怠工者，应予处分；有些地方，万一在春耕前不能完成土改，应暂时停止，待春耕过了，在不妨碍生产的条件下，利用农间空隙继续进行"，保证不荒废一亩土地，多施肥，多选种，多兴修小型水利，特别是要善于吸收和推广群众中原有的比较成熟的经验技术。③ 西北军政委员会力求通过各种积极有效的措施，以保证当年春耕任务的完成。

　　早在 1950 年 5 月，时任西北军政委员会副主席的习仲勋就认识到选种

---

　　①　西北区农林部：《西北区一九五一年上半年农业生产工作报告》，《中国农报》1951 年第 7 期，第 10 页。

　　②　彭德怀、习仲勋、张治中：《关于西北区一九五一年农业生产的指示》，《陕西政报》1951 年第 2 期，第 14—15 页。

　　③　《中共中央西北局关于号召西北全党动员春耕的指示》，《陕西政报》1951 年第 2 期，第 17 页。

在农业生产中的重要性，因为当年西北区农林部在关中地区贷放棉籽 260 余万斤，共可播种 17 万余亩，可是由于选种没有做好，"大部分地区的出苗情况很不好，最坏的只有一成苗，必须补种或翻种。据估计国家投资损失三十多亿元，群众的损失更大，直接影响增产棉花的计划"①。因此习仲勋要求西北各地认真做好选种工作，以避免造成不必要的损失。1951 年 5 月 5 日，西北军政委员会农林部更是依据 1950 年西北选种的经验，在夏季播种季节即将来临之际，直接明确做出了《关于发动夏季选种运动的指示》，该指示不仅具体规定了西北各省的选种的数量，陕西省选种数量，为 2500 万斤，供夏季播种 168.8 万亩；甘肃省 1250 万斤，供播种 84.3 万亩；宁夏省 90 万斤，供播种 6 万亩；青海省 140 万斤，供播种 9.3 万亩；新疆省 600 万斤，供播种 40.3 万亩。西安市 20 万斤，供播种 1.5 万亩。而且要求各级干部，都应亲自领导，自下而上地在县乡村成立选种委员会，或选种小组。② 在保证选种任务完成的同时，提高农作物的产量。

从 1949—1952 年的三年时间里，西北军政委员会通过土地改革、减租及各种积极有效措施的积极推动，西北区各省的耕地面积和农作物的产量都有了不同程度的增加。到 1952 年，陕西省耕地面积已由 1949 年的 6577 万亩增加到 6805 万亩；甘肃省由 5055 万亩增加到 5526 万亩；青海由 676 万亩增加到 682 万亩；宁夏省由 1006 万亩增加到 1106 万亩；其中，新疆省的增幅最大，由 1947 万亩，增加到 2389 万亩，③ 增加了 18.5%。随着耕地面积的增加，农民生产积极性的提高。西北地区的农业生产总值也有了相当程度的增加。仅 1951 年，西北地区的农业生产总值就较中华人民共和国成立前增加十分之一，小麦产量较 1950 年增加 17.4%，棉花产量增加 70% 强，和中华人民共和国成立前比较，粮食总产量超过常年产量 18%，棉花总产量超过中华人民共和国成立前最高产量 6%。④

在耕地面积的扩大及农作物产量的增加的基础上，西北区的农民的生

---

① 习仲勋：《反对官僚主义、命令主义》，《甘肃政报》1950 年第 4 期，第 16 页。
② 李书成：《关于发动夏季选种运动的指示》，《西北农林》1951 年第 7 期，第 2 页。
③ 中国社会科学院、中央档案馆编：《1949—1952 中华人民共和国经济档案资料选编·农业卷》，社会科学文献出版社 1991 年版，第 946 页。
④ 《祖国西北地区三年来的伟大成就》，西北人民出版社 1953 年版，第 24 页

活日益得以改善。如青海省互助县卓扎滩村 24 户，在中华人民共和国成立前每年吃 5 个月杂粮掺洋芋，2 个月净吃洋芋，1 个月吃青苗穗子，3 个多月吃野菜。冬季无毡被使用。"现在（指 1953 年——引者注）该村春节时吃白面一月，平时吃杂粮青稞占百分之七十，洋芋占百分之三十，已不再吃野菜；全村今春买毛毡二十条，并增加牲畜七十三头，羊子二十余只，农具十九件和大车一辆。"至于西北其他地区也大体如此，新疆哈密，一向为缺粮地区，1952 年夏季丰收，粮食已够自给，并略有盈余。陕西兴平县宝马村"农作物产量逐年递增，一九四九年每亩平均产量一百六十八斤，一九五〇年为一百九十六斤，一九五一年为二百一十八斤，至一九五二年已增加到二百二十五斤；全乡已有二十八户由贫雇农上升为中农，十八户中农更加富裕，全乡共增加了牲畜八十一头、大车十四辆，盖新房一百二十五间，群众普遍全年吃着白面，穿着没有补丁的衣服"①。

二、植树造林

在大农业体系中，林业是支柱产业，能够起到防风固沙、涵养水源、改善环境和保持生态平衡的作用。没有林业的发展，就会造成水土流失和田亩减少，对于干旱少雨、林木稀少的西北地区，林业建设显得尤为重要。

由于历史时期的滥砍滥伐，中华人民共和国成立之初，西北地区的森林面积仅占土地面积 1%—1.5%，为减少风沙危害，保证农业的稳步发展，西北军政委员会在第一次会议上就要求各地区在发展农业生产过程中，要防治灾害，注意森林和草原的保护与培植。1950 年 4 月西北军政委员会更与西北军区司令部联合下发了《禁止滥伐山林及盲目开荒的指示》，该指示明确要求陕、甘、宁、青、新各省人民政府，各省军区司令部、各兵团、各首长：（1）严格管理和保护现有森林。任何部队机关或群众非经林业主管机关核准，不得借口建筑、生产或救灾等擅自采伐公私林木。（2）现有官林荒地均应逐步造林，或封山育林。（3）严禁放火烧山和开垦陡坡山地，以免土壤冲刷。凡风沙太大，碱性太强与现有牧区的土地，均

① 《祖国西北地区三年来的伟大成就》，西北人民出版社 1953 年版，第 66 页。

不宜盲目开垦。（4）普遍提倡植树，修梯田、打壩堰、保持水土。特别对坡度超过百分之二十五以上（即水平距离一百尺升高到二十五尺）的斜坡耕地，尤其提倡。（5）给林区和山地居民他们找到适当的生活出路，使护林及水土保持等长远利益与群众当前利益结合起来。（6）在林区组织各区乡的群众性护林小组，各级政府组织护林委员会，以加强护林与水土保持的宣传教育。①

　　同年5月，针对秦岭林区遭到重大破坏的情况，西北军政委员会农林部在进行严厉制止，追究相关人员责任的同时，也开始了积极筹划在青海祁连山、甘肃叠岷山及秦岭各大林区建立管理处的活动，首先在秦岭北坡建12个站，16个哨。并开始在各县区政府建立护林委员会，乡村建立群众性的护林小组，聘特约林警。"通令各地，严禁任何机关单位以任何借口进行滥伐"。② 在西北军政委员会彭德怀、习仲勋等人的大力支持下，1950年9月，在西北农业技术会议上，中央林业部部长梁希，做了《我们要用森林做武器和西北的沙斗争》的报告，该报告明确提出将要在宁夏东边，甘肃北边，"筑起一道绿的长城，制止沙漠的南迁"。③

　　据不完全统计，到1950年底，西北全区已建立林管站32个，组织群众护林小组312个，为有效制止滥砍滥伐，有些地方甚至还采取了武装护林。"这是西北森林有史以来由滥伐破坏走向护育的转折点，是西北林业工作的一个重要的里程碑"。④ 当地群众认识到，"如今世事不一样了，公家来管树，我们也有心劲栽树了"，因而激发了广大人民群众造树的积极性。造林方面，1950年全区除各林场春秋两季共建造的保安林44213亩共610余万株，超过原计划94%，育苗2130.65亩，采种58340斤外，并发动群众植树3099万株，超过原计划26%。⑤ 当年除新疆外的西北各省均超

---

① 彭德怀、习仲勋：《禁止滥伐山林及盲目开荒的指示》，《甘肃政报》1950年第4期，第66—67页。

② 林韦：《秦岭林区遭严重破坏西北农林部正积极筹划护林》，《人民日报》1950年5月17日。

③ 梁希：《我们要用森林做武器和西北的沙斗争》，《中国林业》1950年第5期，第3页。

④ 袁武振、梁月兰：《新中国成立初期习仲勋对西北经济建设的贡献》，《中共党史研究》2013年第9期。

⑤ 西北农林部：《西北区一九五零年林业工作总结》，《中国林业》1951年第4期，第75页。

额完成了任务。

经过一年来的工作，1951 年 2 月西北军政委员会在"比较精确的了解了林业情况，并积累了一些经验"的基础上，又发出了《关于展开大规模春季植树造林的指示》，要求西北区各地在 1951 年要完成 57615 亩、植树 2676 万株的任务，各地根据"具体情况和群众切身利益，采取组织群众或群众与公家合作的方式，按照自愿两利原则，有苗出苗，有力出力，有钱出钱，有地出地，等价算股，按股分红等条件共同造林"。规定"公有荒山荒地，鼓励群众承有造林，造林后，林权归造林者所有"。并且要严格防止出现挖栽野苗和一树栽几次的现象。① 4 月，西北军政委员会第 41 次行政会议召开，会上又通过了《西北区森林管理办法》，该办法按所有权明确划分了国有林、合作林、团体林和私有林的界限，规定不论公有、私有都应认真保护，不得破坏。特别是防风、防沙、防洪、护岸、护路、风景、古迹、名胜、少数民族寺院、卫生、教育及其他特殊效用之保安林，生于悬崖陡坡，采伐后不易造林者，林木未达采伐年龄者，选留之母树，封山育林区内之林木等更是在严禁砍伐之列。② 因为春季造林取得了成效，完成了计划，同年秋，西北军政委员会又做了秋季造林的指示，要求西北各地大力宣传森林的利益，做好充分的准备工作，并加强技术指导和检查工作。③

在西北军政委员会的努力和号召下，1951 年西北区各地各种护林组织更广泛地建立了起来。当年陕、甘、宁、青四省护林组织就已发展到28017 个，参加护林群众已达 188542 人。在护林组织和群众的有力监督和管理下，陕西黄龙、马栏、黑龙口，甘肃洮河，宁夏贺兰山、罗山等历史上严重滥砍滥伐的林区，都已停止了砍伐。造林育苗也呈现出进一步良好发展的态势，1951 年全年西北区共造林 125248.17 亩，为原计划的

---

① 西北军政委员会：《关于展开大规模春季植树造林运动的指示》，《西北农林》1950 年第 4—5 期，第 5—6 页。

② 西北军政委员会：《西北区森林管理暂行办法》，《工作通讯》1951 年第 64 期，第 3—4 页。

③ 西北军政委员会农林部：《关于秋季植树造林的指示》，《中国林业》1950 年第 6 期，第 13 页。

218.29%。其中国营造林 41895.84 万亩，占造林总面积的 33.45%；公私合营造林 64199.35 亩，占造林面积的 51.25%；私人造林 19172.98 亩，占造林面积的 15.30%。群众植树 63887744 株，完成全年任务的 239%；采种 2859.81 市斤，完成全年任务的 324%；育苗 429.53 亩，完成原定任务的 100.88%。与此同时也开始了防风固沙、涵养水源、薪炭用材三大目标的重点造林。在西北军政委员会"靠山吃山，吃山养山"的原则下，在提高了西北地区广大林区人民群众的护林思想的同时，也加强了他们护育森林的决心，青海省的群众说："现在我们心里才亮透了，护林就是一边吃一边养。"① 针对西北有些地区因为没有很好地解决苗木问题，"致使树坑，没有栽上树，浪费了劳力"情况的存在，并使广大西北区人民对树木育种及良种繁育、种子技术和经营管理有比较详尽的了解，西北军政委员会农林部 1951 年专门编成《怎样采集树种》一书，该书当年由西北人民出版社公开出版发行。

为继续扩大林业生产规模，1952 年 1 月 2 日，西北军政委员会代主席习仲勋在西北首届农林、水利、畜牧劳动模范代表会议上做了《为争取今年农业生产战线上的伟大胜利而斗争》的报告，号召西北区人民在 1952 年继续开展大规模的植树造林运动。他认为西北地区山多地广，最适合植树造林，因而"提倡每人一年一株树运动，一年三千万株，经过十年二十年之后，就可以使我们西北所有铁道旁、公路旁、河畔、秃山逐渐绿化起来。并要责成各级人民政府，严格实行保护森林办法"②。这一年春节过后，西北军政委员会召开了第 65 次行政会议，会议上再次强调了植树造林工作在西北地区的重要性的同时，也初步规划了东起陕北府谷，中经宁夏，西迄甘肃河西走廊的三千里防沙林蓝图，这是西北林业建设史上的创举！到 1952 年下半年，西北区共造林 389 千余亩，育苗 21229 亩，并且在秦岭、黄龙、贺兰山、洮河、祁连山、天山等林区封山育林 428 万亩，这

---

① 西北农林部林业局：《西北区一九五一年林业工作总结》，《西北农林》1952 年第 7 期，第 29—30 页。

② 习仲勋：《为争取今年农业生产战线上的伟大胜利而斗争》，《西北农林》1952 年第 1 期，第 6 页。

一切都给以后的西北森林经营抚育工作创造了良好的条件。①

　　为了进一步探讨三年以来西北区的林业经济发展中的问题，以便更好地促进造林运动，1952 年 8 月 24 日，西北区召开了首届林业工作会议，确定了西北林业工作总的任务：保证农业生产丰收与工业、交通用材。在造林方面大量营造防护林，计划在陕、甘、宁北部及河西、新疆漠边及内地沙荒营造防风沙林；在泾、渭、洛、无定河、湟水、汉水及黄河营造水源林和护岸林；在铁路、公路沿线及山坡地带营造固土护路林。为加强老根据地建设，决定在陕北、陕南、陇南等山区及燃料缺乏地区大量营造薪炭林及果树林。在会上，西北军政委员会代主席习仲勋做了《为绿化西北而努力》的报告，他指出林业工作是全国建设中的一项重要任务，在西北更有它特殊重大的意义。因为风沙之害来源于西北，"西北是黄河之源，也是黄灾之源"，因此西北的广大林业工作者，"不仅要认识西北的自然环境，还要用森林作为做武器来改造西北的自然环境，把西北的一切荒沙土山都变成森林，使没有树的地方都能栽起树来"。"经验证明：那里植树造林，那里就能制服风沙的侵袭，同时也能防止水土流失"，我们应该在三年来"普遍护林、重点造林、合理采伐"的工作基础上，"结合西北情况，把造林和护林结合起来，什么时候能造，什么时候造；什么地方能造，什么地方造。有计划、有步骤地建立防风林、防沙林、水源林、护堤护岸护路林。我们要在数千里的流沙线上，建造森林长城，要在滚滚河流的两岸和红土山上，到处种起树来"②。

　　西北军政委员会农林部长蔡子伟在这次会议上对三年来西北林业工作的成效和不足做了总结，明确了"今后必须迈步大力开展造林运动，继续加强森林管理保护，着重防止滥伐烧垦及森林火灾，适当合理采伐林才，重点建立林业工业，加强培养干部和林业调查，以及各种基本建设工作"的指示。在工作的具体措施中，指出合作造林、特别是群众私人合作造林为今后造林的主要方式，"为了提高造林成活率，各林业实验场国营林场应抓紧技术指导并应到处发见群众中的植树能手，总结他们的经验，加以

---

① 蔡子伟：《西北区首届林业工作会议总结报告》，《西北农林》1952 年第 12 期，第 3 页。
② 习仲勋：《为绿化西北而努力》，《新华月报》1952 年第 11 期，第 183 页。

推广，提高造林水平"①。

1952 年秋，在西北军政委员会的组织和领导下，西北区的人民克服重重困难，建造起了东自陕西北端的榆林西至甘肃的酒泉长城沿线的防沙林十二万九千多亩，"挡住沙患内侵，卫护数百万亩农田"②。这一防沙带的建造不仅有效地防止了西北地区沙漠内侵，同时也为后来西北地区建立的护沙林打下了基础。

三、结　语

新中国成立初期，西北地区面临的是整个社会经济发展的残破不堪，而社会经济中最根本的问题是农业问题，农业是国民经济的基础，而与农业经济发展相辅相成的无疑是林业经济。换言之，农业的发展，又可以为顺利完成国民经济的恢复打下基础。西北军政委员会成立之初，无论是彭德怀，还是习仲勋，他们都认识到农林业在西北社会经济发展中的重要性，在他们的重视和指导下，西北军政委员会在制定了正确的方针政策的同时，也采取了多种措施以保证西北农林经济的健康发展。无论是通过土地改革或减租运动及与之相适应的各种相关政策的出台，还是围绕着植树造林与禁止滥砍滥伐的各种护林组织的设立，都为该区农林产业发展，特别是日后该地区现代农林产业及其他产业的发展打下了一定的基础，做出了积极有力的贡献。

---

① 蔡子伟：《西北区首届林业工作会议总结报告》，《西北农林》1952 年第 12 期，第 4—5 页。

② 《西北区正沿长城建立三千里长的防沙林》，《人民日报》1952 年 9 月 27 日。

责任编辑：邵永忠

封面设计：胡欣欣

责任校对：吕　飞

图书在版编目（CIP）数据

近代西北地区社会经济变迁研究／李晓英 著

. —北京：人民出版社，2018.6

ISBN 978 - 7 - 01 - 019102 - 7

Ⅰ. ①近… Ⅱ. ①李… Ⅲ. ①社会变迁—研究—西北地区—近代 ②经济史—研究—西北地区—近代 Ⅳ. ①K294 ②F129.5

中国版本图书馆 CIP 数据核字（2018）第 052399 号

近代西北地区社会经济变迁研究
JINDAI XIBEI DIQU SHEHUI JINGJI BIANQIAN YANJIU

李晓英　著

人 民 出 版 社 出版发行

（100706　北京市东城区隆福寺街 99 号）

北京中科印刷有限公司印刷　新华书店经销

2018 年 6 月第 1 版　2018 年 6 月北京第 1 次印刷

开本：710 毫米×1000 毫米 1/16　印张：14.25

字数：230 千字

ISBN 978 - 7 - 01 - 019102 - 7　定价：48.00 元

邮购地址　100706　北京市东城区隆福寺街 99 号

人民东方图书销售中心　电话（010）65250042　65289539